양성평등과 적극적 조치

여성학시리즈③

양성평등과 적극적 조치

김경희

푸른사상

양성평등과 적극적 조치

이 글은 「여성의 신비」의 저자로 우리에게 친숙한 베티프리단이 미국의 70년대를 회고하면서 전한 것이다.

"여성운동 이전에 모든 분야에서 여성의 삶은 남성에 의해 규정되었다. 그러나 여성들이 사회활동을 하기 시작했고 새로운 분야에 진출하면서 패러다임이 변화하기 시작했다. 여성은 개인으로서 여성의 삶을 말했고, 양성평등을 요구하기 시작했다. 비로소 민주주의의 실천이 여성에게 적용된 것이다. 여성운동이 취했던 첫 번째 행동은 고용평등법률안의 통과를 적극 지지하는 것이었다. 당시에 고용기회평등위원회(EEOC)의 위원들은 성차별 폐지를 주장하는 우리의 시위를 농담 섞인 말로 넘기면서 대수롭지 않게 여겼다. 그러나 우리가 기업을 상대로 집단소송을 냈을 때, 남성들은 웃음을 그쳤다. 기업은 크게 놀랐다. 기업은 성차별한 데 대한 대가를 치러야 했고 신문사는 남성 직종을 여성에게도 개방하는 광고를 실었다. 여성들의 조직화된 힘이 법을 빌어 직종을 성별로 분리하여 모집하는 광고를 금지시켰을 때, 세상은 참으로 넓은 곳이었다."

여성들은 취업하고 싶어한다. 돈에 눈을 뜨고 일자리를 찾아 나선다. 결혼보다는 취업을 우선시하고 경제적으로 자립하기를 희망한다. 한때 경제위기를 혹독하게 경험했던 여성들은 구조조정으로 인해 남편이 언제라도 해고당할지 모른다는 불안감에 맞벌이를 원하고 있다. 가족의 생계를 책임져야 하는 여성 가장에게는 일자리가 절실하게 필요하다. 그러나 기업은 여성에게 쉽게 문을 열지 않는다. 취업여성의 70% 이상이 임시직으로 일하고 있고, 지난 한 해 동안 여성의 일자리가 11만개 이상 사라졌다는 신문기사는 여성들에게 참으로 우울한 소식이다. 과거에도 그러했지만 현재에도 대부분의 여성들은 가난하고 앞으로도 그 형편이 별로 나아질 것 같지 않다. 취업의 장벽은 높아만 보인다. 그러나 여성 주체들은 경제적 자립을 위해 성차별적인 관행을 바꾸고 제도를 개선하기 위해 끊임없이 노력하고 있다.

적극적 조치는 여성의 고용확대를 위한 주요 제도로 '90년대 중반까지만 해도 국내에서 별다른 주목을 받지 못했다. 그런데 '95년 여성단체가 여성정치할당제에 이어 '여성고용할당제 도입을 위한 여성연대'를 결성하면서 이 제도의 도입을 요구하자 관심을 모으게 되었다. 이어서 적극적 조치를 포함한 「여성발전기본법」이 '95년 12월에 제정되고 '여성공무원 채용목표제'를 도입하겠다는 안을 정부가 발표하면서 적극적 조치는 여성고용정책의 핵심 사안으로 부각되기 시작했다.

적극적 조치는 유엔이 회원국을 대상으로 이 제도의 실행을 적극 권장하고 있으며, 미국은 세계적으로 가장 먼저 적극적 조치를 도입해서 여성을 포함한 소수집단의 고용을 크게 확대했다는 평가를 받고 있다. 유럽 각국에서도 남성 위주로 편중되어 있는 성비 불균형을 시정하기 위해 이 제도를 도입하여 실행함으로써 여성이 사회 모든 부문에 걸쳐 대표성을 갖고 여성 집단의 요구를 적극 반영할 수 있는 통로를 만들어 나가고 있다. 적극적 조치는 affirmative action을 번역한 용어인데, 차별을 적극 시정한다는 의미로 국내에서는 잠정적 우대조치, 잠정적 특별조치, 적극적 고용평등 실현조치, 적극적 차별시정조치, 특혜조치, 소수인종 우대정책으로 번역되고 있다. 지난 7년 간 우리나라에서는 법률적 용어가 잠정적 우대조치였다. 그러나 우대조치라는 의미가 여성을 '특별' 대우하거나 혜택을 준다는 이미지를 주어 이 제도의 본래 목적인 과거 차별을 보상하거나 교정한다는 의미를 정확하게 전달해 주지 못한다는 이유에서 비판을 받아 왔다. '02년에 여성발전기본법이 개정되면서 잠정적 우대조치가 적극적 조치로 변경되었다.

내가 적극적 조치와 인연을 맺고 이 주제로 학위논문을 쓰겠다고 결심하게 된 계기는 정부가 주최한 토론회에서 토론자의 발표를 들으면서였다. '95년에 열렸던 '여성고용할당제 어떻게 할 것인가'를 주제로 한 토론회에서 기업과 학계를 대표한 남성 토론자들은 한결같이 이 제도가 공공부문에 제한되어야 한다고 주장했다. 채용을 포함한 인사권이 기업의 고유권한이며, 치열한 시장경쟁에서 기업이 경쟁력을 갖추려면 자격과 능력을 갖춘 우수한 인재를 채용해야 한다는 것이다. 남성 위주의 담론이 지배하는 가운데, 기업이 여성을 고용하면 손해가 되고, 검증되지 않은 여성인력을 채용할 경우 기업의 경쟁력은 약화될 것이라는 전제가 깔려 있었다. 적극적 조치는 민간부문에 도입될 수 없으며 도입되어서도 안 된다는 논의가 대세를 이루었다. 과연 그러할까? 여성의 절대 다수가 사기업에 취업해 있는데, 여성의 고용이 확대되려면 기업이 여성에게 문을 열어야 할텐데, 적극적 조치의 적용대상을 공공부문에 한정한다면 실효성이 없을 것 같았다. 적극적 조치는 사기업에 적용될 수 없는 제도인가? 그 물음이 계속 머리 속에서 맴돌았다.

적극적 조치와 관련된 논문을 찾으면서 한순간 나의 눈을 번쩍 뜨이게 하고 가슴을 설레게 했던 자료는 미국과 스웨덴의 적극적 조치를 비교한 것이었다. 스웨덴은 노동시장내 성비 불균형을 시정하기 위해 성 고용할당제(sex-based employment quota system)를 도입하였으며, 미국은 연방정부와 계약을 맺은 기업의 경우 정부에 적극적 조치 계획서를 제출하고 그 계획서대로 실행하도록 하였다. 오래 전부터 미국은 '정부계약준수제'의 형태로 사기업이 적극적 조치를 도입하도록 제도화했던 것이다. 이 논문에서는 스웨덴의 경우 성 고용할당제는 적용비율을 40%로 설정하고 여성집중 직종에는 남성을 우선 채용하고, 남성 집중 직종에서 여성은 우선 채용하도록 함으로써 성별 직종분리를 해소하는 데 일차적인 목적을 두었다. 그러나 이 제도는 낙후된 지역을 개발하기 위한 프로그램의 하나로 도입된 것이어서 적용대상의 폭이 매우 제한되었다. 반면에 미국은 적용대상의 범위가 매우 넓었다. 정부와 5만불 이상의 계약을 체결하고 고용인원이 50인 이상인 기업은 적극적 조치 계획서를 제출하고 실행하도록 되어 있었다. 또 다른 자료에서는 연방정부와 계약을 맺은 기업이거나 하청업체가 고용한 인원의 규모는 사기업에 고용된 전체인원의 1/4정도 된다고 하였다. 적극적 조치의 원조가 미국이고, 더욱이 다수의 사기업이 이 제도를 실행하고 있다는 사실을 알게 되면서 미국 적극적 조치에 대한 나의 관심은 갈수록 커졌다.

때마침 미국에 갈 수 있는 기회가 생겼다. 교육부가 지역연구를 희망하는 박사과정 학생을 대상으로 장학생을 선발한다는 공고를 우연히 보게 되었다. 일단 가보자. 단기간 지원에 금액은 적었지만 그래도 내게는 큰 도움이 되었다. 1996년 7월부터 5개월간 코넬대학교 노사관계 대학에 머물면서 관련 자료를 찾을 수 있었다.

대학 도서관에서 자료를 찾다보니, 적극적 조치에 관한 논문이 놀랄 정도로 많다는 사실을 알게 되었다. 내가 머물러 있었던 '96년 하반기에는 적극적 조치 폐지론이 본격적으로 제기되면서 찬반 논쟁이 활발했던 시기이다. 그 해에 이 주제에 관한 단행본만 10여권이 출판되기도 했다. 한동안 자료의 숲에 빠진 듯 즐거웠지만 내 궁금증을 풀어 나가는데 문헌 연구만으로는 부족했다. 기업이 적극적 조치를 기꺼이 수용할 것 같지 않고, 기업공간에는 이해관계를 달리하는 사회세력이 공존하고 있어 이 제도의 도입과 실행을 둘러싸고 이해집단 사이에서 벌어지는 갈등이 만만치 않을 것 같았다. 행위주체들이 이 제도를 어떻게 수용하고 누가 어떻게 그 갈등을 조정하면서 실행했는지 그 과정을 알기 위해서는 면접조사를 해야 할 것 같았다. 내 논문의 자문 교수(faculty sponsor)가 되겠다고 흔쾌히 나를 받아주신 코넬(Cornell)대학교에 계신 리사 리버위쯔(Lisa Liberwitz, 노동법 전공)교수는 내게 너무도 큰 도움을 주셨다. 미국 적극적 조치의 큰 흐름을 알려 주셨고 관련 논문을 건네주시는가 하면, 이 분야의 전문가들을 소개해 주시면서 세심한 배려를 아끼지 않으셨다. 리버위쯔 교수와 이 대학의 로즈매리 밧(Rosemary Batt, 인사관계 전공)교수로부터 1970년대 초에 적극적 조치모델을 개발하고 실행했던

AT&T사에 관한 자문을 받고 적극적 조치의 실행과 연관되어 있는 정부기구의 공무원, 기업 간부, 노조간부, 여성단체 활동가를 소개받아 면접할 수 있었다. 또한 노조 간부를 통해서 사례기업에 취업한 여성 노동자를 만나게 되었다. 그밖에 사례 기업을 중심으로 한 전화통신사에서 제기되었던 법적 소송에 관한 판례를 수집하기 위해 전산화된 자료 패키지인 NEXUS-LEXIS를 활용했는데 유익한 정보를 주었다.

자료만을 수집하기에는 부족하지 않은 기간이라고 생각했지만 막상 한국에 돌아와 보니 아쉬움이 남았다. 모은 자료를 정리하고 막상 논문을 쓰다보니, 적극적 조치와 연관된 여성운동단체의 활동, 여성학적 논의에 관한 자료가 부족하다고 느꼈다. 나에게 또 한 차례 기회가 찾아 왔다. 이대에서 학위논문을 준비하는 박사과정생을 지원하는 장학생을 선발한다는 소식이 전해졌다. '98년 말 경제위기를 맞아 어수선한 분위기에서 모교가 건네준 장학금을 받고 또 다시 미국에 갈 수 있게 되었다.

이렇게 이루어진 2차 자료 수집은 '98년 1월부터 6개월간 미국의 수도 워싱턴(Washington D.C.)에 인접해 있는 매릴랜드(Maryland) 대학에서 시작되었다. 이 대학의 여성학과에 재직 중인 김승경 선생님의 도움을 받아 그 대학에 머물러 있으면서 연구공간을 얻을 수 있었다. 대학도서관에서 적극적 조치 관련 문헌을 수집하고 이 대학의 린 볼즈(Lynn Bolles, 여성학) 교수로부터 자문을 받았다. 정부기구를 직접 방문해서 필요한 자료를 구했으며, 노동자들과의 면접을 통해 일차 자료를 얻을 수 있었다. 이를테면 적극적 조치의 주요 실행기구인 고용기회평등위원회(EEOC: Equal Employment Opportunity Commission)와 노동부 연방계약준수국(OFCCP: Office of Federal Contract Compliance Program)

이 있는 노동부를 방문해서 담당자로부터 관련 자료를 수집했다. 또한 전화통신산업 노조원의 70% 이상이 가입해 있는 미국통신산업 노조(CWA)를 찾아가서 경제정책 연구원과 사례기업이 적극적 조치를 도입했던 '70년대 초에 이 제도의 혜택을 받아 남성 직종에서 25년간 근속한 여성 노동자로부터 이 제도의 도입 과정과 남성들의 대응에 관한 내용을 들을 수 있었다. 또한 매릴랜드(Maryland)주에 위치해 있는 지역 전화사인 벨 애틀랜틱(Bell Atlantic) 노조 지부를 방문해서 적극적 조치의 실행과 직접 연관되어 있는 노동자들을 면접했다. 노조 간부를 통해서 적극적 조치 실행의 수혜자로 남성 중심 직종으로 이동한 여성노동자들과, 여성중심 직종으로 이동한 남성 노동자들을 소개받아 적극적 조치의 실행에 대한 행위자의 대응이 어떠했는지를 알아보고자 했다.

또한 이 회사의 여성 관리자와 남성 관리자를 만나 여성의 고위직으로의 진출과 문화적 차별, 작업장 내 남녀 관계에 관한 정보를 얻을 수 있었다. 적극적 조치를 지지하는 여성단체의 모임 대표로부터 적극적 조치 폐지론이 미국의 일부 주 의회와 연방의회에서 거론되고 있는 당시에, 여성단체들이 어떻게 대응하고 활동하면서 적극적 조치가 지속적으로 실행될 수 있도록 영향력을 행사하였는지 그 내용을 들을 수 있었다.

돌이켜 생각해 보면, 논문자료를 수집하는 과정은 논문을 집필하는 과정보다 더 길고 복잡했던 것 같다. 새로운 환경에서 낯선 사람과 문화를 접하는 순간순간 나는 긴장했다. 미국에 머무는 동안 부지런히 자료를 모아야 한다는 부담감, 면접을 한다고 워싱턴과 뉴욕을 오가면서 번거롭다는 생각이 들었지만, 적극적 조치를 알고 싶었던 내 욕구는 조금씩 채워지는 것 같았다. 나름대로 기업사례에 대한 자세한 정보가 사기업에 적극적 조치를 우리나라에 도입하는 데 시사하는 바가 있을 것이라는 기대감도 컸다.

이 책은 나의 박사학위 논문을 책으로 출판한 것이다. 따라서 논문의 형식을 크게 벗어나지 않아 독자들에게는 딱딱한 글로 기억될 수 있다. 그러나 남성들에게는 역차별을 준다는 이유로 반발을 사고 기업으로부터는 인사권을 침해하고 업적주의를 무너뜨린다는 이유로 저항을 받는 적극적 조치가 사기업에서 어떻게 도입되고 실행되면서 제도화될 수 있었는지 그 과정을 살펴보는 작업은 흥미롭다고 본다. 엄밀히 말해서 우리나라에서는 고용할당제가 제도로서 실행된 적이 없다. 그런데 간혹 적극적 조치를 고용할당제와 등치시키면서 이 제도가 남성에게 역차별이라고 흥분하는 사람들을 만난다. 우리나라는 정치부문에서 여성할당제를 정당법에 명시하고 제도화하였지만, 고용부문에서는 여성공무원채용목표제, 국공립대여교수채용목표제, 양성공무원양성평등목표제, 여성과학기술인 적극적 조치(채용과 승진)를 법적으로 보장하고 있을 뿐이다.

나는 독자들이 이 책을 읽으면서 가부장적 자본주의 사회에서 오랜 기간 누적된 성차별적인 관행이 구조적이고 체계적으로 여성을 어떻게 차별해 왔는지 알 수 있는 기회를 가졌으면 한다. 나아가 고착화된 차별이 법과 제도, 여성을 포함한 시민단체들의 실천활동을 통해 교정되고 변화되는 과정을 지켜보면서 현실변화의 가능성과 여성 주체들의 힘을 느낄 수 있었으면 한다.

이 책이 논문에서 책으로 출판되기까지는 지도교수인 조순경선생님의 도움이 절대적이다. 문제인식이 선명하지 않아 어설프게 작성된 연구계획서를 꼼꼼하게 검토해 주시면서 논문의 형태를 갖추도록 수많은 조언을 해 주셨다. 때로는 논문쓰기를 포기하고 주저 않고 싶을 때 선생님께서는 나를 격려해 주셨고, 그저 자료의 집합소인 듯 보였던 논문의 초고를 끊임없이 다듬어 주셨다. 선생님의 지적 수월성과 탁월함에 탄복한 적이 수차례였다. 더욱이 학교를 떠나 있는 제자를 위해 논문을 출판하도록 권유하고 출판사에 추천해 주시면서 그 깊은 사랑을 전해주셨다.

논문을 쓰는 과정에서 많은 분들이 도움을 주었다. 여성학과의 이숙진, 정미숙, 조정아선생님은 함께 논문 세미나를 하면서 많은 아이디어를 주었고, 한국여성연구소의 강이수, 김순영, 신경아선생님은 논문을 마무리하는 과정에서 도움을 주셨다. 미국에서 만난 리버위쯔 교수와 김승경선생님, 논문심사 과정에서 중요한 조언을 해주신 김은실, 장필화, 조은, 조주현선생님, 면접에 응해주셨던 많은 분들의 협조가 없었다면 이 책은 나올 수 없었을 것이다. 미국에 사는 언니는 먼 곳에 있는 동생의 하루 생활을 궁금해하고 챙겨 주었으며, 주형이는 이모를 위해 더운 여름에 10여 개가 넘는 녹음테이프를 녹취하는 힘겨운 노동을 기꺼이 해주었다. 논문자료를 수집한다고 집을 떠난 동안 살림살이와 육아를 맡아 주신 시어머니와 남편, 언제나 딸의 건강을 걱정해 주시는 엄마와 사랑스런 다열에게 이 책을 바치고 싶다. 마지막으로 이 책을 출판해 주신 푸른사상의 대표와 심효정님께 진심으로 감사드린다.

2004년 7월
김 경 희

■책머리에

■ 부록

표차례

그림차례

제1장 서 론

성 차별적인 사회에서 기업은 여성 고용을 기피하거나 차별적으로 대우함으로써 초과 이윤을 획득해 왔다. 뿐만 아니라 법과 제도에 의한 고용평등 정책이 강화되는 경우 가시적인 형태의 차별을 비가시적인 형태의 차별로 교묘히 바꾸는가 하면, 법적 강제에 의해 적극적 조치를 의무적으로 실행해야 하는 상황에서는 편법으로 이를 회피해 왔다.

1. 연구문제와 필요성

이 글은 남녀 고용평등을 실현하기 위한 주요한 제도로 거론되고 있는 적극적 조치가 사기업에서 도입되는 과정을 살펴보면서 사회 세력에 의해 이 제도가 어떻게 수용되고 유지되는지를 파악하는 데 연구 목적을 둔다. 적극적 조치는 affirmative action을 번역한 것인데, 고용차별을 적극 시정한다는 의미로 국내에서는 잠정적 우대조치, 잠정적 특별조치, 적극적 고용평등 실현조치, 적극적 차별시정조치, 특혜조치, 소수인종 우대정책 등으로 번역되고 있다. 적극적 조치와 관련한 우리나라의 법률적 용어는 잠정적 우대조치, 잠정적 특별조치 등이다. 그럼에도 불구하고 적극적 조치로 번역하는 이유는 우대조치라는 의미가 여성을 '특별' 대우하거나 혜택을 준다는 이미지를 주어 적극적 조치의 목적인 과거 차별을 보상하거나 교정한다는 의미를 정확하게 전달해 주지 못하기 때문이다.

이 제도는 여성을 포함한 소수 집단의 실질적인 평등을 위해 적극적으로 지원해 주는 조치로, 여성 정책과 관련해서 성 차별적인 사회 구조를 변화시키는 데 효과적이라는 평가를 받게 되었고, 국제연합(UN)은 회원국을 대상으로 이 제도의 도입을 적극 권장하고 있다(United Nations 1995). 국내에서는 1996년 일부 직급에서 여성 공무원 채용 목표제가 도입된 이래 중앙 부처 뿐 아니라 지방자치제 차원에서 여성승진 목표제가 실행되어 그 목표 비율을 20% 이상 높여 가는 등의 움직임이 보이고 있지만 아직까지 고용된 여성의 절대 다수가 일하고 있는 사기업 부문에서는 거론조차 되고 있지 않다. 공기업을 대상으로 여성 고용 인센티브제를 실시하겠다는 발표가 1996년에 있었지만 현재까지 별다른 진전을 보이고 있지 않다. 따라서 우리나라의 적극적 조치는 공무원직을 대상으로 주로 채용에만 제한적으로 실행되는 좁은 의미를 지닌 여성정책의 하나로 보여지고 있는데 이를 도입한 각국에서의 적극적 조치는 보다 포괄적인 의미로 사용되며 그 적용범위가 매우 넓다.

적극적 조치를 세계적으로 가장 먼저 도입한 미국과 유럽 각국은 정치·경제·교육·고용 부문 등에 이 제도를 도입하고 시행함으로써 여성이 사회의 모든 부문에 걸쳐 대표성을 갖고 여성 집단의 요구를 적극 반영할 수 있는 통로를 만들었다. 예를 들어 스웨덴, 노르웨이 등의 북유럽 국가 뿐 아니라 대만, 필리핀 등에서는 정치 부문에서 여성 할당제 40~50%를 두어 여성 국회의원의 수를 늘려갔다. 또한 미국은 여성 경영인을 육성할 목적으로 정부 또는 기업이 하청 계약을 체결할 경우 일정 비율을 여성이 소유하는 기업에게 자금의 일정액을 정해 두고 지원하는 정책(set-aside program)을 펴 왔다(Player, Shoben & Lieberwitz 1995)[1]. 교육·고용 부문에서는 교육 행정직, 교수직, 고위 경영직, 전문직 등에 일정 비율의 여성이 대표성을 갖도록 우선적으로 채용하거나 승진시켜 왔다. 요컨대 적극적 조치는 사회 각 부문에서 여성이 활동할 수 있는 기회를 적극적으로 부여함으로써 조직 내 여성 비율을 높여 여성의 참여를 높이고 세력화(empowerment)를 유도해 왔다.[2]

우리나라의 경우는 1997년 말 IMF 경제 체제를 겪으면서 여성의 사회적 활동이 크게 위축을 받았으며 특히 고용부문에서 여성은 피해자 집단이었다. 경제 위기 상황에서 여성은 '가장 먼저 해고되고 가장 늦게 채용되는' 집단임을 여실히 보여 주었다. 우선적으로 여성이 기업의 해고 대상 명단에 오르고 여성 실업의 문제가 심각함에도 불구하고 그것이 묵인되었던 주요한 이유는 가부장적인 성별 분업의식이 우리 사회에 뿌리깊게 자리하고 있기 때문이다.

IMF 경제 체제 이전인 1995년, 대통령 자문 정책기획위원회의 주최로 열렸던 여성고용할당제 토론회에서 기업계를 대표한 토론자

---

1) 국내에서도 정부가 중소 기업 육성 자금의 일정 금액을 여성 소유 기업인에게 우선적으로 지원하는 시도가 시작되었다. 서울시는 1996년 여성 기업인 중소 기업 육성 자금으로 6백 77억 3천만을 투입했으며 중소 기업 육성 자금지원시 동등한 조건으로 경합할 경우 여성 기업인에게 자금을 10% 범위 내에서 우선 지원하겠다고 발표한 바 있다.(여성신문 1997년 2월 7일자)
2) 여기에서 세력화는 세력 갖기(empowerment)를 의미한다. H. Arendt는 군림하고 지배하는 권력의 개념을 거부하고 공동체를 밀착시키는 구체적인 행위를 하게 해 주는 능력, 잠재력, 세력 갖기의 의미로 여성의 권력을 개념화하고 있다(이영자 1999:17).

뿐 아니라 남성 학자들은 적극적 조치의 도입이 인사권한을 침해하고, 정부의 정책적 개입을 확대함으로써 기업의 자율성을 침해한다는 이유로 반대의사를 표현하였다. 이는 여성 취업자의 90%가 사기업에 고용되어 있고 채용과 승진, 직업훈련, 해고 등에서 여성에게 가해지는 직접 차별 뿐 아니라 간접 차별이 만연한 현실을 외면한 태도였다.

적극적 조치가 남성 집단에 대해 역차별적이며 따라서 남녀평등을 보장하고 있는 헌법에 위배된다는 주장이 제기된 바 있지만 국내법은 이 제도를 법적으로 보장하고 있다. 1987년에 제정된 우리나라 남녀 고용평등법은 제2조 3항에서 "현존하는 차별을 해소하기 위하여 국가, 지방자치단체 또는 사업주가 잠정적으로 특정 성의 근로자를 우대하는 조치를 취하는 것은 이 법에서 말하는 차별로 보지 아니한다"고 명시하고 있다.3) 또한 국내법과 동일한 효력을 갖는 유엔 여성차별철폐협약의4)제4조 1항에서는 남성과 여성 사이의 사실상의 평등을 촉진할 목적으로 당사국이 채택한 잠정적 특별조치는 본 협약에서 정의한 차별로 보지 아니하나, 그 결과 불평등 또는 별도의 기준이 유지되어서는 아니 되며 대우의 평등이라는 목적이 달성되었을 때 이러한 조치는 중단되어야 한다."라고 규정하고 있다. 여기에서 적극적 조치를 정한 국내법의 취지는 이 제도가 '사

---

3) 정부는 1994년 남녀 고용평등법을 본격적으로 실행하기 위한 시도로 [근로 여성복지기본계획]을 세웠다고 밝혔는데 이 계획에서도 적극적 조치에 관한 내용이 포함되어 있다. 여기에서는 전통적으로 여성의 고용이 제한되어 있는 업종 및 직종 분야에 여성의 고용이 확대될 수 있도록 일정기간 동안 사업체에 대하여 지원하는 방안을 강구한다"고 명시하고 있다.
4) 이 협약은 협약 855호로서 우리나라 헌법 제 6조에 근거하여 국내법과 동일한 효력을 갖는다.

실상의 평등'에 두어져 있으며 지속적이기보다는 '일시적인' 것임을 보이고 있다.

90년대 중반까지만 해도 적극적 조치는 국내에서 별다른 주목을 받지 못했다. 그런데 1995년 여성단체가 여성정치할당제에 이어 '여성고용할당제 도입을 위한 여성 연대'를 결성하면서 조직적으로 정책적 요구를 제시하자 사회적으로 주목을 받게 되었다. 이어서 여성발전기본법(1996)이 발효되고 여성공무원 채용목표제(1996)가 발표된 이후부터 적극적 조치는 여성고용 정책의 핵심 주제로 부각되기 시작했다. 여성발전기본법은 제6조에서 "국가 및 지방자치 단체는 여성의 참여가 현저히 부진한 분야에 대하여 합리적인 범위 안에서 그 참여를 촉진하기 위하여 대통령령이 정하는 바에 따라 적극적 조치를 취할 수 있다"는 내용으로 적극적 조치를 명시하였다. 또한 여성공무원 채용 목표제는 5급 행정직과 외무직, 7급 행정직의 공채에서 여성합격자의 비율을 1996년 10%에서 2000년 20%로 점진적인 목표율을 정하고, 여성 합격자의 비율이 미달일 경우 여성을 추가로 합격시키도록 했다.[5] 여기에서 우리나라의 적극적 조치 실행 방식은 여성 목표비율을 정함으로써 그로 인해 남성이 피해를 입지 않지 않도록 하고 남성에게 역차별이라는 반발을 줄이기 위해, '추가'로 여성 인원을 늘리면서 '점진적으로' 실행하는 매우 조심스러운 것임을 알 수 있다.

실제로 여성의 수적 확대를 통해 고용평등을 실현해 보고자 하는 적극적 조치가 실행되는 과정은 남성들로부터의 거센 반발을 예견

---

5) 정부는 공무원임용시험령을 개정하여 근거규정(제11-3조)을 두고 총무처 예규 (제288조; 1995.12.28)에 세부적인 내용을 규정했다.

하고 있다고 봐야 할 것이다. 특히 다수 취업자의 유일한 수입원이면서 생계와 직결되어 있는 고용부문에서의 적극적 조치는 일정 비율의 여성을 우선적으로 채용하고 승진시킨다는 것이 남성의 수적 감소와 맞물려 있어 제로 섬(zero-sum)의 형태를 보이게 된다. 따라서 이 제도는 남성들의 반대에 부딪히기 쉬우며, 특히 권력과 자원의 높은 배분을 보장해 주는 고위직과 상위직으로 갈수록 경쟁이 치열하기 때문에 반발의 정도가 더욱 커질 것으로 예상된다. 한 예로 적극적 조치를 30여 년 간 실행해 온 미국의 경우, 백인 남성들로부터의 역차별 소송 사건은 초창기부터 제기되어 왔고 법관들의 팽팽한 찬반론 대결로 언론을 떠들썩하게 했던 주요한 대법원 판례들로 남아 있다(Fiscus 1992).[6] 흥미로운 사실은 이와 같이 끊임없는 논쟁이

---

6) 적극적 조치의 시행과 함께 등장하게 된 역차별 논쟁은 1970년대부터 시작되었는데, 크게 3가지 논거로 모아 지고 있다.

첫째, 적극적 조치가 실력을 존중하고 능력에 따라 일할 기회가 주어지고 평가기준이 되는 능력주의를 침해한다는 것이다. 적극적 조치를 반대하는 논자들은 이 제도가 성·인종 등 불합리한 요소에 기초해서 최적임자를 배제하고 능력이 모자라는 자를 선택하도록 하기 때문에 능력주의를 무너뜨리고 있다고 비판한다.

둘째, 적극적 조치를 반대하는 측에서는 이 제도가 할당제의 형태로 실행되면서 다수 집단에 속한 개인을 희생시키며 다른 한편에서 소수집단에 속한 개인의 사회적 지위를 구분하지 않고 수혜자를 과다 포괄(over-inclusive)함으로써 형평성에 어긋난다고 비판한다.

셋째, 일정비율을 소수집단의 구성원으로 채우는 할당제 방식은 적극적 조치를 반대하는 사람들로부터 개인의 실제 능력과 무관하게 능력이 없음에도 불구하고 적극적 조치의 혜택을 받아 채용되거나 승진되었다는 식의 '오명'을 쓰게 한다고 비판한다.

그러나 개인에 대한 능력 평가는 누가 하는가에 따라 달라질 수 있으며 주관적일 수 있다. 더욱이 작업장의 환경이 남성 중심적이면서 성 편견적인 경우 여성은 자신의 능력을 충분히 발휘하기 어려우며 제대로 평가받기 어렵다고 봐야 할 것이다

오고 갔음에도 불구하고 미국 뿐 아니라 세계 각국이 적극적 조치를 도입하고 실행해 오고 있다는 점이다. 미국은 1960년대 중반부터 공공부문·사기업·교육기관 등을 대상으로 적극적 조치를 실행하고 여성을 포함한 소수 집단(minority)의 비율을 높여 가는 정책을 펴 왔다. 스웨덴과 덴마크 등의 북유럽 국가와 독일은 적극적 조치의 강한 시행 방법이면서 그 취지를 분명하게 나타내는 여성 할당제를 도입해서 공공부문을 주된 대상으로 정치·고용 부문에서의 여성 참여를 높이는 데 활용해 왔다. 게다가 국제연합(UN)은 1985년 이후 적극적 조치의 실행을 권장할 뿐 아니라 구체적으로 여성 비율 30% 이상을 제시하고 있어 앞으로 이 제도는 세계적으로 확산될 전망이다.

국내에서도 적극적 조치에 관한 관심은 최근 들어 높아지고 있다. 고용상의 성차별을 해결하기 위한 대안으로 적극적 조치를 제시한 연구 성과물을 보면(김선욱 외 1994 ; 조순경·조은 1994 ; 김영환 1991 ; 대통령자문정책기획위원회 1995 ; 김선욱 1996; 조은 1996; 조형외 1996; 김영희 1996 ; 조순경 1998) 1990년대 중반 이후에 많아지고 있음을 알 수 있다. 이러한 연구 논문에서 제기하는 문제 인식은 남녀 고용평등이 직접적인 차별금지에 기반을 둔 고용평등법이나 '기회의 평등'만으로 노동시장에서의 성 차별적인 고용 관행을 시정할 수 없다는 사실에 기초하고 있다. 산업화를 앞서 경험한 서구 국가들이 적극적 조치를 도입한 배경을 보면 단순한 성차별 금지를 통한 고용 정책이 실질적인 남녀평등을 실현하기 어렵다는 역사적인 체험에서(Clayton & Crosby 1992) 비롯된 것임을 알 수 있다.[7] 우리나라의 여성계가 적극적 조치를 사기업 부문으로 확대 적용해야 한다고 강하게 요구하는 이유는 여성 취업자의 다수가 사기업에 취업하고 있으며, 시장논리가 지배적인 사기업에서 가사와 육아를 책임져야 하는 여성에 대한 고용차별이 쉽게 변화되기 어렵다고 인식하기 때문이다.

성 차별적인 사회에서 기업은 여성 고용을 기피하거나 차별적으로 대우함으로써 초과 이윤을 획득해왔다. 뿐만 아니라 법과 제도에 의한 고용평등정책이 강화되는 경우 가시적인 형태의 차별을 비가시적인 형태의 차별로 교묘히 바꾸는가 하면, 법적 강제에 의해 적극적 조치를 의무적으로 실행해야 하는 상황에서는 편법으로 이를 회피해 왔다. 더욱이 사기업은 공공부문과 달리 기업 외부의 환경이 경쟁적이고 이윤 추구 위주여서 남녀평등이라는 사회적 정의가 받아들여지기 어려우며 기업 내부에서는 이해 관계를 달리하는 여러 집단이 공존하고 있어 적극적 조치의 실행이 법적 내용과 실제로 괴리를 보일 수 있다. 따라서 사기업을 대상으로 한 적극적 조치에 관한 연구는 법적 제도적 내용보다는 실제로 기업의 고용 사안에 대해 영향력을 행사하는 행위자들이 기업 조직 안에서 어떻게 대응하며 이 제도를 구성해 가는지에 초점을 맞추어 연구할 필요성이 있다. 우리나라는 아직까지 적극적 조치가 정책 실행의 초기 단계에 있고 사기업 부문에로 확대되는 것을 기피하고 있는 상황인데 반해,

---

7) 현대 민주제 사회의 최대 과제는 실질적 평등을 실현하기 위해 자유와 평등의 조화를 꾀하고 전통적인 '기회의 평등'의 확보와 '결과의 평등'을 실현하기 위한 노력간의 균형을 도모하는 것으로 되었다. 그것은 곧 '자유의 평등' 뿐만이 아닌 '생존의 평등'까지를 요구하는 것이며, 실질적 평등과 '결과의 평등'을 실현하기 위한 종래의 추상적·형식적 평등의 수정과 타파를 의미하는 것이다(윤후정·신인령 1989: 18).

미국은 사기업을 적용 대상에 포함시켜 오랫동안 실행해 오고 있어 미국의 적극적 조치에 관한 연구는 국내의 적극적 조치 실행에 시사하는 바가 크다.

이 글은 적극적 조치가 이해 관계를 달리하는 집단이 공존하는 사기업에서 도입되는 과정을 살펴보면서 사회 세력에 의해 이 제도가 어떻게 수용되고 유지되는지를 파악하는 데 연구목적을 두고 있다. 어떠한 제도이든 그것을 필요로 하는 집단으로부터의 요구가 직접적으로 표출되지 않는 한, 제도화되기 어려우며 그 제도가 지속되기 어렵다. 또한 가부장제 사회에서 여성의 권익과 지위 향상을 위한 제반 제도들은 전통적인 가부장적 제도와 남성 중심의 사회를 유지하는 제 세력들로부터의 도전과 반발에 직면해 왔다. 여성 권리의 신장과 여성해방의 과정은 서구의 여성운동사, 한국의 여성운동사가 보여주는 대로 여성의 조직적인 요구가 표출되고, 가부장제적인 저항과 도전에 맞서 대응하는 역사라고 할 수 있다. 어떠한 제도이든 그 제도가 도입되어 실행되는 과정에서 행위 주체들로부터 관심을 받지 못하거나 집단적인 저항에 부딪힐 경우 실행이 어려울 수 있으며, 의도했던 정책 효과를 기대하는 것이 불가능할 수 있다. 적극적 조치가 형식적인 평등 뿐 아니라 결과적인 평등을 실현하기 위한 주요한 방안이라고 볼 때, 이 제도는 특히 사회적 제 세력들의 움직임에 의해서 상당한 영향을 받게 된다. 더욱이 공익을 추구하고 재정 기반이 안정적인 공공부문과 달리 사기업은 시장변동에 민감해서 기업 외부로부터 환경 변화의 지배를 크게 받으며 조직 내 이해 관계를 달리하는 집단들이 공존하고 있어 갈등을 내포하고 있는 조직이다. 이를테면, 노자간의 상이한 이해관계, 노동자 내부의 직종, 성, 학력 등의 차이에 기초한 요구의 다름이 대립하는 가운데, 특히 적극적 조치를 둘러 싼 남녀간의 상반된 입장의 차이와 서로 다른 이해관계는 갈등적인 상황을 만들어 이 제도의 실행을 어렵게 하는 결정적인 요인이 될 수 있다. 따라서 적극적 조치의 실행과정을 분석하면서 이 제도가 어떠한 조건에서 어떻게 실행이 가능했는지를 규명하고자 하는 이 연구는 법과 제도를 현실의 장으로 끌어내어 법과 현실간의 괴리를 좁힘으로써 제도의 적용 가능한 방법을 모색하는 데 시사점을 제공해 줄 수 있다고 본다.

2. 기존논의 검토

1) 적극적 조치의 남녀평등 논쟁

적극적 조치는 여성 집단에 대한 우선적 고용이 개별 남성에 대한 '역차별'이라는 도전과 함께 기업주로부터의 반발이 예상되는 등 논쟁적인 소지를 안고 있다. 따라서 적극적 조치의 도입과정에 대한 분석은 정책이 현실 사회에 존재하는 사회권력에 의해 수용되는 방식에 초점이 맞춰져야 한다.

정부의 정책이란 특정 목적을 지닌 정부의 중요한 활동을 의미하며, 이것의 결정은 수많은 이해관계의 대립 및 갈등을 자극하고 해결해 가는 과정이다(박동서 1987:131). 정책이라는 개념은 정책의 이념, 법적 근거, 집행기구, 그리고 구체적 행동지침의 기회 및 입안, 집행, 평가 등의 국가 행위 등 다양한 수준의 요소로 구성된다. 따라서 정책에 관심을 두는 논의들은 이들 여러 측면들 가운데서 한 가지 또는 그 이상을 다루게 된다(조형 1999).

적극적 조치에 관한 국내 연구물을 보면 법과 제도에 관한 내용을 분석하는 데 집중되어 있거나(김영환 1991; 김옐림 1999), 적극적 조치의 도입 필요성과 의의를 중심으로 기술되어(이향순 김경희 1996) 있을 뿐, 이것을 사회 세력과의 관계를 통해서 설명하고 있지 않다. 적극적 조치를 위주로 미국의 고용평등제도를 다룬 연구 논문(이향순 1997)은 남성으로부터 소송이 제기되었던 주요한 대법원 판례와 이 제도의 정책적 효과를 다루고 있는데 실제로 어떻게 적극적 조치가 수용될 수 있었는지에 관한 분석으로 연결되고 있지 못하다. 적극적 조치 실행 방법의 하나인 고용할당제에 관한 연구들은(김선욱 외 1994; 김영희 1996) 미국과 세계 각국에서 법적으로 명시되어 있는 정치, 교육, 고용부문에서의 할당제를 포괄적으로 소개하면서 폭넓은 정보를 제공하고 있지만, 역시 이 제도가 도입되는 과정을 구체적으로 설명해 주고 있지 못하다.

정책 분석학에서는 사회 문제의 인지와 분석을 통한 해결책의 제도화를 포함하는 정책형성과정, 수립된 정책을 행동화하는 정책수행과정, 그리고 수행된 정책의 결과에 대한 평가과정을 주로 분석한다. 그러나 성별 분업에 기반한 성 차별적인 사회구조와 직·간접적인 이해관계를 맺고 있는 사회권력이 정책의 형성과 수행 과정에 개입하게 되는 현실의 장은 수립된 정책과 집행과정간의 일관성, 정책 수단의 타당성과 효율성, 집행효과를 완결된 것으로 설명하기 어렵게 만든다.

적극적 조치가 결과의 평등을 실현하기 위한 정책적 도구로 위상을 갖게 되는 과정은 정책의 개념과 실행이 행위주체에 의해 실천되고 수용되는 방식에 관심이 모아져야 할 것이다. 적극적 조치가 지향하는 목표이면서 전제하는 개념은 평등이다. 평등에 대한 상이한 개념화가 나타나는 것과[8] 마찬가지로 적극적 조치에 관한 여성주의자의 논의를 보면, 다른 의미로 이 제도가 해석되고 있음을 알 수 있다. 캐서린 매퀴넌(Catherine MacKinnon), 메이슨(Maison) 등의 해석은 적극적 조치가 실현하고자 하는 평등이 남성과의 같아짐을 목표로 한 동화모형을 상정하고 있다. 그러나 캐롤 배치(Carrol Bacchi)는 차이가 불평등을 정당화할 수 있는 근거가 되는 사회적 조건에 주목하면서 적극적 조치는 여성에게 남성의 직종에 참여할 수 있게 하거나 남성에게 여성의 직종에 참여할 수 있게 하는 것을 넘어서서 남성적 규범을 폐지하고 노동시장을 재구성하는 데 목적이 두어진 것으로 해석한다. 동일한 제도에 대한 다른 해석과 접근은 정책 개념이 실천되는 과정에 대한 이해가 다르다는 사실을 말해 준다.[9]

---

8) Christine Littleton은 여성주의자들이 남녀평등에 대해 상이한 의미로 개념화하고 있다고 말한다. 남녀의 유사성을 전제로 하는 무조건적인 평등 또는 동화모형(assimilation model)과 남녀간의 양성성을 인정하는 평균적 양성성 모형(androgyny model), 생물학적 성차를 존중하면서 한편으로 성평등을 추구하는 조정모형(accomodation model), 생물학적 문화적 성차로 인한 불이익을 제거한 수용모형(acceptance model), 남녀간의 차이를 넘어서 남성 지배구조의 변화를 추구하는 세력화모형(empowerment model)이 그것이다.

9) Cynthia Chertos는 계급적 억압과 성적 억압의 복합성이 적극적 조치에 대한 여성주의자들간의 견해 차이를 불러일으킨다고 말한다. 백인 남성을 남편으로 둔 전업주부 백인여성은 적극적 조치를 지지하지 않으며 교육수준이 높고 사회적 자원을 이미 확보한 극소수의 여성들은 적극적 조치가 자칫 여성에게 '능력없는 여성'이라는 오명을 줄 수 있다는 이유로 반대한다고 말한다. MacKinnon은 적극적 조치가 남성 위주의 잣대를 평등의 준거로 정하고 거기에 여성을 끼워 맞추는 식이라고 비판한다. 적극적 조치의 평등 전략은 남성이 모든 것의 척도가 된다는 가정에 도전하지 못한 채, 남성과의 같아짐을 지향하면서 여성으로

미국의 적극적 조치 관련 연구가 수적으로 놀랄 정도로 많다고 해도,[10] 대부분의 연구는 인종차별을 주제로 다루고 있으며, 찬반론을 중심으로 한 법학자와 철학자들 간의 이론적 논쟁에 집중되어 있다(Goldman 1972; Rosenfeld 1991; Bolick 1996). 특히 법학자들간의 법조문 해석과 판례 분석에서 쟁점이 되어 온 평등 개념과 능력주의에 관한 논쟁은 주요한 이슈가 되고 있으며 관련 연구가 철학자들 사이에서 활발하다.[11] 그러나 논의의 대상은 소수인종과 소수민족에 맞추어 졌고 성 특정적(gender-specific) 사안이나 성 변수는 상대적으로 간과되어 왔다.

이러한 연구 경향을 보완하는 여성주의자들의 적극적 조치에 관한 연구는 여성을 고용평등정책 연구의 중심에 위치 지우고 평등 개념을 현실 사회 안에서 재해석하려는 시도를 보이고 있다(Clayton

---

하여금 가부장제적인 틀에 편입해 가도록 유도하는 것에 불과하다는 것이다(Jagger 1994:56). Maison은 적극적 조치가 결과적으로 고학력 백인 여성에게 많은 혜택을 주었을 뿐 아니라 고소득 백인 맞벌이 부부를 증가시켜 계층간의 빈부 격차를 오히려 심화시켰다는 이유로 신랄하게 비판하였다(Maison 1988).

그러나 이러한 견해를 반박하는 여성주의자들은 Maison의 지적이 여성문제를 계급문제로 환원해서 인식한 데서 비롯되며 사회적 계층의 기본단위를 개인이 아닌 일부일처제 핵가족에 둠으로써 가부장적 편견과 함께 분석상의 오류를 범하고 있다고 비판한다(Bacchi 1996).

10) 미국내에서 적극적 조치에 관한 연구논문은 매우 많은데, 캘리포니아주가 주법으로 적극적 조치를 폐지하는 과정에서 벌어진 찬반 논쟁은 전국적으로 확산되어 1996년에는 적극적 조치를 주제로 한 단행본만 10여권이 출판되기도 했다.

11) 이러한 논쟁은 사회적 평등이 자칫 개인이 쌓아 온 업적을 침해한다는 자유주의를 신봉하는 측과 사회적 집단간의 세력 불균형이 치유되고 소수집단의 무권력성(powerlessness)이 보호되어야 한다는 평등론자, 개인의 자유와 집단간의 평등이 동시에 요구되면서 발생할 수 있는 딜레마를 절충해 보고자 하는 정의론자들 간의 격론을 통해서 적극적 조치의 제도적 특성과 의의를 가시화시켰다.

& Crosby 1992; Young 1994; Marjorie 1996). 클래이톤과 크로스비 (Clayton & Crosby)는 이 제도가 여성에게 왜 필요한지를 설명하면서 궁극적으로는 남녀평등의 모델이 백인 남성과의 같아짐을 의미하는 것이기보다는 남녀간의 차이를 수용하고 다양성을 인정하는 방향으로 가야 한다고 보고 있다. 아이리스 영(Iris Young)은 능력의 원칙이 남성 중심적인 가치기준과 평가체계에 의해 왜곡되었다고 보고 적극적 조치의 실행을 계기로 여성이 주변집단으로부터 자신의 정치적 위상을 변화시켜야 한다는 사실을 주지시키고 있다. 마조리(Marjorie)는 남녀간의 차이가 존중되는 방식은 사회적 맥락 속에서 짚어져야 한다고 보고, 가부장제 사회에서 성 차이에 대한 확대해석이 자칫하면 평등주의를 실현하려는 여성들의 노력을 와해할 수 있다고 우려하고 있다. '평등의 덫'을 염려하기보다는 오히려 '보호의 덫'을 경계해야 할 가부장적 사회 환경 안에 여성이 위치하고 있으며 평등과 차이가 이분화되지 않은 평등 개념의 구도 속에서 적극적 조치가 실행되어야 한다고 주장한다. 이러한 논의는 정책 목표에 대한 철학적인 문제 인식을 갖게 하지만 적극적 조치를 통한 고용평등이 사회 세력에 의해 어떻게 실천되는가에 대한 답을 제공하지 않는다.

적극적 조치의 필요성과 정책적 효과, 구체적인 실행 방법에 따른 사회 집단의 태도 분석 등은 미국의 여성 경제학자와 심리학자들에 의해 시도된 바 있다(Matheson et al 1994; Summers 1995; Hartmann 1996; Bergmann 1996). 하이디 하트만(Heidi Hartmann)은 미국에서 1970년대 이후 노동시장에서 여성의 지위가 높아지면서 적극적 조치가 여성에게 더 이상 필요하지 않다는 견해를 비판하면서 이것은 적극적 조치가 여성 고용에 미친 영향을 단편적으로 파악했기 때문이라고 지적하고 있다. 전문직 여성이 증가하고 고임 직종으로 여성의 진출이 활발하게 된 주요한 요인은 전문적인 고등교육을 받은 여성의 수가 많아지면서 여성 집단의 인적 자원이 질적으로 향상되었기 때문이며, 이혼율이 증가하면서 여성의 취업 욕구가 높아졌기 때문이다. 따라서 정책입안자들은 여성의 변화된 욕구와 현존하는 노동시장 내 성별 직무분리로 인한 성차별, 구조화된 간접차별에 주목할 필요가 있으며 적극적 조치의 지속적인 실행이 요구된다고 주장한다. 바바라 버그만(Barbara Bergmann)은 적극적 조치가 여성 고용 전반에 미친 변화의 파장을 설명하고 여전히 남성 중심적인 능력주의의 신화가 유지되고 있는 현실을 드러내 보이면서 적극적 조치의 실행이 남성 위주의 평가체계를 의문시하고 바꾸기 위해 필요하다고 역설하고 있다.

밈벌리 매스선(Mimberly Matheson)은 적극적 조치의 도입이 능력주의를 침해한다는 비판이 다수집단으로부터 제기되는 반면에 이 제도가 소수집단으로 하여금 능력을 발휘할 기회를 적극 부여한다는 주장이 제기되고 있어 둘간의 관계가 모순적이라는 논의로부터 출발하고 있다. 그러나 문제의 핵심은 여성이 고용차별의 심각성을 어느 정도로 인식하고 대응하는가에 있으며 따라서 적극적 조치를 포함한 고용정책은 단순한 차별금지로부터 여성집단에 대한 배타적인 사회적 보상 등 다양한 형태의 연속성 안에서 그 방법이 구성될 수 있다고 보고 있다. 러셀 서머스(Russel Summers)는 적극적 조치의 실행방법에 따른 남녀의 수용태도를 분석하고 있다. 적극적 조치는 구조화된 차별을 교정하는 모든 정책과 프로그램으로 다양한 종류와 유형을 가지고 있다. 이를테면 장기적인 효과를 기대하면서 교육과 훈련부문에 이 제도를 실행하거나 채용과 승진 등에서 실시함으로써 단기적인 효과를 기대하는 것 등이 있는데 그에 대한 행위자의 수용 태도가 성별로 다르다. 여성은 적극적 조치에 대해 호의적인 데 비해 남성은 부정적이며 특히 채용과 승진 등에 이 제도가 도입될 경우 불이익을 준다고 보고 매우 부정적인 것으로 나타나 있다 (Summers 1995).

이러한 연구들은 적극적 조치의 도입 필요성을 지지하는 철학적 논거와 정책적 효과에 관한 이념과 정보를 제공해 주고 있지만 정책 분석 수준에서 행위자의 영향력과 정책의 수용과정에서 보여질 수 있는 정치성을 설명하고 있지 못하다.

2) 적극적 조치의 실행을 둘러 싼 행위자들

평등은 현대 여성운동에서 규범적 개념이 되어 왔다. 정책을 입안하고 평가하면서 갖게 된 경험은 평등의 의미와 평등권, 평등기회와 같은 관련 개념에 대한 확대된 논쟁을 유도해 왔다(Meehan and Sevenhuijsen 1991). 평등이 분석적 개념과 정치적 요구로 사용되면서 이것은 정책이 도입되는 과정에서 누가 어떻게 평등이라는 개념을 현실의 장에서 실천하는가가 핵심적인 문제로 제기되었다.

스커치폴과 리터(Skocpol and Ritter)는 미국과 영국의 사회정책의 발전과정을 비교하면서 관련된 행위주체를 노동조합과 기업, 정당지도자, 여성단체, 공무원, 개혁적인 전문가 집단을 들고 있으며, 이러한 집단이 작동하는 영역을 정당, 입법, 행정관료, 법원 등으로 보고 있다(Skocpol and Ritter 1991:15). 그런데 이러한 접근에서 사회정책은 포괄적인 것이어서 성별화된 사회에서 고용평등이 행위주체에 의해 어떻게 실천되는가를 설명하는 데 충분하지 않다.

적극적 조치를 포함한 여성고용정책은 여성 임노동을 매개로 자본과 국가 정책이 만나는 장이며 동시에 이해관계를 달리하는 집단이 각축을 벌이는 장이기도 하다. 따라서 이 제도가 사기업에서 수용되고 유지되는 과정은 자본, 국가, 노동조합, 여성 세력등 각 행위주체가 대응하면서 평등 개념을 현실화하는 과정이므로 이를 정치의 차원에서 설명할 필요가 있다.

자본주의가 고도화되면서 높아지는 구조적 실업은 남성노동자로 하여금 언제 일자리를 잃을 지 모른다는 두려움을 갖게 하며 여성의 노동시장 진출을 더욱 위협적으로 느끼게 만든다. 가족의 가장은 남성이고 그가 아내와 자녀를 부양할 수 있는 임금을 벌도록 해야 한다는 가족임금 이데올로기는 남성노동자에게 일차적 노동자로서의 자기 위치를 굳건하게 지키도록 부추기면서 남성의 이해를 집단적으로 형성해 나가도록 유도해 왔다. 노동할 권리를 보장받고자 하는 여성의 이해와 여성을 차별함으로써 이윤을 극대화하고자 하는 자본의 이해, 일차적 노동자로서 고용 지위를 유지하려는 남성의 이해는 남녀 노동자간의 취업 경쟁, 배분을 둘러 싼 노자간의 대립과 함께 작업장의 상황을 갈등적으로 만드는 충분한 조건이 되어 왔다.

국가는 행위자간의 상충된 이해관계를 조정하기 위해 개입해 왔으며, 여성주의자들은 그와 같은 국가의 기능과 역할에 대해 각기 다른 평가를 해 왔다.12) 막스주의 여성론자들은 자본이 여성을 경

---

12) 매키논(MacKinnon)은 국가는 남성이다"라고 단언하면서 국가의 여성정책이 성

기 호황기에는 노동시장에 끌어들이고 침체기에는 가정에 돌려보내는 산업 예비군으로 활용하는 동시에 성 차별적인 이데올로기를 이용해서 여성노동력을 착취해 온 것으로 보았다. 여기에서 국가는 평등한 여성정책을 통해서 성 차별적인 관행을 변화시키는 데 적극적으로 개입하지 않음으로써 결과적으로 자본의 이해를 돕는 사회 세력으로 비판의 대상이었다(Makintosh 1977). 이러한 여성주의자들의 해석은 성 차별적인 고용 관행이 왜 지속되며 고용평등을 실현하는 국가의 정책이 어떠한 이유에서 미온적이거나 실행조차 되지 않는지에 대해 부분적인 해답을 준다. 그러나 여성정책의 장에서 자본의 이해가 그와 대립적일 수 있는 여성의 이해나 가부장적 이해와 충돌하면서 해결되는 과정을 설명해 내고 있지 못하다. 이 이론은 자본의 영향력이 일방적으로 가해지는 측면만을 파악함으로서 여성을 행위 주체로 설정하고 있지 못하다.

그러나 여성노동운동사에서 보여진 대로 여성노동자는 자본주의 사회에서 자본—노동의 관계에서 임노동자로서 자본의 지배를 받아왔지만 그럼에도 불구하고 노동자로서의 권리를 확보하기 위해 노조를 결성하고 조직적으로 대항해 왔다. 노동자로서 여성으로서 평등한 대우를 받고자 요구하고 국가를 상대로 고용평등 관련법과 제도적 개선을 위한 투쟁을 벌여 온 것이다. 따라서 여성고용정책은 이해관계를 달리하는 사회 세력이 대립하면서 만들어 온 결과물이며 동시에 행위주체에 의해 변형되는 대상이자 영역인 것이다.

별분업체계를 유지하려는 가부장제의 이해를 대변하고 있다고 본다. 매킨토시(Makintosh)는 가사 노동에 대한 대가를 여성에게 지불하지 않고, 여성을 2차 노동자로 취급함으로써 초과착취를 하는 자본주의를 존속하도록 국가가 지원하여 궁극적으로 자본의 이해를 관철시키고 있다고 본다.

여성의 이해와 자본의 이해, 가부장적 이해가 상호 갈등하면서 타협하는 장으로서 여성고용정책을 상정하는 여성주의자의 논의를 수용할 경우, 해결되지 않는 과제는 어떠한 과정을 거쳐 이 제도가 도입되고 수용되는가이다. 여성고용정책에 관한 여성주의자의 논의는 행위주체의 실천에 의해 움직여지는 장으로 여성고용정책을 사고하는 틀을 제공하고 있지만 그럼에도 불구하고 어떻게 여성고용정책 가운데 매우 논쟁적인 적극적 조치가 가부장적 사회에서 현실화되었는지에 대한 요인 분석으로 연결되고 있지 못하다. 적극적 조치의 도입과 실행에 관한 연구 논문에서는 기업, 노동조합, 국가, 여성세력의 영향력을 부분적으로만 논의하고 있을 뿐(Freeman 1989; Cook and Lorwin 1992; Bergmann 1996) 각 행위자가 제도의 실행과정에서 어떻게 대응하면서 실천하는가를 설명하고 있지 않다.

자본이 여성노동력을 활용하는 의도와 방식에 관한 여성주의자들의 논의를 따르면13) 남녀고용 평등은 가부장적 자본주의 사회에서 실현되기 어려운 것으로 보인다. 여성노동력은 자본의 필요에 의해

---

13) 작업장에서의 적극적 조치 실행은 여성 고용의 확대 과정으로 자본의 여성 노동력 활용방식의 특성을 먼저 살펴볼 필요가 있는데, 여성주의자들간의 논의를 보면 세 가지로 요약된다. 첫째, 경기가 호황으로 노동력이 부족한 상황에서는 여성을 노동시장에 끌어들이고 경기가 불황인 경우에는 가정으로 돌려보내는 산업예비군으로 여성을 활용한다. 그로 인해 여성은 불완전취업자로 만성적으로 고용불안을 겪게 된다. 둘째, 여성의 일차적인 책임은 가사와 육아에 있으며 가정주부로서의 역할이 우선되어야 한다는 성별 분업 이데올로기를 이용해서 여성의 취업을 부차적인 활동으로 보고 여성노동자를 차별함으로써 여성의 지위를 주변화시키는 방식이다. 셋째, 여성을 차별대우하고 열악한 노동조건에서 저임금을 받고 노동하는 집단으로 위치 지음으로써, 전체 노동자 집단을 고임금 집단과 저임금 집단으로 층화시켜 분할 지배하는 방식이다.

반실업의 상태로 하위 노동자로 활용되며 여성은 차별 임금을 받는 노동자로 초과이윤을 제공하는 경우에 고용될 수 있다. 그러나 이러한 해석은 자본의 영향력을 일방적으로만 파악하고 있다. 자본주의 사회의 고용 영역에서 자본의 이해는 여성고용의 상태를 결정짓는 주요 변수인 한편, 자본의 이해는 고용정책을 통해서 행위주체인 국가와 노동조합, 여성간의 권력 관계 속에서 변형될 수 있다.

적극적 조치가 사기업에 도입되는 과정에서 노동조합의 대응은 부정적이며 특히 노조가 남성 조합원 중심으로 운영될 경우 더욱 큰 것으로 나타났다. 그럼에도 불구하고 노조가 이 제도를 수용해야 하는 상황은 법적 강제에 의해서이다. 예컨대 미국의 산별 노조는 자체 조합원을 대상으로 견습공 훈련과 재훈련 등의 직업교육 프로그램을 운영하면서 연방정부로부터 재정 지원을 받을 수 있도록 되어 있다. 미국은 연방정부로부터 재정지원을 받는 기관이 적극적 조치를 반드시 실행하도록 되어 있어 노조가 모집한 견습공 중 5% 이상을 여성으로 충원하도록 하고 있다(Cook 1976). 이와 같은 법적 강제에 의해 여성을 조합원으로조차 받아들이려고 하지 않았던 남성 숙련공 중심의 가부장적인 노조는 그 정책을 바꾸지 않을 수 없게 되었다.14)

---

14) 적극적 조치가 실행되기 이전, 미국의 노조가 여성을 배제하는 영역과 방식은 크게 세 가지였다. 노조로부터의 종업원 추천제도(employee referral)를 둔 기업의 경우 노조가 추천대상에서 여성을 아예 배제하는 것이다. 둘째, 견습공과 재훈련 프로그램을 운영하는 노조가 훈련 대상자를 선발하면서 여성을 뽑지 않는 것이다. 셋째, 선임권(seniority)을 재훈련 교육생을 선발하는 일차적 기준으로 정해두고 이 때 선임권은 해당 부서나 직종에서 근무한 기간으로 인정함으로써 여성이 남성 중심 직종으로의 전직을 어렵게 하는 것이다. 선임권은 승진과 직업 훈련 대상자, 해고, 기타 부가급여 등을 받는 순서를

그밖에 노조가 적극적 조치를 수용하는 조건은 사회운동단체와 노조간의 연계가 있는지의 여부, 조합원의 성비와 노조의 정책 결정 과정에 여성이 참여하는 정도 등에서 찾아지고 있다. 브리지드 오페럴(Brigid O'farell)은 노조가 장기 근속한 백인 남성을 중심으로 지도부가 구성될 때 적극적 조치의 도입에 부정적이며 여성과 소수인종을 포함한 조직인 경우 적극적 조치를 지지하고 실행하는 데 관심을 보였다고 파악한다. 앨리스 쿡(Alice Cook)은 현재의 노조가 가부장적이라고 해도 여성 조합원의 수가 많아지고 노조 내에서 여성들이 자체 조직을 만들어 여성 특수과제를 제기하고 제도화해 나갈 때 남성 중심의 노조를 제도적, 문화적으로 변화시킬 수 있는 힘을 갖게 된다고 보고 있다(Cook 1976).

노조의 남성 중심성이 조합원의 성비에 따라 가변적일 수 있다는 오페롤(O'farell)과 쿡(Cook)의 주장은 적극적 조치의 수용에 대해 노조가 협력적일 수 있음을 시사하고 있다. 그러나 여성 조합원의 수적 확대가 여성으로 하여금 노조의 정책결정 과정에 참여하는 방식으로 직접 연결되지 않을 수 있기 때문에 여성의 수적 확대와 세력화를 직결시키기 어려우며, 이 제도를 요구하는 여성의 실천이 노조의 태도를 변화시킬 수 있는 요인으로 인식될 필요가 있다.15)

정하는 데 기준이 되는데, 선임권에 의해 여성들은 가장 늦게 승진되거나 훈련 대상자에 포함되며 가장 먼저 해고될 뿐 아니라 부가급여에서도 후 순위로 밀리게 된다.

15) 실제로 미국의 노조는 여성고용정책 사안에 대해 모순된 태도를 보여 왔다. 남녀차별임금을 폐지하기 위한 동일노동 동일임금제와 여성보호정책을 노조는 적극 지원해 왔다(Freeman 1986). 그러나 적극적 조치에 대해서는 소극적으로 지지하거나 반대하는 입장을 보였다. 여기에서 노조가 동일임금제를 지지했던 배경은 성 차별적인 저임금이 남성의 임금을 낮추지 않도록 하기 위한

적극적 조치의 도입과 연관해서 국가에 관한 논의는 정책적 효과를 중심으로 한 경제학자들의 논문에서 파악되고 있다. 해크만과 울핀(Hackman & Wolpin)은 정부와 계약을 맺은 사기업에 대해 반대급부로 적극적 조치를 실행하도록 하는 법적 강제와 정부기구로부터의 점검 과정(review process)이 이 제도를 수용하도록 하는 요인이 된다고 보고하고 있다(Hackman & Wolpin 1976). 조나단 레오나드(Jonathan Leonard)는 사기업을 대상으로 한 조사에서 행정명령에 의해 연방정부와 계약을 맺어 적극적 조치를 반드시 실행해야 하는 기업과 연방정부와 아무런 관계를 맺지 않는 기업의 여성 고용 비율을 비교 분석하였다. 그는 1970년부터 1980년까지 10년 동안 사기업에 취업한 여성고용 비율의 추이를 분석한 결과 연방정부와 계약을 맺은 사기업의 경우 여성의 비율이 지속적으로 높아졌음을 발견하고 행정명령에 의한 국가 권력의 개입이 사기업으로 하여금 이 제도를 수용하게 한 요인이 되었음을 보여주었다.

　바바라 버그만(Babara Bergmann)은 고용평등정책을 실행하는 정부기구인 고용기회평등위원회(EEOC)에 개별 기업이 소수집단의 고용상태를 파악할 수 있는 보고서를 제출하도록 해서 정부가 평가하는 제도적 강제가 효력을 발휘한다는 사실을 밝혔다. 또한 버그만(Bergmann)은 정부의 검열을 통한 개입이 적극적 조치를 실행하는 데 영향력을 행사했다고 보고, 특정 시기에 정부의 정책적 개입이 강했던 은행업과 그렇지 않은 식품산업을 비교 분석하면서 두 산업

전략이었으며(Milkman 1987), 여성보호정책은 남성 직종에 여성이 취업하지 못하도록 하기 위한 남성의 음모에 의한 결과였다는(Hartmann 1976) 여성주의자들의 해석은 주목할 만하다.

모두 여성 집중 산업임에도 불구하고 은행업의 경우 관리직 내 여성비율이 훨씬 더 높다는 결론을 내었다(Bergmann 1996). 레오나드(Leonard), 버그만(Bergmann)의 연구는 적극적 조치가 사기업에서 수용되는 데 국가 권력이 주요한 사회 세력이 된다는 사실을 설명하고 있지만 국가가 어떠한 상황에서 여성 친화적인 방향으로 이 제도를 운용하는지를 밝히고 있지 못하다.

적극적 조치를 정책 분석의 맥락에서 논의하는 위의 연구들은 성별화된 사회가 구성한 정치적 상황을 간과하고 있으며 여성운동이 정책의 특정한 조처를 가능하게 한 역할을 간과하고 있다. 조이스 겔브(Joyce Gelb)는 미국, 영국, 스웨덴의 경우를 비교하면서 다양한 정치성향을 지닌 여성 이익 집단들의 연결망이 강했던 미국에서는 고용 평등의 개념을 확장하고 현실화하는데 여성운동이 결정적인 영향력을 행사한 것으로 설명하고 있다. 겔브(Gelb)에 의하면 미국의 여성운동단체들은 흑인 중심의 인권단체와 연대하면서 단체의 정치적 위상을 높이고 연방정부가 남녀 고용평등을 위한 법과 제도를 입안하고 실행하는 데 크게 관여한 것으로 나타나 있다(Gelb 1987). 특히 1960년대 이후 미국의 고용평등정책은 자본의 무한정한 이윤추구 동기에 제동을 걸어 왔으며 특히 70년대 초의 호전적(militant) 여성운동의 흐름은 정치적 압력 단체로 자본의 위세를 약화시키는 중요한 요인이 되었다.

그러나 적극적 조치가 기업 차원에서 수용되는 과정은 자본과 가부장적 세력에 도전하는 여성 주체의 실천 행위로 논의가 확장되어야 한다. 로자베스 칸터(Rosabeth Kanter)는 조직 내 수적 불균형과 남녀 권력간의 상호 관계를 논의하면서 경험 연구를 통해서 소수집단이 최소한 15% 이상을 차지하게 될 경우, 비로소 조직 안에서 자신들의 이해와 요구를 대변하고 다수 집단과 평등할 수 있는 기반을 갖게 된다고 주장한다(Kanter 1977). 여성이 조직 내에서 수적으로 크게 적어 과소 대표되어 있을 경우 훈련기회의 부족, 승진 제한 등의 고용차별의 장벽에 부딪히면서 해결하기 어려운 위치에 있게 된다는 것이다. 이와 같은 연구 결과를 토대로 칸터(Kanter)는 여성의 조직 내 수적 증가를 가능하게 하는 적극적 조치의 도입과 여성들간의 연계망(network)의 개발이 이 제도를 기업내에서 수용하게 하는 요인인 것으로 밝히고 있다. 여기에서 제니스 요더(Janice Yoder)는 적극적 조치에 관한 논의가 성별 통합 과정에서 발생하는 새로운 형태의 성별 직무분리와 여성의 소외를 간과하고 있다고 지적한다(Yoder 1991). 예컨대 여성의 고용이 확대되고 수직적 이동이 활발해지면서 전문직종 내 여성 비율이 증가했다고 하지만 권력과 자원이 적은 하위 전문직에 편중됨으로써 여성의 수적 확대가 실질적인 남녀 고용평등으로 이어지지 못했다는 것이다. 요더(Yoder)의 연구는 적극적 조치의 실행이 수적 확대라는 양적 개념이 아니라 여성의 세력화를 통한 가부장적 권력의 변화와 연결되는 정치적 개념으로 접근될 때 제도의 현실화가 가능하다는 사실을 환기시키고 있다.

적극적 조치의 도입에 영향을 미치는 행위 주체에 관한 논의를 살펴본 바에 의하면 정책 분석이 성별화된 권력관계의 문제를 포함한 정치 현상으로 해석되어야 한다는 사실을 환기시키고 있다. 특히 성별화된 사회에서 여성운동이16) 여성주의를 실현하고자 하는 방식

16) 여성운동(Women's Movement)을 정의하는 방식은 크게 두 가지로 나뉜다. 하나

은 여성 주체의 실천 행위가 국가 수준의 여성운동만으로 제한될 수 없음을 시사하고 있다. 가부장적 권력이 노동시장, 교육, 문화 등 사회활동 영역 전반에 걸쳐 만연되어 있다고 볼 때 그에 도전하는 여성의 실천 행위는 국가 뿐 아니라 다양한 영역에서 행사되고 있다고 봐야 할 것이다.

적극적 조치의 도입에 관한 기존 논의는 기업, 노동조합, 국가, 여성 등 각각의 행위자가 어떠한 영향을 주는가에 대해 설명하고 있으나 부분적이다. 그 이유는 방법론적으로 대부분의 연구가 법 제도적 차원의 분석에 그치거나 성별화된 사회에 내재되어 있는 권력관계를 전제하고 있지 않기 때문이다. 이 논문은 성 차별적인 고용 관행을 시정하기 위한 적극적 조치가 사기업에서 도입되는 과정을 살펴보면서 사회 세력에 의해 어떻게 수용되고 유지되는지를 파악하는 데 연구 목적을 두고 관련 논의를 살펴보면서 다음과 같은 물음을 도출하였다.

첫째, 미국 민권법의 제정 배경에서 알려진 대로, 여성 단체를 포함한 사회 단체의 정치적 압력은 이것을 법제화하는 데 결정적인 역할을 했으며(Freeman 1990), 이 제도의 필요성에 대한 사회적 공감대를 형성하고 자극하는 데 기여한 것으로 나타나 있다. 그렇다면 여성들은 어떠한 실천 활동을 통해서 적극적 조치가 여성 친화적인 제도로 작동하도록 하면서 평등 개념을 현실화하고 사례기업이 이 제도를 도입하도록 영향력을 행사했는가?

는 여성과 관련한 다양한 활동들을 모두 포괄하는 방식이고, 다른 하나는 여성이 여성주의를 바탕으로 여성문제의 이념성과 특수성을 강조하는 방식이 있다(김현정 2000:1).

둘째, 적극적 조치가 실행되는 과정에서 사회 세력은 서로 다른 이해관계에 기반한 대응을 나타낼 것으로 보인다. 채용과 승진, 교육훈련을 포함하는 고용전반에 걸친 적극적 조치가 실행되면서 사회 세력으로부터 어떠한 반발과 저항이 표출되었으며 그럼에도 불구하고 어떻게 이 제도가 사기업에서 수용될 수 있었는가?

셋째, 성별화된 사회가 구성한 정치의 장에서 적극적 조치가 도입되고 행위 주체간의 권력관계 안에서 수용된다고 볼 때 이 제도의 결과는 정책 분석이 의도하는 정책입안 및 수행, 평가의 완결된 틀에 제한되지 않는다. 더욱이 기업 내 사회 세력이 경험한 평등 개념과 기업의 사회 경제적인 환경 변화는 새로운 사회적 요구를 창출하며 정책이 의도하지 않은 결과를 수반하게 된다. 그렇다면 사례기업은 적극적 조치를 도입하고 실행하면서 어떠한 변화를 초래했고, 어떻게 이 제도를 유지할 수 있었는가?

3. 연구 대상 및 방법

이 글은 적극적 조치가 사기업에 도입되는 과정을 살펴보면서 사회세력에 의해 수용되고 유지되는 요인을 파악하기 위해 1970년대부터 적극적 조치를 실행한 미국 사기업의 사례를 연구대상으로 선정하고 문헌연구와 면접을 연구방법으로 사용하였다.

1) 연구대상의 선정

우리나라는 정부가 여성공무원채용 목표제를 1996년부터 실행하기로 정한 이후 비로소 적극적 조치에 관한 논의가 시작되었지만 아직까지 적용범위가 공공부문에 제한되어 있으며 실행 방식이 소극적이어서 파급 효과가 적다. 반면에 미국은 1960년대 중반 이후 30여 년간 이 제도를 실행해 왔고 적용범위가 공무원과 사기업, 교육부문을 모두 포괄하고 있어 큰 반향을 불러 일으켜 왔다. 또한 적극적 조치 도입의 법적 근거와 해석, 판례 분석을 통한 적극적 조치의 법 이념, 사회적 평등 실현을 목표로 한 정책 효과 등에 관한 연구 성과물을 축적해 왔다. 미국 대학의 경영학, 노사관계학, 법학 등에서는 적극적 조치의 법적 내용과 주요한 대법원 판례, 실행 지침 등을 교과 내용의 일부로 다루고 있다(De Cenzo & Robbins 1994). 특히 미국 적극적 조치의 적용 대상은 스웨덴, 독일 등의 유럽 국가에서 실행되고 있는 여성 할당제와 비교해 볼 때 그 범위가 넓다. 이를테면 독일의 여성할당제(Frauenquoten)가 주로 정치 부문과 공무원을 대상으로 시행되고 있으며(Lang 1989) 스웨덴의 성 할당제(Sex-Based Employment Quotas)가 지역개발 원조 프로그램의 일부로 실행되는 것과 달리 미국은 소수집단의 고용 뿐 아니라 그들이 운영하는 기업을 지원하는 정책(set aside program)을 모두 포괄하고 있다.

따라서 미국은 적극적 조치의 실행과 연관되어 있는 층이 광범위하고 다수여서 이 제도의 찬반을 둘러싼 논란이 매우 활발하며, 오랜 기간의 실행 경험을 토대로 공사 부문 각각에 관한 연구 성과물이 축적되어 있다. 이 연구는 국내 여성 취업자의 대다수가 사기업에 고용되어 있는 데 반해 적극적 조치의 도입은 공공부문에 제한되고 있어, 여성노동시장의 전반적인 변화를 시도하기 위해서는 이 제도의 적용 범위가 사기업부문으로 확대되어야 한다는 문제 인식으로부터 출발했다. 또한 이해관계를 달리하는 행위자들이 공존하는 작업장에서 적극적 조치가 도입되는 과정을 살펴보면서 이 제도가 어떻게 수용되고 유지되는지를 파악하는데 연구 목적을 두었다. 따라서 사기업을 대상으로 한 적극적 조치의 실행 경험이 풍부한 미국 사례가 연구 대상으로 적절하다고 보았다.

미국의 사기업 가운데 전화통신회사인 AT&T(American Telephone and Telegraph)사는 이 연구를 수행하기에 적합하다고 판단했는데 이유는 첫째, 이 회사는 1973년에 미국의 사기업 가운데 최초로 적극적 조치 모델을 개발해서 실행했고 이 모델은 은행업, 건설업 등 타 산업에 파급된 것으로 알려져 있다. 사례기업이 적극적 조치 모델을 개발할 당시의 상황을 보면, 여성과 소수인종으로부터 정부기구에 접수된 고용차별 고발 건수가 2천 여건으로 정부와 사회 단체로부터 주목을 받았다. 더욱이 고발된 사례의 상당 부분이 성차별과 관련되어 있으며 여성단체의 개입과 정부기구가 문제를 해결하는 데 상당한 비중을 차지한 것으로 나타나 있어(Hacker 1979), 이 제도가 사회세력에 의해 도입되는 과정을 살펴보기에 적절하다고 본다.

둘째, AT&T사는 1970년대에 전화통신산업의 독점기업으로 종업원 수가 80여만 명에 달하여 산업 전체 피고용인의 90%를 고용하고 있었다(Batt & Keefe 1996). 그러나 정부의 독점 규제 정책으로 인해 1980년대 중반 이후 장거리 전화사와 지역 전화사로 각각 분할되었다. 이후에 경쟁사인 MCI사, SPRINT사 등의 시장 진출 등으로 기업 환경이 크게 변화했고 이것은 적극적 조치의 실행을 포함한 기업 전반의 인사제도, 노사관계 등에 영향을 미쳤다. 이를테면 시장 점유율이 크게 줄고 기업간 경쟁이 치열해 지면서 이 회사는 고용 감축을 대대적으로 실행했다. 따라서 이 사례는 기업 환경의 변화에도 불구하고 어떻게 적극적 조치가 수용될 수 있었는지를 파악하는 데 적절하다. 또한 시장 독점에서 시장 경쟁의 상황으로 바뀌어 가는 AT&T사를 포함한 전화통신산업 사례의 선정은 우리나라의 적극적 조치 논의에서 사기업을 대상으로 이 제도를 실행하도록 요구할 수 없다는 주장과 그에 맞서 독점 대기업으로 제한할 경우 가능하다는 논란이 제기되었던[17] 상황에서 시사하는 바가 크다고 본다.

셋째, 1970년대에 전화통신산업을 대표하고 있던 AT&T사의 종업원 구성을 보면, 여성 종업원의 수가 42만 명으로 여성 비율이 50%를 넘고 있으며 노조 조직율이 비 관리직 노동자 중 55%에 달해 매우 높다. 이러한 조직 구성의 특성은 노사관계와 남녀 노동자간의 관계가 역동적일 수 있는 객관적인 조건이 되고 있다. 뿐만 아니라 기업환경이 크게 변화된 이후에도 전화통신산업은 노조 조직율이 높아 1991년 현재 47%의 수준을 지속적으로 유지함으로써 미국 서비스산업의 평균 노조 조직율이 불과 13%인 것과 크게 대조가 되고 있다(Hartmann & Spalter-Roth 1989).이와 같이 여성들이 수적으로 다수를 차지하고 있고 상당 정도 조직화되어 있음에도 불구하고 성별 직무분리로 인한 구조적 차별은 확연했었다. 전화교환원, 서비스 담당직 등의 일부 직종에 여성들이 크게 편중되어 있었고 하급직에서

---

17) 대통령 자문 정책기획위원회 주최 정책 토론회 토론 내용, 1995.

여성들이 주로 일을 하고 있었다. 그러나 적극적 조치가 도입된 이후 남성 중심 직종으로의 여성 진출이 나타나게 되고, 고위 관리직, 전문직 등으로의 여성 진입이 두드러지고 있어 적극적 조치가 사기업에서 어떻게 수용되는지를 파악하기에 적절하다고 본다.

연구 대상의 시기는 미국의 고용평등정책이 불평등 효과(disparate impact)에[18] 기초한 결과의 평등 개념을 수용하면서 적극적 조치를 시행한 1960년대 중반부터 1990년대까지를 포괄하고 있다. 그러나 적극적 조치의 도입과 수용과정을 집중적으로 분석하기 위해 이 논문에서는 주요한 분석대상의 시기를 사례기업이 적극적 조치 모델을 개발하고 본격적으로 실행했던 1970년대로 설정했다.

2) 연구방법과 자료 수집

이 논문은 적극적 조치에 관한 법적 내용 분석을 넘어서 사기업에서 이 제도가 도입되는 과정에서 어떻게 규범적 평등 개념이 사회세력에 의해 실천되고 수용되는지를 파악하는 데 연구 목적을 두고 있다. 따라서 연구를 수행하는 데 필요한 자료의 수집은 문헌 자료 이외에 실제로 적극적 조치를 도입하고 실행하는 과정에 행위주체들이 어떻게 대응했는지에 관한 자료가 수집되어야 할 것이다. 그런데 연구자는 미국의 사회적 상황에 대한 지식과 이해가 부족하고

---

18) 불평등 효과는 고용주가 차별할 의사가 없었다고 하더라도 여성에게 가해지는 직무 분리의 규칙이 그 일을 수행하는 사람의 능력과 상관없다는 주장이 받아들여지면 평등 규정을 위반한 것으로 파악된다. 고용주는 그 규칙이 직무 수행상 필요한 것이라거나 경영상의 이유로 불가피하다는 사실을 입증해야 한다(Dessler 1997).

현지 언어에 능숙하지 않은 외국인으로 이러한 연구 과제를 풀어 나가는 데 어려움이 있다고 보았다. 그럼에도 불구하고 현실 사회에서 적극적 조치가 실행 가능했던 조건을 밝히기 위해서는 현지 방문과 면접을 통한 자료 수집이 필요하다고 여겨 두 차례 미국을 방문하면서 면접을 통해서 관련 자료를 수집하고자 했다. 또한 적극적 조치의 도입과 직접 관련되어 있는 행위 주체들이 작업장에서 평등 개념을 어떻게 해석하면서 이 제도의 실행과정에 관여했는지를 파악하기 위해 사례 기업에 관한 자료를 수집해서 분석했다.

이 글의 주된 연구방법은 문헌 연구와 면접조사로 현지의 자료수집은 두 차례에 걸쳐 이루어졌다. 1차 현지자료의 수집은 1996년 7월부터 5개월간 미국 코넬 대학교의 노사관계 대학(School of Industrial and Labor Relations) 도서관에서 관련 문헌과 정부 출판물 등을 모으는 데 집중되어 있었다. 또한 이 대학의 리사 리버위쯔(Lisa Liberwitz, 노동법 전공)교수와 로즈매리 밧(Rosemary Batt, 인사관계 전공)교수로부터 연구대상의 선정과 관련해서 자문을 받고 적극적 조치의 실행과 연관되어 있는 정부기구의 공무원, 기업 간부, 노조간부, 여성단체 활동가를 소개받아 면접하였다. 노조 간부를 통해서 사례기업에 취업한 여성 노동자를 만날 수 있었다.

뉴저지주에 위치한 AT&T사 본부에 인접한 미국통신산업노조(Communication Workers of America: CWA) 소속 여성 노조활동가로부터 이 회사의 단체협약안과 임금 관련 자료를 구하고, 노조 내 여성의 지위와 관련한 내용 일부를 들을 수 있었다. AT&T사가 적극적 조치 모델의 개발과 실행에 노력을 기울였을 당시 그 과정에 관여했던 인사 담당 간부(assistant vice president)을 만나 당시의 상황, 이를테면 정부의 개입과 기업의 대응, 노사관계, 적극적 조치 프로그램의 개발 과정에 관한 내용을 들을 수 있었다. 또한 AT&T사의 기업 분할 이후 미국 지역 전화 회사의 하나로서 아직까지 시장 독점 상태에 있으면서 적극적 조치를 지속적으로 실행하고 있다고 알려져 있는 뉴욕 시의 NYNEX사의 본부를 방문해서 이 회사의 고용평등 담당 직원을 만나 적극적 조치가 전화통신산업에서 최근에 어떠한 방식으로 실행되고 있는지 등에 관한 일부 자료를 수집했다. 그밖에 사례 기업을 중심으로 한 전화통신사에서 제기되었던 법적 소송에 관한 판례를 수집하기 위해 전산화된 자료 패키지인 NEXUS-LEXIS를 통해서 법적 판례와 기업 경영에 관한 정보를 수집했다.

2차 현지 자료 수집은 1998년 1월부터 6개월간 미국의 수도 워싱턴(Washington D.C.)에 인접해 있는 매릴랜드(Maryland) 대학에서 이루어졌다. 대학도서관에서 적극적 조치 관련 문헌을 수집하고 이 대학의 린 볼즈(Lynn Bolles, 여성학) 교수로부터 자문을 받았다. 정부 기구를 직접 방문해서 필요한 자료를 구했으며, 노동자들과의 면접을 통해 일차 자료를 얻고자 했다. 이를테면 적극적 조치의 주요 실행기구인 고용기회평등위원회(Equal Employment Opportunity Commission : EEOC)와 노동부 연방계약준수국(Office of Federal Contract Compliance Program: OFCCP)이 있는 노동부를 방문해서 담당자로부터 관련자료를 수집했다. 또한 전화통신산업 노조원의 70% 이상이 가입해 있는 미국통신산업노조(CWA)를 찾아가서 경제정책 연구원과 이 산업의 적극적 조치 초기 수혜자이면서 남성 직종인 숙련직에서 25년간 근속한 여성 노동자로부터 이 제도의 도입 과정과 남성들의 대응에 관한 내용을 들을 수 있었다. 또한 매릴랜드

(Maryland)주에 위치해 있는 지역 전화사인 벨 애틀랜틱(Bell Atlantic) 노조 지부를 방문해서 적극적 조치의 실행과 직접 연관되어 있는 노동자들을 면접했다. 노조로부터 최근 단체 협약안을 구하고, 적극적 조치 실행의 수혜자로 남성 중심 직종으로 이동한 여성노동자들과, 여성중심 직종으로 이동한 남성 노동자들로부터 적극적 조치의 실행에 대한 행위자의 대응이 어떠했는지를 알아보고자 했다.

또한 이 회사의 여성 관리자와 남성 관리자를 만나 여성의 고위직으로의 진출과 문화적 차별, 작업장 내 남녀 관계에 관한 정보를 얻을 수 있었다. 상층 고위직 여성관리자와는 전화 면접을 통해, 사례기업의 적극적 조치로 인한 여성고용의 변화를 알고자 했다. 적극적 조치를 지지하는 여성단체의 모임 대표로부터 적극적 조치 폐지론이 미국의 일부 주 의회와 연방의회에서 거론되고 있는 속에서, 여성단체들이 어떻게 대응하고 활동하면서 적극적 조치가 지속적으로 실행될 수 있도록 영향력을 행사하는지에 관한 내용을 부분적으로 알 수 있었다.

〈표 1〉 면접 사례의 인적 특성

사례	직종 및 직위	기업	성별	면접 장소	면접일	기 타
1	기 술 공	A	여	Washington D.C.	96년 10월, 98년 2월	CWA본부 상근자
2	내근 숙련직	B	여	Maryland	98년 3월, 98년 4월	CWA지부 부위원장
3	내근 숙련직	B	여	Maryland	98년 4월	CWA지부 상근자
4	외근 숙련직	B	여	Maryland	98년 4월	-
5	전화교환원	B	여	Maryland	98년 4월	-
6	외근 숙련직	B	남	Maryland	98년 4월	CWA지부 상근자
7	외근 숙련직	B	남	Maryland	98년 5월	CWA지부 위원장
8	전화교환직	B	남	Maryland	98년 5월	-
9	중견(3급)관리직	A	여	New York	96년 10월	-
10	중견(3급)관리직	B	여	Maryland	98년 5월	-
11	부 사 장	C	여	-	98년 5월	전화면접
12	여성위원회위원장	-	여	Washington D.C.	98년 5월	CWA본부
13	CWA 연구원	-	여	Washington D.C.	96년 10월	-
14	전직 부부사장	A	남	New York	96년 10월, 98년 5월	-
15	고용평등담당	C	여	New York	96년 10월	-
16	적극적 조치를 위한 여성연대	-	여	Wahington, D.C.	96년 2월, 98년 5월	-

A사: AT&T / B사 : Bell Atlantic / C사 : NYNEX

3) 연구대상 기업의 특성

AT&T 산업의 특성상 공공성이 두드러진 사기업이지만 연방정부로부터 규제를 받아 왔고 오랫동안 전화통신산업에서 독점적 위치를 유지해 왔다. 그러나 1980년대 초부터 AT&T사의 독점성이 본격적으로 의회에서 거론되기 시작하면서 AT&T사의 경영이 미국의 반

독점 금지법(anti-trust)에 위배된다는 비판이 거세었다. 특정기업의 시장 지배가 기업간의 자유로운 경쟁을 방해하며 그 산업의 발전을 저해한다는 목소리가 높아지면서 거대 독점 기업인 AT&T사의 기업 분할(divesture)이 본격적으로 진행되었다. 이 과정에서 신규 전화통신업체이자 경쟁업체인 MCI사와 Sprint사는 전화통신산업의 독점성을 해체하기 위한 정치적 로비 활동을 벌였다. 마침내 1984년 24개의 지역 전화사가 벨 체계로부터 분할되면서 7개 지역 전화사로 통폐합되었다. AT&T사는 장거리 전화통신업체로 남으면서 자회사인 벨연구소와 전화통신 제조업체인 서부 전기사를 거느리게 되었다 (Bat & Keefe 1996).[19]

MCI사가 1978년에 장거리 전화사에 진출하기 시작하면서부터 기업간의 가격 경쟁이 시작되었다. 1982년과 1992년 사이에 교차보조금(cross-subsidies) 제도가[20] 폐지되면서 장거리 전화 요금이 40% 정도 낮아졌고 따라서 장거리 통화량은 2배 이상으로 증가했다. 비용 절감의 압력은 인원 감축과 임금 하락 등으로 이어졌고 고용불안정과 노동 조건의 악화로 이어졌다. 기업 분할 이후 기업간 경쟁이 높아지면서 AT&T사의 시장 점유율은 낮아졌다. 기업분할 이전인

---

19) 당시에 AT&T사는 기업 경쟁력이 낮다는 평가를 받았고 주요한 요인으로 두 가지를 지적 받았다. 첫째, 신규업체와 비교해서 AT&T사는 억세스 라인(access line)당 종업원 수가 많았고 임금 수준이 높은 편이었다. 둘째, 조직이 관료적이어서 비효율적이었다. 부서 중심의 위계적인 조직은 소비자의 요구와 시장 변화에 빠르게 대처하는 능력을 상실했다.

20) 교차보조금 제도는 연방정부 규제 하에서 소비자 집단을 기업과 가정용으로 나누고 대기업에게 요금을 더 높게 책정함으로써 소득 재분배의 효과를 가져왔다. 그러나 1980년대 중반이후 이 제도가 경영 혁신과 시장 인센티브를 방해한다는 이유로 폐지되었다(Keefe & Batt 1994).

1984년 장거리 전화 시장에서 AT&T사의 시장점유율은 96%였으나 1994년에는 61%로 크게 감소했다(Hendricks 1995).

기업 분할 이전에 연방통신위원회(FCC: Federal Communication Committee)는 기업의 전화요금 가격 조정을 규제하는 한편, 신규업체의 시장 진입을 제한해 왔다. 1984년의 기업 분할과 함께 탈 규제로 인해 AT&T사는 본격적인 시장 경쟁체제로 들어가면서 대대적인 구조조정에 들어가지 않을 수 없었다(Spalter-Roth and Hartmann 1992:11). 이와 같이 AT&T사의 구조조정과 인원 감축을 불러일으킨 주요 요인 중의 하나가 기술변화였다.[21)]

전화통신산업은 후기 산업사회, 고 기술, 정보산업의 핵심으로 알려져 있는 만큼 엄청난 기술변화를 이루어 왔고 서비스의 속도와 질적인 측면에서 빠른 진보를 이루어 왔다(Spalter-Roth and Hartmann 1992).[22)] 그러나 진보된 기술개발은 소수의 인원이 보다 더 많은 일을 할 수 있음을 의미했다. 전화통신산업의 고용주들은 이 산업의 직종을 고 숙련직과 다수의 미 숙련 직종으로 분할한 다음, 자동화를 통해 미 숙련직을 제거해 나갔다 (Spalter-Roth and Hartmann 1992).

1950년에서 1984년까지 전화통신산업의 노동생산성 증가는 매년 6%의 증가를 보였고 이후 10여 년간 더 높아져서 6.9%까지 증가했

---

21) 전문가들은 과거의 기술로 현재의 전화 사용량을 처리할 경우 필요한 전화산업 노동자의 인력이 전체 노동력의 50%로 추산된다고(Hartmann & Spalter-Roth, 1989) 보고하고 있어, 신기술 도입으로 인한 고용 대체 효과가 매우 크다는 것을 알 수 있다.

22) 오늘날 전화통화 사용량이 급증하면서 과거의 기술로 처리될 수 없을 정도이며 과거 기술로 처리할 경우 고용인원이 노동력의 50% 정도 늘 것이라고 한다(Spalter and Hartmann 1992).

다. 이와 같은 노동생산성의 증가는 기술 혁신에 힘입은 것이었다. 더욱이 기업간의 경쟁은 비용 절감과 서비스 질의 향상을 목표로 한 기술 개발을 더욱 더 부추겼다.23) 기업 분할 이후에 기업들은 새로운 디지털 스위치, 파이버 업틱 넷워크, 셀룰러(cellular) 서비스의 기술 개발에 박차를 가했다(표 2 참고).

AT&T사의 기업 환경은 정부의 독점 금지와 탈 규제 정책 등으로 인해 시장 경쟁이 심화되면서 유동적이고 불안정한 고용 상태에 들어가게 되었다. 또한 전화통신산업은 산출량이 전체 평균보다 높게 증가함에도 불구하고 오히려 매년 고용 감소를 보이면서 기술변화로 인한 생산성 향상과 더불어 지속적인 고용 감축을 보일 것이라는 전망을 낳았다.24) 실제로 AT&T사는 1984년 이후에 비용 절감을 위해 시간제 임시직 고용을 늘려갔고 이 회사의 직원들은 연구 결과, 상시적으로 해고의 위협을 느낀다고 보고하고 있다(Spalter- Roth and Hartmann, 1992:12).25)

---

23) 기업간의 경쟁이 자동화의 개발을 촉발시켰다. 전화통신업체들은 비용을 절감하기 위해 정보 처리과정을 자동화했고 소비자에게 보다 빠르게 특화된 형태의 서비스를 경쟁적으로 제공했다. 특히 1960년대와 1970년대에 급속도로 발전한 미국의 전산 기술이 소비자 관련 정보를 저장하고 분석하는데 드는 비용을 줄일 수 있게 했다(Bird 1991:150).
24) 전화통신산업의 고용전망은 2천년 이후 매년 0.9%씩 하락할 것으로 전망되고 있다(Personick 1987).
25) 미국의 노동부 통계국이 전망하는 바에 의하면 전화통신산업의 고용은 매년 1.2%가 감소할 것으로 보고 있다. 이러한 고용 상태는 기업 분할 이전의 기업 상황과 판이하게 달랐다. AT&T사의 종업원들은 안정적인 고용과 높은 임금수준, 많은 혜택이 주어지는 기업복지 등을 이유로 AT&T사에 대해 높은 만족도를 보였다. 기업이 분할되기 이전에 AT&T사의 고용안정은 이 회사의 대표적인 특징으로 알려져 왔다.

<표 2> 전화통신산업의 경영전략과 구조변화

	탈규제 이전(1984년 이전)	탈규제 이후(1984년 이후)
정부규제	연방FCC, 주정부PUC의 규제	부분적 규제, 주식시장에 민감
경영전략	대중에게 공공서비스 제공	판매의 극대화, 비용의 최소화
경영구조	수직적 명령과 통제, 평생직 경영인, 안정적인 집중 관료제	비대하지 않은(lean) 관료제, 전문 경영인, 시장 주도의 집중제
소 비 자	일반 대중	대기업, 소기업, 일반 소비자
상품시장	표준화: 음성	분화: 음성, 데이터, 비디오, 영상
기 술	전기, 아날로그, 기계적인 스위칭	디지털 스위칭, 무선통신
작업디자인	고기술, 분화되지 않은 직업	노동력 감축, 직업의 세분화
고 용	상대적 고임금, 부가급여 훈련과 승진 기회, 평생직장	실질임금과 부가급여 유지 고용불안정, 임시직 고용

자료: 1) Rosemary Batt and Michael Strausser, *Labor Market Outcomes of Deregulation in Telecommunications Services,* Cornell University. 1998. Unpublished.
2) Rosemary Batt and Jeffrey Keefe, *Human Resource and Employment Practices in Telecommunications Services, 1980-1998*, 1998. Unpublished.

이러한 기술 변화와 기업 경쟁의 심화 등으로 인한 AT&T사의 불안정한 기업 환경에도 불구하고 AT&T사와 지역 전화사들은 신규 업체의 고용감소보다 적은 폭을 보여 상대적으로 안정적이며 아직까지 고 임금을 받는 대표적인 산업으로 평가받고 있다(Spalter-Roth & Hartmann, 1989, 1992; NOW 1986).

더욱이 AT&T사는 1970년대 적극적 조치를 도입하면서 성별 직무분리가 완화된 것으로 나타나 있다.<표 3>에서 1971년부터 1995년까지 24년간의 여성 고용변화를 살펴보면, 남성중심 직종인 숙련직과 전문직에서의 여성 비율이 크게 늘어났다. 숙련직에서 여성의 비율은 적극적 조치를 도입하기 이전인 1971년에 1%에 불과했으나 1995년에는 15%로 24년간 무려 14%나 증가했다. 여성 전문직 종사자의 비율도 크게 늘어 1971년 20%에서 1995년에 39%로 두 배 가까이 증가했다. 이와 같은 직종 내 성비의 변화는 전체 직종의 구성이 변화하는 가운데 행해진 것으로(Batt and Keefe 1996) 1995년 현재 여성은 관리 경영직의 40%, 기술직의 21%, 숙련직의 15%를 차지하고 있다.

〈표 3〉 전화통신산업의 직종별 여성비율의 변화

(단위: %)

직종 \ 연도		1971	1975	1980	1985	1990	1995
전 체(명)		861,499	959,411	928,409	933,174	796,676	801,975
여성 비율		54.6	50.0	50.8	51.4	52.9	50.4
사무직	관리경영직	39.0	33.9	22.4	37.2	40.8	40.4
	전문직	19.9	28.2	37.7	33.0	38.9	38.5
	기술직	32.8	57.0	54.3	24.1	30.8	21.2
	판매직	26.0	28.8	46.5	62.3	64.0	59.8
	사무직	96.6	91.2	88.3	88.5	87.6	84.0
	계	75.3	69.2	65.3	64.4	64.6	58.8
생산직	숙 련 직	1.0	6.8	18.3	8.2	11.7	15.1
	기 능 직	22.3	18.7	36.6	54.3	51.0	51.0
	노 무 직	30.4	18.6	45.7	36.1	31.0	16.6
	잡 급 직	40.4	46.6	43.1	38.9	49.1	60.2
	계	2.4	7.5	19.5	13.7	16.0	20.4

자료: EEOC, *Employment Pattern of Minorities and Women*, 해당 연도.

직종 내 성별 구성의 변화가 남성 집중 직종에서만 나타난 것은 아니다. 대표적인 여성 집중 직종인 사무직에서 여성 구성비가 줄어들고 있어 상대적으로 남성 비율이 증가하면서 성별 직무 분리가 완화되어 갔음을 보이고 있다. 1971년 사무직의 남성 비율은 3.4% 밖에 되지 않았으나, 1995년 그 비율이 16%로 증가했다.

사례기업에서 숙련직과 전문직에 고용된 여성비율은 미국 전체 평균과 비교해 볼 때 높은 것으로 나타난다. <표 4>에 의하면 미국 여성은 지난 20년간 관리·전문직, 숙련직에 활발하게 진출했으며 관리 전문직의 경우 여성의 증가비율은 11.1%로 남성이 4.5% 증가 한 데 비해 두 배 이상 높았다.

〈표 4〉 미국의 직종별 성별 고용비율의 변화(1974~1994)

(단위 : 년, 천명, %)

연도	성별	전체 인원	전체 비율	관리전문	기술, 판매, 경영보조	서비스	부품생 산 숙련	기능, 잡무	농·임 ·수산
1974	남성	53,024	100	22.0	18.5	8.1	19.7	25.4	6.2
	여성	33,769	100	17.6	45.1	20.6	1.8	13.3	1.6
1994	남성	66,450	100	26.5	20.0	10.3	18.4	20.4	4.4
	여성	56,610	100	28.7	42.4	17.8	2.2	7.7	1.2

자료: Cynthia Costello and Barbara Kivimae Krimgold(eds.) *The American Woman* 1996~1997. W.W. Morton & Company. 1996. p.58에서 편집.

요컨대 논문의 분석 대상이 되는 AT&T사의 특징은 첫째, 전화통신산업의 공공적 특성으로 인해 다른 사기업과 달리 정부 규제를 직접적으로 받아 오면서 미국 최대 규모의 사기업으로 100여 년간 독점기업의 위치를 유지해 오다가 정부의 강한 정책적 개입에 의해 기업이 분할되었다. 잇따른 신규 업체의 시장 진입이 활발해 지면서 전화통신산업은 시장 경쟁체제로 바뀌었고 그로 인해 AT&T사의 기업환경은 크게 변화되었다. 둘째, 기업 외부의 환경변화와 함께 전화통신산업의 기술혁신은 AT&T사로 하여금 본격적인 시장 경쟁체제에 편입되도록 몰아갔고 기업의 환경 변화에도 불구하고 사례기업은 적극적 조치를 도입했던 1970년대 이후 성별 직무분리가 완화되는 노동력 구성의 변화를 보였다. 전문직과 숙련직 등 남성 중심 직종에 고용된 여성 비율이 매우 높아진 것으로 나타났다.

제2장 적극적 조치의 여성친화적 제도로의 확대 과정

적극적 조치는 미국이 세계 최초로 시행한 이후, 결과적 평등을 실현하기 위한 정책으로 알려지면서 유럽 각국에서 성 고용할당제, 긍정적 조치(positive action) 등으로 운영되어 왔다.

이 장은 적극적 조치가 결과적 평등을 지향하는 개념으로 실천되고 여성 친화적인 제도로 정책이 형성되는 과정을 살펴보면서 사례기업이 사회세력에 의해 이 제도를 어떻게 도입하는지를 파악하고자 한다. 미국 고용평등정책의 전개 과정을 보면, 차별금지를 골자로 하는 민권법 제7편을 제정했던 1964년에 여성은 적용 대상으로부터 제외되어 있었다. 또한 1965년에 발포된 행정명령 제 11246호는 연방정부와 계약을 맺은 기관을 대상으로 적극적 조치를 실행하도록 했는데 여성은 그 대상에 포함되지 않다가 1967년에 추가되었다. 그렇다면 어떠한 과정을 거치면서 민권법 제7편과 행정명령이 여성을 위한 법으로 작동될 수 있었는가? 사례기업이 적극적 조치를 도입하는 과정에서 사회 세력에 의해 고용평등이 어떻게 실천되었는지를 살펴보고자 한다.

1. 적극적 조치의 개념 형성

미국의 적극적 조치는 민권법 제7편에 명시되어 있는 차별금지 조항이 여성운동을 포함한 사회운동의 정치적 압력에 의해 정부의 정책 운영과 법적 소송을 통해서 그 개념이 형성된 것으로 나타나 있다. 적극적 조치는 차별개념을 불평등 처우(disparate treatment)로부터 불평등 효과(disparate impact)로 확대 해석하면서 간접차별을 적극 시정함으로써 결과적 평등을 실현하고자 하는 정책 실행의 과정에서 형성된 것으로 파악되고 있다.

1) 차별 금지에서 적극적 조치로

미국은 1964년 민권법 제7편을 제정하기 훨씬 이전인 1800년대 후반부터 민권법을 제정해 왔다. 그러나 이 법은 부분적인 차별 철폐에 중점을 두었을 뿐 고용차별에 관해 언급하지 않았다. 아이젠하워 대통령은 연방의회에 인종차별 전반을 금지하는 민권법의 제정을 요구했고 1957년에 민권법이 제정되면서 이 법에 의거해서 설치된 민권위원회(Civil Rights Commission)가 새로운 민권법의 제정을 권고했다. 이러한 법적 변화는 흑인을 중심으로 한 민권단체의 활동으로부터 비롯되었다.   전국유색인종지위향상협회(NAACP: National Association for the Advancement of Colored People)를 중심으로 인권단체들은 인종차별철폐운동을 대대적으로 전개하면서 정치적 압력을 가했다. 1960년대 중반 이후 미국은 경제적으로 침체기를 겪었고,

도시 곳곳에서는 인종 폭동이 일어나 사회적 위기가 고조되어 있었다. 시위 진압과정에서 유혈사태가 빚어졌고 흥분한 흑인들은 도시 곳곳에서 거센 반발과 항의를 지속했다. 더욱이 흑인 지도자인 마틴 루터 킹 목사가 암살되면서 흑인들의 불만은 극에 달했다. 미국 정부는 인종차별로 인한 사회불평등이 심화되는 상황을 해결하기 위한 노력을 기울이지 않을 수 없었다. 케네디 대통령은 1963년에 연방공정고용법의 제정을 지지했고 연방 의회는 1964년에 민권법 제7편을 제정했다. 미국 고용평등정책의 법적 근거가 되었던 민권법 제7편은 그 동기가 미국 사회에서 심각해져 가는 인종차별을 완화시킴으로써 사회적 안정을 꾀하자는 데 있었다.

적극적 조치는 미국이 세계 최초로 시행한 이후, 결과적 평등을 실현하기 위한 정책으로 알려지면서 유럽 각국에서 성 고용할당제, 긍정적 조치(positive action) 등으로 운영되어 왔다(Bacchi 1996). 이 용어는 1961년 케네디 대통령이 발한 행정명령 제 10925호에서 처음 사용되었으며 4년 뒤인 1965년 행정명령 제 11246호에서 그 내용이 비교적 분명하게 규정되었다.

민권법 제7편에는 인종, 성별, 국적 등을 이유로 '차별을 금지하는' 조항이 명시되어 있으며, 법원으로부터 고용주가 차별한 것으로 판결을 받은 경우 그 차별을 교정하기 위해 적극적 조치를 실행하도록 되어 있다. 따라서 논란의 시비는 적극적 조치보다는 이 제도의 실행 근거가 되는 '차별' 개념을 어떻게 해석할 것인지로부터 출발했다. 초기에 고용평등 관련 정부 기구는 차별 개념을 기회를 균등하게 제공해 주지 않음으로써 발생하는 직접차별의 개념으로 해석하고 소극적인 고용평등정책을 펴왔다. 그러나 전국유색인종지위

향상협회(NAACP)를 중심으로 한 인권단체가 요구하고 제시한 차별 금지의 개념은 불평등 처우(disparate treatment)가 아닌 불평등 효과 (disparate impact)였으며 이는 결과적 평등의 실현을 전제로 한 것이 었다(Graham 1990). 실제로 민권법 제 703(a)은 차별을 이렇게 정의 하고 있다.

> 1) 개인의 보수, 근로조건, 고용상황, 고용특권 등과 관련해서 인종, 피부색, 종교, 성별, 출신국 등을 이유로 특정 개인을 채용하지 않거나 해고하거나 또는 차별하는 경우.
> 2) 특정 개인의 고용기회를 박탈하거나 종업원으로서의 고용 지위에 역으로(adversely) 영향을 주는 방식으로 개인의 인종, 피부색, 종교, 성, 출신국 등을 이유로 지원자나 종업원을 제한하고 분리시키고 분류하는 경우이다.

여기에서 법 조항은 차별이 무엇을 의미하는지에 대해 세부적으로 명시하고 있지 않다. 민권법 제7편의 실행기구인 고용기회평등위원회(EEOC)가 규정하는 차별의 유형은 세 가지 형태로 불평등 처우, 불평등 효과, 혼합 차별 등이며 차별을 입증하는 데 요구되는 증거가 각기 다르다[1].

첫째, 불평등 처우(disparate treatment)는 개인이 유사한 고용상황에서 인종, 성, 출신국 등과 같은 개인적 특성을 이유로 다르게 대우받았다고 고발한 경우이다. 불평등 처우에서 주요한 이슈는 고용주

---

[1] 고용차별에서 증거부담은 재판관에게 사실을 설득하는 부담을 말하는데 구제 신청자의 주장이 사실에 가까운 경향이 많다. 여기에서 증거의 기준 즉 '증거의 우세(preponderance)' 기준은 증거가 구제 신청자(complaint) 의 편에서 최소한의 '척도를 만들기(tip the scales)'에 충분해야 한다(EEOC 1978)

가 차별구제 요청자(complaint)를 의도적으로 다르게 대우했는가의 여부이다. 둘째, 혼합 차별(mixed motives)로 불평등 처우의 한 형태인데 고용주가 한가지 이상의 여러 이유로 다르게 대우했다고 고발하는 경우이다. 셋째, 불평등 효과(disparate impact)는 고용주의 중립적이거나 고의가 없는 고용 관행이나 기업 정책이 실제로 소수집단에게 불이익을 주는 경우이다.

예컨대 경찰관을 채용하는데 키 제한을 두어 '5피트 7인치 (157.2cm) 이상인 자'로 자격을 제한했다고 가정해 보자. 이러한 자격 요건은 고용주가 남녀를 성별로 비교해서 각 집단의 통계를 내기 전까지 분명히 중립적이다. 그런데 이와 같은 중립적으로 보이는 기준은 실제로 여성 집단에게 불이익을 주게 된다. 여성 집단의 평균 신장이 남성보다 적기 때문이다. 그러나 이 때 5피트 7인치라는 키 제한이 '기업의 경영상의 필요'에 합당하지 않다면 고용주는 이와 같은 특정 집단에게 결과적으로 차별적일 수 있는 자격 요건을 사용하지 못하게 된다. 또는 키 제한이 경찰 업무를 수행하는 데 어떠한 관련이 있는 지 납득할 수 있는 증거로 제시되어야 한다(EEOC 1996).2)

세 가지 형태의 차별 개념은 민권법 제7편과 관련한 고용차별 소송사건에서 차별했는지의 여부를 판단하는 데 중요한 기준이 되고 있다. 이 때 차별 개념을 불평등 효과로 해석할 경우 차별금지는 기

---

2) 불평등 효과 이론은 법원이 민권법 제7편의 차별금지 조항에 근거해서 판결하는 경우 남성적 편견을 가진 채용 기준을 제거하는 데 활용할 수 있게 된다. 특히 남성적 기준에 의해 그 직무가 수행되어져야 한다는 인식으로 인해 여성들이 남성 중심 직종에서 배제되지 않도록 하는 장치가 되고 있다(Eichner 1994:297)

회의 평등을 넘어서서 결과의 평등을 실현하는 개념적 도구가 된다는 사실을 알 수 있다. 미국이 형식적인 차별금지로부터 실질적인 차별금지로 확대해 나감으로써 적극적 조치를 실행할 수 있었던 또 다른 요인은 법원이 고용차별 소송에서 차별의 개념을 '불평등 효과'로 해석하고 구조적이고 역사적인 차별 개선의 통로를 만들어 나갔기 때문이다.

차별 개념에 대한 사회적 인식을 변화시켰던 결정적인 법적 사건은 그리그스(Griggs)사건의 대법원 판결(1972)이다.[3] 이것은 민권법 제7편에 명시된 '불리한 효과(adversely impact)'에 비중을 두어 해석하면서 차별의 잣대를 '불평등 처우'로부터 '불평등 효과'로 바꾸어 기회의 평등을 결과의 평등 개념으로 변화시켰다. 그리그스(Griggs) 사건(Griggs v. Duke Power Co.)은[4] 듀크 파워사가 사원을 채용하면서 지원 자격을 고교 졸업 이상으로 제한한 것이 발단이 되었다. 그리그스(Griggs)는 고교 학력 이상의 요건이 자신을 포함한 흑인 집단에게 지원할 자격조차 주지 않는 차별적인 채용 방식이라는 이유에서 법원에 소송을 제기했다. 대법원은 그리그스(Griggs)의 편을 들어 원고 승소 판결을 내렸다. 대법관인 버거(Burger)판사는 민권법 제7편의 목적과 차별의 의미를 다음과 같이 해석했다(Heins 1986).

> 민권법 제7편의 제정 목적은 1)고용기회의 평등을 실현하고 2)다수 집단인 백인 종업원에게 유리하도록 과거서부터 운영되어 온 장

---

3) 42 U.S.C. 2000e, sec.703(a).
4) 그리그스(Griggs) 판결은 차별의 개념을 직접차별에서 간접차별로 그 개념을 확대한 사례로 이후에 영국과 유럽 재판소에서까지 인용되고 있다(Meehan 1985:106).

벽을 제거하는 데 있다. **법은 명백한 차별 뿐 아니라 형태(form)는 공정하지만 운영(operation)상의 차별적인 관행을 금지하는 것이다.**

이러한 규정은 고용차별을 협의의 개념인 불평등한 처우(disparate treatment)로부터 광의의 개념인 불평등한 효과(disparate impact)로 확대 해석하는 것을 의미했다.[5] 또한 평등 실현의 목표를 기회의 평등 뿐 아니라 결과의 평등에 둔다는 발상의 전환을 뜻했다. 불평등 효과를 고용차별의 기준으로 적용하게 됨으로써 고용주의 의도적인 차별 뿐 아니라 비의도적인 차별도 제재를 받게 되었다. 대법원은 듀크 파워사의 이와 같은 채용 관행이 업무 수행과 어떠한 관련을 갖고 있는지를 물었다. 민권법 제7편은 '직무 수행 자격 요건이 기업 경영상 필요한(business necessity) 경우 예외로 한다"는 규정을 두

---

5) 최초의 차별은 "불평등 처우"로부터 시작되었다. 이러한 차별 개념은McDonnell-Douglas Corp. vs. Green의 판례에서 미국 대법원으로부터 인정되었다. 이 사건은 한 명의 종업원 또는 종업원 집단이 한 명의 고용주에 의해 다르게 대우받을 때 발생한다. 종업원이 다른 집단의 개인과 다른 대우받았음을 입증할 수 있다면 고용주는 처우에서의 차이에 대해 합법적이고 차별적이지 않은 이유를 충족시켜야 한다. 고용주가 그렇게 할 수 없다면, 민권법 제7편의 위반이다. 고용주가 입증할 수 있다면, 종업원은 그 입증이 실제 이유가 아님을 보여 주거나 반박할 수 있도록 되어 있다. Pouncy vs. Prudential Insurance Company of America의 사건의 경우에도 불평등 효과의 차별 개념을 적용한 경우이다. 원고는 흑인 여성으로 프르덴셜 보험사에서 흑인종업원이 하위직에서 일을 하며 상층 관리직에서 현저하게 과소 대표되어 있다고 주장하면서 세 가지 이유를 들었다. 1)채용정보가 분명하게 공개되지 않았다. 자리가 있다는 정보는 "남성 간의 연계(old boys network)"를 통해서 집단 내부에서 공유되었다. 2)프르덴셜사는 모든 종업원을 하위직으로 채용했고 서열을 통해서 승진하도록 했는데, 이것은 백인보다는 하위직 흑인이 낮은 직급에 계속 머물러 있을 가능성을 높였다.3)직무수행평가가 승진 기준으로 사용되었는데, 그 평가가 자의적이고 주관적이어서 특정 개인의 편견이 평가 과정에 들어가도록 했다(Litteton 1989:85).

고 있었기 때문이었다.6) 여기에서 듀크 파워사는 고교 졸업 학력이 직무수행과 관련되어 있음을 입증하지 못함으로써 패소했다. 법원은 그리그스(Griggs) 사건에서 고용주가 고교 졸업이라는 채용 기준이 가난으로 인해 학교 교육을 받을 기회를 갖지 못한 흑인 집단을 '결과적'으로 차별했다는 판결을 내렸다.

이 사건은 불평등 효과이론을 민권법 제7편의 '차별 금지'에 적용시킨 최초의 사례로, 이후에 여성들은 키와 몸무게 제한이 남성 집단의 평균과 비교해서 상대적으로 왜소한 여성 집단을 결과적으로 차별했다는 이유로 소송을 제기했다(Heins 1986:30). 그리그스(Griggs) 판례는 경제적 불평등이 구조화된 자본주의 사회에서 소수 집단을 결과적으로 차별하는 '불평등 효과'가 어떻게 차별적인지를 인식할 수 있게 하는 계기를 마련했다. 뿐만 아니라 그리그스(Griggs) 사건은 기업으로 하여금 직접 차별 뿐 아니라 간접 차별도 법적 금지 대상에 포함된다는 사실을 새롭게 부각시켰다. 또한 고용주가 소수인종과 성별 비율을 고려하면서 채용하고 승진하게 함으로써 소수집단이 과소 대표되지 않도록 '기업의 행위'를 바꾸는 데 지대한 영향을 주었으며, 1972년 이후 주 정부와 지방정부가 민권법 제7편을 채택하도록 하는데 기여했다(Eastland 1996:52).

---

6) 고용주가 차별했다는 고발을 받을 경우 방어할 수 있는 법적 근거는 2가지이다. 진정직업자격(BFOQ:Bona Fide Occupational Qualification)과 기업경영상의 필요이다. 진정직업자격은 고용관행이 업무를 수행하는 데 진정한 요건이 되는지를 확인하는 것이다. 민권법 제7편은 '특정 기업의 정상적 운영에 합리적으로 필요한 진정직업자격이 인종, 성, 민족이 되는 경우에 인종, 성, 민족 등을 이유로 고용주가 종업원을 채용하는 것이 불법적인 고용관행이 되어서는 안된다"고 명시하고 있다. 경영상의 필요는 차별적인 관행을 할 만한 경영상의 목적이 있음을 보여주도록 요구된다(Dessler 1997:55~6).

1972년 의회가 적용대상의 범위를 넓히고 실행기구의 법적 권한을 강화하는 방향으로 민권법 제7편을 수정한 고용기회평등법을 통과시키고 행정명령 제11246호 적극적 조치의 이행방법을 목표비율의 설정과 이행계획서로 구체화하면서 미국의 고용평등정책은 크게 활성화되었다. 1978년 고용기회평등위원회(EEOC), 공무원인사위원회(Civil Service Commission),[7] 노동부의 연방계약준수국(OFCCP), 법무부는 공동으로 종업원 선발 절차에 관한 표준 가이드라인(Uniform Guidelines for Employee Selection Procedures)을[8] 개발했다. 여기에서 정한 기준은 고용주, 정부계약자, 노조 등이 반드시 준수해야 하는 사항으로 정해졌다. 가이드라인이 제시하는 원칙은 기업을 포함한 특정 조직의 고용정책이나 관행이 소수집단에게 불리한 영향(adverse impact)을 줄 경우 민권법 제7편과 행정명령 제11246호를 위반하게 된다는 내용이었다.

불평등 효과 개념은 고용기회평등위원회(EEOC)가 정한 고용차별 금지와 관련한 가이드라인의 기본 이념이 되었고 적극적 조치와 관련한 사건을 법원이 심사하는 과정에서 중요한 기준이 되었다. 업무수행과 직접 연관되지 않은 키와 몸무게 제한을 두는 규정은 결과

---

7) 현재 인사관리부(Office of Personnel Management)로 바뀜.

8) 종업원 선발 절차에 관한 표준 가이드라인은 1966년 고용기회평등위원회가 고용주와 다른 사용자들에게 권고하도록 채택되었다. 노동부는 1968년에 행정명령 제11246하에서 연방정부 계약자들을 위한 보다 더 세부적인 가이드라인을 만들었다. 노동부의 관점은 고용주의 의도와 무관하게 시험이나 다른 선발 절차가 소수집단에게 역의 영향(adverse impact)을 주고 그것이 정당화될 수 없다면 불법적이라고 밝혔다. 1969년에 위원회는 노동부와 공동으로 그러한 원칙을 정교하게 하고 모든 선발 절차에 확대하기 위한 지침서를 만들었다(EEOC, 'Coordination of Federal Equal Employment Opportunity Programs', 1978, Federal Register, Vol. 43, NOL.43, F-2).

적으로 여성을 배제하는 차별적인 기준이 된다는 이유로 금지되었다. 여성의 신체적 특성을 이유로 갱내 노동, 전화산업의 보수직, 자동차 수리공 등에 여성이 취업하지 못하도록 하는 것은 차별로 인식되기 시작했다. 더욱이 이러한 불평등 효과 개념은 여성뿐 아니라 남성에게도 새로운 직종에 취업할 수 있도록 문을 열어주어 남성도 승무원으로 지원할 수 있게 했다. 항공산업에서 특정 직종에 대한 성 편견이 결과적으로 남녀 모두에게 차별적인 것으로 판명된 것이다(Meehan 1985:108).[9]

1980년대 보수적인 레이건 행정부가 집권하면서 미국의 고용평등 정책은 예산 삭감과 함께 크게 위축되고, 목표비율의 설정을 내용으로 한 적극적 조치의 실행이 역차별이라는 이유로 폐지되어야 한다는 위협을 받았지만 유지되었다. 1991년에는 민권법이 개정되면서 고용주의 의도적인 차별 행위에 대한 처벌이 강화되었고 간접차별에 대한 사회적 인식이 높아지면서 노동부에 유리천장위원회(Glass Ceiling Commission)가 설치되었고 결과적 평등 개념의 적용과 실천이 정책적으로 확대되었다.

<표 5>에서 보여지는 대로 미국의 적극적 조치 발전과정은 차별

---

9)이후에 적극적 조치는 여성을 포함한 소수집단의 고용기회를 확대하기 위한 특정한 노력(any effort)으로 규정되고 있으며 법원의 명령이나 동의명령을 통해서 채택된 조치는 강한 실행방법으로 통용되는 적극적 조치의 개념과 구분된다(Stephanopoulos & Edley 1995). 할당제는 엄격(rigid) 할당제인 경우 민권법 제7편의 차별금지 조항에 근거해서 다수집단에 대해 역차별적일 수 있기 때문에 합헌적이지 않다는 대법원 판결이 내려진 이후에 상당한 제약을 받아 왔다. 미국은 적극적 조치의 주요한 실행 방법인 고용목표제가 목표 비율이 경직되지 않을 경우 허용하고 있는데, 버그만(Bergmann)에 의하면 실제로 할당제와 수적 목표제는 실행 과정에서 별다른 차이가 없는 것으로 보고되고 있다(Bergmann 1996).

<표 5> 미국 적극적 조치의 발전과정

연도	내 용	기 타
1949	워싱턴주 고용차별금지 위원회 신설	인권위원회로 변경
1961	케네디 대통령이 '적극적 조치' 용어를 처음 사용	-
1964	의회가 인종, 피부색, 종교, 성, 민족 등을 이유로 차별을 금지하는 민권법 제7편을 통과	실행기구로 EEOC 설치
1965	존슨 대통령은 행정명령 제 11246호 발포-계약자에게 적극적 조치 이행을 지시	연방정부와 계약금액이 1만달러 이상인 기관과 하청업체
1967	행정명령 제 11375호 발포하여 여성을 포함	전국여성회(NOW,1966)창설 여성평등행동연맹(WEAL,1968)창설
1970	닉슨대통령은 연방정부계약자에게 목표비율과 이행계획서의 제출을 요구	적극적 조치의 이행방법을 발표 전국여성정치연맹(NWPC,1971)창설
1972	의회가 민권법 제7편의 내용을 강화하여 개정	고용기회평등법으로 명명
1978	대법원이 5:4로 백인남성에게 승소 판결	Bakke 사건
1981	레이건행정부는 적극적 조치 실행에 드는 예산을 대폭 삭감하고 정부기구를 축소	-
1991	민권법 제7편의 개정, 고용주에 대한 처벌강화(징벌적배상)	EEOC, 성적학대 지침서 발간 유리천장위원회(GCC)의 신설
1995	클린턴 대통령이 적극적 조치 지지	폐지하지 않고 수정하기로 공약

자료: Gary Dessler. Human Management Resource 1997. pp34-52. The Seattle Times News. 1998. 2.8일자
주: 고용평등 관련법에는 동일 임금법(1963), 연령차별금지법(1967), 재활인법(1973) 베트남전유공장애인지원법(1974),임신차별금지법(1978), 장애인법(1990)이 있다.

개념에 대한 편협한 해석이 소수집단이 제기한 법적 소송과 인권단체의 정치적 압력에 의해 도전 받으면서 변화된 것으로 이 과정에서

적극적 조치는 차별을 적극 시정하기 위한 제도적 방안으로 창출되었다. 특히 민권법 제7편과 행정명령의 실행기구인 고용기회평등위원회(EEOC)와 노동부 연방계약준수국(OFCCP)이 제시한 가이드라인(guideline), 의회의 조치(action)등은 불평등 차별의 금지 규정을 구체화함으로써 결과적 평등의 개념을 실천한 것으로 파악된다.

2) 여성 친화적인 적극적 조치의 도입10)

미국에서 남녀평등을 표방하는 단체가 출현하기 시작한 것은 1960년대 중반 이후로, 1966년 전국여성회(Notional Organization of Women: NOW)가 결성된 데 이어 1968년 여성평등행동연맹(Women's

---

10) 미국의 적극적 조치는 고용·교육·경제 부문에 걸쳐 폭넓게 실행되고 있으며 여성과 관련되는 내용은 다음과 같다. 또한 고용주, 노조, 직업소개기관 등으로부터 있을 수 있는 고용 차별의 형태가 기관별로 다를 수 있다고 보고 그 내용을 달리하고 있다. 1)고용주는 채용과 해고, 임금과 보수, 승진과 근로계약, 특권(privilege) 등에서 개인의 인종, 피부색, 종교, 성, 출신국 등을 이유로 차별하는 것을 금한다. 2)노동조합은 조합원 범주(classification), 고용 추천, 조합원 자격 등에서 차별해서는 안된다. 3)직업소개기관은 회원을 구분하면서 차별하는 것을 금한다. 4) 고용주, 노조, 노사위원회는 직원을 대상으로 한 훈련 프로그램이나 재훈련 교육 등에서 차별하는 것을 금지한다(DOL 1993:205).
둘째, 교육부문에서 여성을 위한 적극적 조치 프로그램은 엔지니어링, 수학, 물리학 등의 여성의 참여가 부진한 분야에 여성이 지원하도록 학자금과 장학금을 지급하는 방식을 택하고 있다. 또한 여성이 남성 중심 분야에 진출해서 연구하도록 하는 프로그램을 실행하고 있다(Leadership Conference on Civil Rights 1997).
셋째, 여성 기업주를 위한 적극적 조치 프로그램이다. 미국은 정부와 사기업으로 하여금 여성이 소유한 기업과 계약을 맺도록 장려하는 제도와 여성 고용주에게 재정적 지원과 경영 및 기술적 지원을 제공하도록 하는 프로그램을 개발해 왔다(National Women's Law Center 1997). 예컨대 정부가 사기업과 계약을 맺을 경우 전체 계약금액의 일정 비율을 여성이나 소수인종이 소유한 기업에게 배정하는 것이었다.

Equity Action League: WEAL), 1971년 전국여성정치연맹(National Women's Political Caucus : NWPC)을 비롯한 여러 여성단체들이 이 시기에 설립되었다(Freeman 1975). 그들의 정치적 전략은 정치적 영향력과 여성의 세력화를 도모하는 것으로 여성단체들은 기존의 정치와 연립적 관계를 형성하여 여성운동의 세력확장을 목표로 움직여 나갔다.

이 때 여성단체들은 민권법 제7편의 실행기구인 고용기회평등위원회(EEOC)가 초기에 성차별 문제를 소홀히 다루고 행정명령 제11246호에 여성이 제외된 데 대해 반발하면서 사회운동단체와의 연대를 통해서 고용평등정책이 활성화되도록 영향력을 행사했다. 미국의 여성단체가 고용평등정책의 변화를 요구하면서 압력을 행사하는 방식은 정치 단체로서 정부 정책을 모니터하고 건의서를 제출하는 것과 성차별을 이유로 고소, 고발한 여성노동자를 법적으로 지원하는 활동이었다.

여성계의 고용평등을 향한 노력에도 불구하고 평등권을 향상시키기 위한 여성의 정치적 활동은 여전히 소수의 가진 자인 부유층 백인 여성들의 소일거리 정도로 치부되었다. 여성 운동에 대한 왜곡된 시각이 사회 전체에 영향을 미친 것이다.11) 남성 중심의 언론은 민

---

11) 민권법 본래의 취지는 인종차별을 금지하기 위한 것이며 특히 흑인 가족의 생계를 책임지는 남성의 인권 보호에 초점이 두어졌다. 초기의 민권운동은 흑인단체들(NACCP가 주도하는 단체)과 산별노조총연맹(AFL-CIO)의 주도하에 남성 중심적으로 운영되었다. 이들은 인권 문제가 소수집단이 겪는 가난에서부터 비롯되었다고 보고 이를 계급 문제와 등치시켰으며, 계급 불평등의 해소는 빈곤 가족의 가장인 남성의 실업문제가 우선적으로 해결되어야 가능하다고 보았다. 노조 활동가들은 여성주의자들의 평등권 운동을 경제적 빈곤과는 무관한 유한 계급 여성들이 즐기는 '유희' 정도로 치부했고 열악한 노동 조건에서

권법 제7편에 여성이 포함된 것을 비웃었다. 미국의 한 잡지사는 민권법 제7편의 여성 조항에 대한 각계의 의견을 보도하면서 기업 고위 간부들과의 면접 내용을 실었다.

기사의 논조는 "인종차별 금지는 납득이 가지만 성차별 금지는 어이없다"는 식이었고, "젊은 여성이 찾아와 비행기 조종사가 되겠다고 하고, 남자가 찾아와 승무원이 되겠다고 하면 간부들은 어떻게 처신할 지 모르겠다"는 것이었다. 한 신문사는 전화통신사 간부와의 인터뷰에서 "남자가 교환원이 되겠다고 하고, 여자가 전화 가설공(linemen)이 되겠다고 물으면 어떻게 답변할지 난처하다"는 내용을 실었다. 언론은 고용평등정책의 기본 취지를 흐리면서 지엽적인 것만을 갖고 남녀 평등에 대한 대중들의 거부감을 부추긴 것이다. 뉴욕 타임즈는 "여성이 남성 터키탕에서 일을 하겠다고 하고 남성이 여성 속옷 가게에서 일을 하겠다고 구직 신청을 하는 일이 벌어질 것"이라는 내용을 신문에 게재함으로써 여성계의 남녀 평등권 요구를 희화시켰다.12)

남녀 고용 평등권에 대한 사회적 반발은 남성 중심의 언론 뿐 아니라 정부기구 내에서도 팽배했다. 민권법 제7편이 통과되었던 1965

일을 해야 하는 노동계급의 여성들에게는 여성보호법이 필요하다는 입장을 견지해 왔다. 특히 노동조건이 열악한 남부 지역에서는 여성 보호법의 지원이 절대적이었다(O'farrell & Kornbluch 1996). 그러나 일부 산별노조를 중심으로 변화가 일기 시작했다. 주 보호법은 여성이 동등하게 일할 권리를 제한한다는 이유로 생산직 여성들이 법원에 소송을 제기한 일련의 사건이 있은 이후, 노조는 종전의 입장을 바꾸었다. 1970년에 자동차 노조(United Auto Workers)가 평등권 개정안을 지지하겠다고 표명했고 파급력을 갖기 시작했다. 미국의 총산별노조인 AFL-CIO는 1973년이 되어서야 여성보호권에 우선해서 남녀 평등권을 지지하겠다고 밝혔다.

12) Wall Street Journal, 22 June 1965

년에 고용기회평등위원회(EEOC)의 위원은 5명이었는데 여성은 1명 뿐이었고 고위직에는 여성이 한 명도 없었다. 그런데 그 여성 위원의 활약이 컸다. 허난디즈(Hernandez)는 고용기회평등위원회(EEOC)의 유일한 여성위원으로 캘리포니아에서 고용기회평등위원회 위원과 고용주를 위한 간담회가 열린 자리에 여성이 배제되었다고 불만을 토로했다. 고용기회평등위원회가 개최한 토론회에서 소수의 여성만 이 초대되었을 뿐이었다. 75명의 발표자와 논평자 중 여성은 9명에 불과했고 그것도 성차별 주제를 다루면서 6명이 참가하는 정도였다.

연방정부 차원에서 대통령 직속 여성지위위원회가 만들어진 후 미국의 각 주에서는 경쟁적으로 이와 유사한 여성위원회를 만들었 다. 여성공무원들은 연계망을 만들고 여성 정치인, 여성 노조운동가, 활동가들을 중심으로 전국여성회의를 열었다. 이 모임은 여성의 법 적 지위를 높이고 여성운동을 활성화하는 계기를 마련했다. 3차 전 국 여성지위 위원회 토론회(National Conference of Commission on the Status of Women)가 열렸고, 그 자리에서 여성들은 고용정책을 실행 하는 정부 기구가 남성 중심적으로 운영되고 있는 현실을 개탄해 하 면서 새로운 여성단체가 설립되어야 한다는 공감대를 형성했다. 참 석자 중에는 당시에 베스트 셀러 작가이자 여성주의자로 알려진 베 티 프리단(Betty Friedan)이 참석했고 모임에 참석했던 다른 사람과 함께 전국여성회(NOW)를 결성했다. 프리단이 전국여성회(NOW)의 초대 회장이 되었고, 부회장은 고용기회평등위원회(EEOC)의 고용정 책이 성차별적이라고 비판해오던 그래함(Graham)이 선출되었다 (Meehan 1985:125). 그래함은 고용기회평등위원회(EEOC)의 남성 위원 이었고 전국여성회(NOW)의 부회장으로 뽑혔다. 이후에 고용기회평등위원회(EEOC)와 전국여성회(NOW)와의 관계가 지속되었고, 고용 기회평등위원회(EEOC)의 위원으로 여성문제에 관심이 많았던 헤르 단데즈가 위원직을 사퇴하고[13] 전국여성회(NOW)의 부회장으로 활동 하면서 둘의 유대관계는 지속되었다. 1970년에 헤르난데즈는 프리단 에 이어 전국여성회(NOW)의 회장이 되었다(Graham 1990:226). 전국 여성회(NOW)는 고용기회평등위원회(EEOC)의 활동을 모니터하고 성차별을 받은 여성이 고용기회평등위원회(EEOC)의 고발 창구에 접수하는 일을 적극 돕겠다고 결정했다.

당시에 여성단체들은 여성노동정책에서 여성보호 관련 사안과 남 녀평등 관련 사안을 두고 혼란스러워 하고 있었다. 전국여성노동조 합연맹(The National Women's Trade Union League), 미국대학여성협회 (American Association of University Women), 전국여성유권자연맹(The National League of Women Voter) 등은 여성주의 목표에 관심을 두기 보다는 여성 관련 사안을 복지 차원에서 다루었고, 대중선거구를 기 반으로 활동하는 여성단체는 여성노동자의 권익을 보호하기 위해서 야간근로금지, 갱내근로 금지 등 여성보호 조항이 우선적으로 준수 되어야 한다는 입장이었다(Freeman 1975). 더욱이 민권법 제7편의 제정을 반대해 온 보수파 의원인 스미스(Smith)가 이 법에 여성 조 항을 넣어 반여성적인 세력으로부터 지지를 얻으려고 하자, 여성노 조활동가들은 민권법 제7편의 제정에 대해 무관심하거나 오히려 반 대하는 입장을 나타내기도 했다.

---

[13] 헤르난데즈는 1973년의 청문회에서 자신이 위원회의 위원으로 재직했던 시기에 위원회가 성차별을 제거하는 데 전혀 관심을 두지 않았고 이것이 자신을 결국 사임하게 했다고 증언했다.

일부의 여성단체가 고용평등을 요구하고 나섰지만 정치적 힘은 미미했다. 그 과정에서 민권법 제7편의 실행기구인 고용기회평등위원회(EEOC)가 성차별 문제의 해결에 부정적인 태도를 보이자 여기에 크게 반발한 여성주의자들의 활동이 활발해 졌고, 민권법 제7편은 미국의 여성운동이 '남녀 고용평등'에 관심을 갖도록 자극하는 계기를 마련했다. 대표적인 여성단체는 전국여성회(NOW), 여성평등행동연맹(WEAL), 전국여성정치연맹(NWPC)으로 이 단체들은 정책분석과 법적 소송을 전문적으로 지원하기 위해 별도의 단체를 설립하기도 했다. 여성단체들은 고용평등정책이 남녀평등을 위한 정책으로 활성화되도록 사회운동단체와 연계하면서 의회, 행정부, 주와 지방정부를 상대로 로비를 벌이면서 고용기회평등위원회(EEOC)가 고용상의 성차별을 해결하기 위한 정부기구로 활동하도록 압력을 행사했다. 고용정책에서 여성과 관련된 사안 중 부족한 내용을 지적하고 새로운 정책적 대안을 제시하도록 요구한 것이다(Mazur 1995: 246).

여성단체들이 우선해서 제기했던 사안은 성별 분리 광고의 폐지였다. 민권법 제 704(b)조는 '인종, 피부색, 성, 출신국 등을 이유로 특정인을 선호하거나 제한하는 등의 차별적인' 모집 광고나 직업 추천을 금지했다. 그러나 법이 통과된 이후에도 미국의 신문은 성별로 분리된 광고를 계속해서 게재했다. 예를 들어 여성 구인난에는 사무직, 속기사, 타자수, 비서직 등이 적혀 있었고 남성 구인난에는 배달부, 운전수, 경비원, 경영보조직, 은행 텔러 등이 게재되어 성별로 분리되어 있었다. 남성 구인난의 직종은 여성 구인난에 적혀 있는 직종보다 2배 이상 많았다. 이러한 성별 분리 광고가 여성단체들의 공격 대상이 되었다. 당시에 성별 직종 분리 광고는 여성이 남성과 다르며 보호받아야 한다는 이유로 정당한 것으로 받아 들여졌다.

미국의 주 정부 산하 공정고용실행위원회(FEPC)는 민권법 제7편이 통과된 이후 이어서 만들어졌는데, 절반 가까이 되는 주에서 공정고용실행기구를 두었다. 그런데 43개 주에서는 여성 보호법을 정해 두고 있었다14). 그러자 주 차원의 보호법과 연방차원의 민권법 제7편에서 정한 성차별금지 조항이 상충되면서 혼란을 보였다. 그러자 의회는 민권법 제7편에서 성 조항에 관해 예외 규정을 두었다. "성이 진정직업자격(BFOQ)에 해당되는 경우 적용대상에서 제외될 수 있다"는 내용이었다. 그러나 진정직업자격이 무엇을 의미하는지에 관해서는 세부적인 논의가 없었다(Graham 1990:215). 인종차별의 경우에는 이와 같은 예외 조항이 없었다. 고용기회평등위원회(EEOC)는 인종차별과 성차별이 근본적으로 다른 사회문제라고 보고 성 분리 광고에 의한 차별을 당연한 것으로 인식하고 있었다.

고용기회평등위원회(EEOC)가 성 분리 광고에 대해 어떠한 제재도 하지 않고, 방관하는데 대해 공무원을 포함한 제도권 정치영역에서 활동하고 있는 여성들도 분노하기 시작했다.15) 대통령 여성지위위

---

14) 하와이, 뉴욕, 위스콘신 등 세 개 주만이 성차별금지 조항을 정하고 있었다 (The Civil Rights Act of 1964, Washington: Bureau of National Affairs, 1965).
15) 초기에 여성공무원과 노조간부, 정치인들은 적극적 조치를 포함한 평등권 운동에 부정적이었다. 1961년에 케네디 대통령 정권 하에서 설치된 대통령 직속 기구인 여성지위 위원회에서 활동하는 여성 지도자들은 평등권 개정안을 반대했다. 당시에 케네디 대통령의 여성지위위원회(President Commission on the Status of Women)에는 26명의 위원들이 선발되었고, 노조, 기업, 학계, 여성단체를 대표하는 사람들이었다. 노조 대표는 2명이었고 위원회는 평등권 개정안을 검토하도록 되어 있었다. 일부의 여성공무원과 노조의 여성간부들은 동등권 개정안에 반대하는 한편, 여성노동자 보호법과 동일 임금법을 지지했다(O'farrel

원회 위원장과 여성국장을 지낸 피터슨(Ester Peterson)은 성 분리 직종 광고에 대한 항의서를 신문사에 보냈다. 국회에서도 고용기회평등위원회(EEOC)의 성 차별적인 태도를 비판하는 의견이 제시되었다. 여성 국회의원인 그리피스(Griffiths)는 성차별이 인종차별과 다르게 취급되면서 남녀 고용평등이 뒷전에 밀리고 있다고 지적했다. 고용기회평등위원회(EEOC)의 위원들은 고용주가 채용 과정에서 여성을 차별할 의도(intent)가 없었다면 채용 절차는 합헌적이라는 의견을 내었다. 그러나 여성의원은 민권법 제7편을 적극적으로 해석해서 "고용주가 특정 성의 지원자를 배제할 의도를 갖지 않았다고 해도 그러한 차별을 행하는 경향이 있는 어떠한 조처도 법이 금지하고 있다"고 주장했다. 그리피스의 차별금지 해석은 불평등 처우가 아닌 불평등 효과로 차별 개념이 확대 적용된 것이었다. 또한 국회 청문회에서 고용기회평등위원회(EEOC)의 활동 보고가 있는 자리에서 그리피스는 성차별을 금지하고 개선하는 정부기구의 활동이 부진한데 대해 호되게 질책했다. 제도권 안팎에서 제기되는 여성계의 압력이 이어지면서 고용기회평등위원회(EEOC)는 1968년 민권법 제7편에 의거해 볼 때, 주법인 여성보호법은 무효라고 발표했다. 법원이 여기에 동의했다(Mazur 1995:247).

노동조합은 초기에 여성고용평등과 적극적 조치의 도입을 환영하지 않았으며 두 가지 이유를 들었다. 첫째는 이 제도가 주법에 명시되어 있는 여성보호법과 상치되어 자칫하면 여성노동자 보호를 약

& Kornbluh 1996:126). 여성공무원, 민주당 소속의 여성 정치인들은 민권법 제7편의 법안이 주 정부에서 정한 여성 보호법과 배치되어 그 법을 위협하게 될 것이라고 보았다(Graham 1990:207).

화시킬 수 있다는 것이었다. 둘째, 적극적 조치는 노동자의 경력, 근속년수 보다는 소수집단을 우선적으로 승진시키거나 훈련을 받도록 하고 있어 노조가 단체협약을 통해서 체결한 선임권과 상충되기 때문이었다. 노조는 장기 근속한 백인 남성 중심으로 운영되고 있었다. 미국산별노조총연맹(AFL-CIO)은 보호입법이 존속되어야 하며 여성이 생계를 위해 초과근로를 연장해서 소득을 높이기를 원한다는 어떠한 증거도 없다고 주장했다. 그러나 법원의 판결은 노조의 주장을 일축했다. 법원은 여성보호법이 남성을 포함하면서 확대되지 않는 한, 철회되어야 한다는 판결을 내렸고, 여성고용정책이 남녀평등을 실현하는 방향으로 전환하는 계기를 마련했다.

법원의 판결은 여성노동자들로부터 지지를 받았다. 조합원의 다수가 여성이고 동일임금 운동을 주도해 온 전국전기노동자노조(IUE: The International Union of Electrical Workers)는 여성 보호법 내 일부 조항이 성 차별적이고 시대에 뒤떨어져있다고 보고, 새롭게 검토되어야 한다는 입장이었다. 여성 노조활동가들은 고용평등정책이 여성에게만 제한된 것이기보다는 모든 조합원을 위한 제도여야 하며, 따라서 여성보호법은 남녀노동자를 모두 보호하는 방향으로 제정되어야한다는 입장이었다(O'farrell & Kornbluh 1996:128).

당시에 여성노조활동가와 여성주의자들 간에는 견해 차이가 보였고, 특히 여성보호와 평등권 개정안을 둘러싼 입장의 차이는 분명했다. 당시에 여성운동을 주도했던 전국여성회(NOW)가 남녀평등권을 보다 분명하게 지지하고 나서자 호전적인 여성주의자들(militant feminism)이라는 비난을 받았고(O'farell and Kornbluch 1996: 247), 여성운동과 여성노동운동간의 연대활동은 소원해지기 시작했다.

1974년에 58개 노조에서 활동하는 여성들은 노조여성연대(Coalition of Labor Union Women: CLUW)를 만들어 여성 조합원들을 지원하고 노조가 성차별을 금지하는 정책을 지원하도록 압력을 행사했다. 1970년대에 법원은 여성노동 시간에 관한 특별법이 무효라고 판결했고, 산업 재해에 관한 규제가 남녀 모두에게 적용되어야 한다고 밝혔다. 1970년경에 노조와 여성단체들은 어떠한 다른 대안도 가능하지 않다면 보호법은 없어져야 한다는데 합의를 했다(Meehan 1985:127).

남녀평등권이 여성 노조활동가, 여성운동가들로부터 요구되고 법원의 판결이 보호보다는 남녀평등을 지지하는 방향으로 가자 노조의 태도도 변화되었다. 미국 산별노조총연맹(AFL-CIO)은 동등권 개정안(Equal Rights Amendment: ERA) 반대를 철회했다. 빈곤가족이 증가했으며 특히 여성이 가장인 가족의 수가 급증하면서 여성의 경제활동 참여가 활발해져 갔고 여성의 취업을 현실적인 것으로 받아들이는 사회적 분위기가 형성되었다. 1970년대의 여성 노동권에 대한 인식은 새로운 법과 제도가 출현하면서 강화되었다. 여성의 취업이 늘면서 평등하게 대우받아야 한다는 의식이 높아졌다. 많은 전문직 여성들로부터는 정부의 정책적 개입이 없었다면 노동시장에서 여성의 지위를 높이는데 수십 년이 걸렸을 것이라는 평가가 나왔다(Meehan 1985:96).

노조여성연대(CLUW)는 전국전기노동자노조(IUE)와 일부 여성노조 활동가들간의 모임에서 노조의 정책 결정 과정에 여성이 참여하고 있지 못하다는 비판이 제기되면서 창립된 것이었다(O'farrell & Kornbluh 1996:253). 노조 집행부와 정책 결정에 참여하는 위원회에는 여성 위원이 단 한 명도 없는 노조가 다수였다. 여성 노조활동가들은 노조의 남성 중심성을 공개적으로 비판하려고 하지 않았지만 여성운동가들은 그렇지 않았다. 이것이 남성 노조 간부들로 하여금 여성단체와 거리를 두고 싶어했던 이유가 되었다. 그럼에도 불구하고 노조는 여성운동가들을 의식할 수밖에 없었고 여성을 노조 간부직에 포함시켰지만 한두 명에 불과했다. 그 과정에서 노조여성연대는 여성단체와 연계활동을 하면서 여성노동운동을 전체 노동운동 속에 자리매김하고자 시도했다(O'farrell & Kornbluh 1996:253).

여성단체들은 중요한 공직에 여성운동에 호의적인 인물이 임명되도록 활동을 벌이면서, 공무원 중간직급 임명을 위한 제안서를 제출했으나 받아들여지지 않았다. 그러나 닉슨 대통령이 대법원의 법관으로 지명했던 2명의 후보자가 보수적이고 반여성적인 인물로 알려지면서 상원의 인준을 얻지 못했다. 여성운동계와 인권운동가들이 상원을 상대로 정치적 로비활동을 한 결과였다.16) 전국여성회(NOW)를 포함한 여성단체들은 고용기회평등위원회(EEOC)가 적극적 조치를 활성화하기 위한 가이드라인을 만들도록 요구하는 한편, 성차별과 관련한 사안을 모니터하고 법적 사건을 해결하는 데 정부기구와 연계되어 있었다(Meehan 1983:181).

1970년대에 남녀평등을 표방하면서 여성운동을 전개해 온 전국여성회(NOW), 여성평등행동연맹(WEAL), 전국여성정치연맹(NWPC) 등의 여성단체들은 민권법 제7편이 여성을 위한 법으로 확대 적용하도록 하고 행정명령에 여성을 포함시키도록 로비활동을 함으로써

---

16) 카터 행정부는 여성운동단체들의 요구를 적극 수용해서 엘리노 홈즈 노턴(Eleanor Homes Norton)을 EEOC의 위원장으로 임명했다(Meehan 1985:128).

입법부와 행정부, 사법부 등 3자를 대상으로 활동을 벌여 나갔다. 1970년대에 본격적으로 등장했던 대중 시위를 통해서 여성들은 고용평등에 관한 많은 성과를 얻어냈다. 당시에 로빈슨(Robinson)은 여성단체의 정치적 활동이 고용기회평등위원회(EEOC)와 법원으로 하여금 민권법 제7편을 일하는 여성을 위한 '대헌장(magna carta)'으로 만들었다고 평가했고, 노동부의 한 관리는 "1970년대의 민권법은 여성만을 위한 법과 같았다. 여성들이 그렇게 만들었기 때문이다."라고 말할 정도였다(Meehan 1985:129). 여성단체들은 시위와 법원 소송을 통해서 사기업이 적극적 조치를 도입하고 실행하도록 하는데 영향력을 행사했다. 특히 성 차별적인 사기업을 대상으로 한 여성단체의 시위는 여성에게 단순 사무직의 일을 주로 하도록 하고 대학을 졸업한 경우에도 하위직에서 일을 하게 되는 여성들의 불만을 조직적으로 표출한 것이었다(Boyle 1977:176).

정리해보면 적극적 조치는 차별 개념을 사회적으로 구조화된 차별로 해석하고 이것을 적극 시정하려는 시도에서 도출되었으며, 이 제도가 도입되었던 초기에는 소수인종만을 대상으로 한 것으로 밝혀졌다. 남녀평등을 실현하는데 목적이 두어진 적극적 조치는 여성보호와 대립되는 위협적인 것으로 여겨졌고, 여성 내부의 이념적 갈등과 평등권 자체를 부정하려는 가부장적 세력의 저항은 적극적 조치가 여성을 위한 제도로 운영되기 어렵게하는 요인이 되었다. 이때 남녀평등을 여성주의의 목표로 설정한 여성단체의 출현과 활동은 여성문제를 축소시키려는 사회 세력에 대응해서 적극적 조치를 여성 친화적인 제도로 작동하게 한 요인이 되었다.

3) 여성운동의 활성화와 평등권 요구

전국여성회(NOW)는 민권법 제7편의 실행기구인 고용기회평등위원회(EEOC)와 노동부가 남녀 고용평등에 관심을 갖고 개입하도록 압력을 행사하는 한편, 법정 후견인(amicus curiae)으로 고용상의 성차별과 관련한 법적 소송에 참여하면서 여성이 승소하도록 법적 정치적 지원을 아끼지 않았다. 여성대중에 기반을 둔 대표적인 단체로 전국여성회(NOW)는 1967년에 창립되어 1978년에는 회원 수가 크게 늘어 125,000명이 되었고 700개의 지부를 갖게 되었다. NOW-LDEF는 전국여성회(NOW) 내부에서 전문가로 구성된 단체로 성차별과 관련한 법적 문제의 해결을 본격적으로 지원하기 위한 것이었다(Gelb & Palley 1982). 여성운동계의 새로운 사상적 경향과 활동에 대해 스텟선(Stetson)은 "고용평등법이 제정되면서 제 2의 여성운동이 출현하도록 촉발시켰다"고 설명했다(Stetson 1991:162). 법적으로 확보된 평등 개념은 남녀평등을 여성주의의 목표로 내건 여성단체의 이념과 실천 전략에 의해 확산되었다.

당시에 여성주의자들은 여성이 불평등한 사회 현실을 변화시키기위해 정책 수립에 영향력을 행사할 수 있는 정치권력의 개발에 역점을 두었고, 여성단체들의 평등권 확보를 위한 노력은 평등권 수정법안(ERA)통과에 주력하게 되었다. 전국여성당(National Women's Party: NWP), 여성 경영인 및 전문직전국연합(The National Federation of Business and Professional Women)을 포함해서 평등권을 지지하는 평등권 수정법안(ERA) 지원단체들은 서로 관련정보를 교환하기도 하고, 정책 정보망을 갖추게 하는 계기가 되었다(Freeman 1975).

고용평등은 남녀평등을 강조하는 여성주의자들의 실천활동에서 주요한 비중을 차지했고 전국여성회(NOW)는 성 차별적인 기업에 대해 불매운동을 벌임으로써 기업 이미지를 손상시키는 등의 전략을 통해 경제적 압력을 가했다. 또한 기업의 성 차별적인 고용관행으로 피해를 받은 여성을 위해 법적 고문으로 나서 법적 소송을 통한 지원 활동을 벌였다. 미국의 대기업인 제너럴 밀즈(General Mills)사가 직업훈련 대상자 65명 중 64명을 남성으로 받아들였을 때 전국여성회(NOW)와 도시연맹(Urban League)은 기업의 부도덕성을 대중에게 알리고 전국적으로 불매운동을 벌이겠다고 위협했다. 이에 따른 기업 이미지의 악화는 제품 판매량을 감소시켰고 이 기업은 명문대학을 졸업한 우수한 여성 인력이 지원하기를 꺼려하는 기업으로 인식되었다(Boyle 1977).

전국여성회(NOW)와 여성평등행동연맹(WEAL)을 중심으로 한 여성단체들의 법적 소송을 지원하는 활동이 활발해지면서 전국여성회(NOW)는 연방정부로부터 기금을 받거나 계약을 맺은 1300개의 기업을 대상으로 접수된 사건에 관여했다. 여성평등행동연맹(WEAL)은 대학 내에서 고용평등정책이 실행되도록 모니터하는 활동을 주도했다. 대학을 상대로 한 소송은 교수직 뿐 아니라 사무 행정직과 하급직을 모두 포함했다. 노동계급 여성을 위한 평등은 건설업 여성노동자회(Women Employed and Women Working in Construction)의 활동목표였다. 전국여성회(NOW)는 재무부와 총괄행정청(GSA)이 적극적 조치계획을 개발하도록 했고 건설업 여성노동자회는 건설업 계약에 여성을 포함시키지 않았다는 이유로 정부기구인 노동부의 연방계약준수국(OFCCP)에 항의하고 나섰다. 여성주의자들은 정부를 상대로 직접 로비를 하거나, 피켓 시위를 벌이는 등 정치적 압력의 수위를 높였고, 기독교 단체의 여성들, 남녀 평등권을 지지하는 기업의 주주(shareholder)들과 연대활동을 벌였다. 성차별과 관련한 법적 소송에서 기업이 패소했을 때 일부의 기업은 고용기회평등위원회(EEOC) 변호사가 여성주의자들과 긴밀하게 연계되어 있어 공정하지 못하다는 이유로 항소를 하기도 했다. 전국여성회(NOW), 전국여성정치연맹(NWPC), 여성평등행동연맹(WEAL) 등의 여성단체들이 벌인 법적 지원 활동은 법정 후견인(amicus curiae)으로서의 역할이 두드러졌는데, 대법원에서 높은 승소율을 보였다. 1970년대 중반에 여성단체가 관여한 사건 중 63%가 대법원에서 승소 판결을 받는 성과를 이루었다.

고용평등을 실현하기 위한 여성들의 노력과 정치적 활동은 적극적 조치 폐지론이 제기되었던 상황에서도 지속되었다. 적극적 조치를 포함한 고용평등정책이 크게 약화되었던 레이건 정부 하에서 고용기회평등위원회(EEOC) 위원들은 여성단체의 대표들을 정책 논의와 결정 과정에 참여시키지 않았다(Meehan 1985:99) 이러한 정치적 현실이 여성주의자들로부터 분노를 샀고 새로운 활동을 시작하는 계기를 마련했다. 전국여성회(NOW)의 회원 수가 두 배로 늘었고(Randall 1986:159) 적극적 조치의 유지를 가능하게 한 고용평등의 요구는 지속되었다.17)

---

17) 경찰직과 소방직, 건설직 등의 주요한 남성 중심직종을 상대로 여성단체들은 직종 내 여성의 과소 대표성을 들어 법적 소송을 제기함으로써 공공기관과 기업이 적극적 조치를 도입해서 실행하도록 했다. 그 성과는 주목할 만하다고 평가받았다. 1973년 경찰직의 여성비율이 8.3%, 소방직의 여성비율이 1.0%에 불과했는데 10년이 지난 1983년에는 각각 16%, 3.7%로 증가한 것이다(OFCCP

적극적 조치를 여성 친화적인 제도로 작동하게 했던 사회 세력은 1960년대 중반에 출현한 전국여성회(NOW)를 중심으로 한 여성운동 단체들로 이들은 여성 대중 확보에 기반을 두면서[18] 평등개념을 사회 전반에 확산시켰다. 평등권에 대한 여성 주체의 요구는 성 중립적인 대우에 관한 규범이 세워져야 한다는 방향으로 움직여졌고 (Vogel 1990: 17), 남녀평등을 실현하기 위한 여성단체간의 제휴와 연대는 평등권을 지지하는 사회운동단체와의 연대활동을 통해서 정치력 영향력을 높였고 여성의 요구를 실천하는 세력으로 자리하게 되었다. 평등을 여성주의의 목표로 인식하는 여성주의자들의 실천활동은 성차별적인 고용관행이 법과 제도를 통한 개혁에 의해 변화될 수 있다는 행동전략 안에서 고용평등정책을 실행하는 정부기구로 하여금 성차별 문제를 해결하는 데 나서도록 영향력을 행사했다.

2. '불평등 효과'와 성차별 개념의 확대

적극적 조치를 도입하기 시작했던 1970년대 초에 AT&T사는 미국 최대 규모의 사기업이었다. 이 회사는 24개의 지역 전화통신사, 장거리 전화통신사, 벨 연구소, 서부 전기사(Western Electric)[19] 등으로

1998)

18) 1960년대 이후 미국의 여성운동은 급진적 혹은 여성해방 그룹으로 지칭되는 경우 비교적 비공식적 연결망을 가지고 제도정치 영역 밖에서 운동하는 것을 특징으로 하는 반면, 주류 여성단체들은 재판이나 법을 통해 특정한 평등 이슈를 추구하는 조직인 것으로 나타나 있다(Ferree and Hess 1994).

19) 벨 연구소는 전화통신설비의 시스템을 연구하고 개발하는 연구소의 성격을 갖는다. 서부 전기사는 전화통신 관련 기기를 생산하는 업체이다.

구성되어 있으면서 벨 체계(Bell System), 마 벨(Ma Bell) 등으로 불려졌다. 벨 연구소(Bell Laboratories)와 서부 전기사(Western Electric)를 제외한[20] 전화통신사에서 일하는 종업원의 수만 무려 80여만 명으로 1971년 당시 전화통신산업의 전체 인원 861,499명의 93%가 전화통신사에 고용되어 있었다. 전화통신산업의 독점 상태는 전화기를 세계 최초로 발명한 알렉산더 윌리암 벨(William Bell)이 1877년 자신의 발명품을 낸 이후 전화사를 설립한 이래 지속되었다. 미국 전화통신업체의 자산과 소득의 94%가 벨 체계의 몫이었다(EEOC 1970)[21]. 벨 체계라는 기업 명은 바로 전화통신산업과 동의어가 될 정도로 전화통신산업의 절대 독점기업이었다.

1) 성별직무분리에 대한 여성의 법적 대응

거대 규모의 사기업이 적극적 조치를 도입되게 된 주요한 요인은 고용평등정책의 강화, 법적 평등을 요구하는 여성운동의 세력화와 평등 담론이 사회 전반적으로 확산된 데서 찾을 수 있다. 적극적 조치를 도입했던 1970년대 초에 사례기업은 미국 최대 규모의 사기업으로 전화통신사에서 일하는 종업원 수만 무려 80여만 명이었고 50%가 여성이었다. 40여만 명의 여성을 고용하면서도 성 차별적인 고용 관행에 관심을 두지 않았던 기업은 여성노동자로부터 도전받기 시작했다. 여성을 차별함으로써 초과이윤을 창출하고자 하는 자

---

20) 서부전기사의 고용 인원은 17만7천명이었으며 벨 연구소의 인원은 2만1천이었다(Batt & Keefe, 1996).
21) 벨체계를 제외한 전화통신산업의 다른 기업들은 작은 기업들로 미국의 소도시와 농촌 지역에 위치하고 있었다(Batt & Keefe, 1996).

본의 이해에 제동이 걸렸고 1966년 벨 체계(Bell System)의 지역 전화사인 South Bell사에서 성차별 소송이 제기되었다.22)

---

22) 성차별과 관련한 최초의 대법원 판례로 알려진 사건은 존슨과 캘리포니아 산타클라라 카운티의 교통국(Johnson v. Transportation Agency Santa Clara County California, 1987) 간의 소송사건이다. 1978년 산타클라라 카운티 의회는 교통국에게 고용·승진의 결정 요소로 적극적 조치를 실행하도록 했다. 교통국은 이 지역의 여성 비율이 전체 인구의 36.4%인데 비해 교통국 직원 중 여성의 비율은 22.4%여서 여성 비율을 높이기 위한 장기 목표를 세웠다. 그러나 자격을 갖추고 지원하고자 하는 여성이 많지 않아 별다른 진전을 보이지 못하고 있었다. 1979년 교통국은 도로운행 관리(road dispatcher)직에 결원이 생겼다고 공고했다. 12명의 지원자 중 면접 점수가 70점 이상인 7명이 1차 면접에서 선발되었다. 1차 면접시험에서 백인 남성인 존슨(Paul Johnson)은 75점을 받았고 백인 여성인 조이스(Diane Joyce)는 73점을 받았다. 2차 면접을 실시한 후 3명의 감독관은 존슨을 추천했으나 이 지역의 적극적 조치 조정관(affirmative action coordinator)은 조이스를 추천하였고 최종적으로 교통국장이 여성인 조이스를 선발하였다(Green 1989:147).

존슨은 이러한 선발이 민권법 제7편의 성차별금지 조항에 위배된다고 주장하면서 제소하였다. 자신의 면접 시험 점수가 조이스 보다 2점 높았고 2차 면접에서 감독관이 추천했음에도 불구하고 적극적 조치의 실행으로 인해 탈락되었다는 이유에서였다. 그러나 대법원은 6:3의 원고 패소 판결을 내려 교통국의 적극적 조치를 지지하였다. 이와 같은 결과가 있게 된 배경은 교통국 내에 존재하는 현저한 성별 직종 분리에 있었다. 당시 교통국내의 238개 숙련 기술직에는 여성이 단 한 명도 없었고 조이스가 신청한 도로운행 관리직도 마찬가지였다. 대법관들은 교통국이 1982년에 55개의 숙련직 중 3개를 여성에게 주어 여성 비율을 6%까지 올리겠다고 정한 목표가 백인 남성에게 역차별적일 만큼 과다하지 않다고 보았다. 남성은 여전히 숙련직의 94%를 차지할 수 있기 때문이었다. 일부의 법관은 여성의 숙련 직종 내 과소 대표가 여성이 도로 작업을 원하지 않는 사회적 태도로 인해 생긴 결과이며 여성이 차별 받았다는 사실이 입증되지 않았다고 반박하였다. 그러나 다수의 법관은 채용과 승진 과정에서 여성이 과거서부터 지속적으로 배제되면서 특정 직종에서 현저한 성별 불균형이 초래되었으며 이 때 고용주는 민권법 제7편에 의거해서 적극적 조치를 자발적으로 실시할 수 있다고 판단했다. 또한 숙련직에서의 여성의 비율은 지역 노동시장에서의 여성비율과 비교해서 현저하게 낮음을 고려해 볼 때, 여성을 위한 적극적 조치의 실행은 적절하며, 남성 후보자인 존슨이 도로운행 관리직에서 일할 자격을 충분히 가졌다고 볼 수 없다고 주장했다. 또한 적극적 윅스(Lorena Weeks)는 1948년에 입사해서 교환원으로 일을 하다가 38세가 되면서 고임 직종인 스위치 맨(switch man)으로 전환하겠다고 지원을 했으나 기업으로부터 거절당했다. 스위치 맨 직종은 숙련직 중 내부직으로 윅스는 교환원으로 일을 해 오면서 스위치 맨이 하는 일을 봐왔고 친숙해 있었다. 루이스 벨과 우들리 사무소에서 스위치 맨직을 채용한다는 공고가 붙어 윅스는 지원했다. 그러나 서류가 검토되지 않은 상태로 되돌아 왔다. 여성이기 때문에 그 일을 할 수 없다는 이유에서였다. 그 자리는 단 한 명의 남성 신청자에게 돌아갔고 그 남성의 선임권은 윅스보다 적었다(EEOC 1970 :144).

윅스는 이 회사가 위치한 조지아 주의 5차 연방 지방법원(district court)에 제소했으나 1967년 법원은 원고 패소 판결을 내렸다. 당시에 조지아주의 주법에서는 여성노동자를 보호한다는 이유로 30파운드 이상의 무게가 나가는 장비를 들어야 하는 직종에 여성이 취업하지 못하도록 금했다. 기업은 윅스의 요구를 받아들일 경우 주법에서 정한 여성보호조항을 위반하게 된다고 주장했다. 윅스 측에서는 이와 같은 주법이 민권법 제7편을 위배한다고 반박했다. 그러나 기업 측에서는 민권법 제7편의 성 조항이 진정직업자격(BFOQ)에 해당되며 여성이 남성과 다르기 때문에 위헌이 아니라고 맞섰다.[23]

조치가 지속적으로 실행되는 것이기보다는 성별 불균형을 줄일 목적으로 일시적으로 정한 것이며 따라서 목표비율을 달성하게 되면 중단하는 '잠정적' 조치이므로 민권법 제7편을 위배하지 않는다고 적극적 조치를 지지하는 사유를 밝혔다(Rosenfeld 199~200).

23) 진정직업자격(BFOQ) 규정을 최대한으로 좁게, 신중하게 적용되어야 한다는 기본 신념을 가지고 있는 미국 법원은 성을 이유로 특정 직종에서 여성을 제외하거나 고용을 거부할 때 일차적인 기준으로 삼는 것은 "문제가 된 직무수행에 있어 모든 여성, 또는 실질적으로 관련된 모든 여성이 그 직무를 안전하

윅스는 세 아이를 홀로 키우며 가족의 생계를 책임져 왔다. 자녀가 성장하면서 전화교환직의 임금으로는 생활을 꾸려 나가기 어려워서 고임 직종을 찾았으나 모두가 남성 중심 직종이었다. 윅스는 '전형적인(typical) 가족'과는 다른 편모 가족의 가장으로 주법의 여성보호 조항이 자신을 포함한 편모 가족의 실제 삶과는 전혀 맞지 않는 허구적인 것이며 기업 측의 변명은 낭만적인 부성주의에 불과한 것으로 여성을 고임 직종에 고용하지 않으려는 술책이라고 반박했다. 여성이 신체적으로 나약한 존재라는 이미지를 전달하는 주의 보호입법은[24] 현실을 전혀 반영하고 있지 않았다. 윅스는 전화교환직의 일을 하면서 3교대 근무를 하도록 되어 있었고 야간근로를 이미 하고 있었다. 또한 아이 셋을 키우면서 30파운드 이상의 무게가 나가는 것을 들어올리는 일을 수 차례 해 왔다. 30파운드는 2살 된 아이의 몸무게보다 가벼운 것이었다. 윅스는 지방 법원의 판결이 부당하다고 보고 연방법원(Circuit Court)에 항소했다.

윅스가 여성의 생존권과 남녀 평등을 강조하며 남성 직종으로 이

고도 효율적으로 수행할 수 없다는 것을 사용자가 입증"해야 한다는 것이다. 이러한 판단을 위해서 법원은 기업의 정상적 운영에 반드시 필요한 직무와 부수적으로 필요한 직무가 무엇인지를 구분하는 경향이 있다(정금나 1999:17).

24) 보호입법은 영세기업의 노동조건 악화를 막을 목적으로 20세기 초에 통과되었다. 원래 이 법은 남녀 모두에게 적용하도록 의도되었고 대법원은 남녀 모두에게 적용되도록 공포했지만 주 법원에서는 여성에게만 적용되도록 했다. 여성의 신체적 구조와 모성기능을 보호하기 위한 이유에서 였다(Mueller v. Oregon, 208 U.S. 422 [1908]).

보호법의 내용은 주마다 달랐다. 많은 주에서 여성의 노동시간을 48시간으로 제한하고 여성이 들어올릴 수 있는 물건의 무게 제한을 35파운드로 정했다. 그러나 보호법은 여성으로 하여금 초과수당을 받을 수 없게 했고, 야간근로를 해야하는 직종과 일정한 무게를 들어 올려야 하는 직종에 여성이 취업할 수 없도록 하는 등의 부정적인 영향을 주었다(Freeman 1975:76).

동하고자 했을 때, 언론의 반응은 냉소적이면서 문제의 본질을 흐렸다. 1967년 윅스가 연방 지방 법원에서 패소했을 때 뉴스위크지는 '양성간의 전쟁'이라는 제목의 기사를 내고, 여성의 남성직으로의 진출을 여성의 도전으로 보도했다. 여성이 남성의 일자리를 빼앗는다는 식으로 여론을 조성하면서, 윅스의 도전이 남녀의 역할 바꾸기를 시도하는 무모한 것이며, 여성답지 못한 태도라고 비난하고 나섰다(Macdonald 1993:108~161).

윅스를 1심에서 패소하게 했던 법적 근거는 민권법 제7편의 진정직업자격(BFOQ) 조항이었다. 당시에 고용기회평등위원회(EEOC)의 위원들은 민권법 제7편에 성 평등 조항이 포함된 것을 못마땅하게 여겼고 주법에서 정한 여성보호 규정을 지지하는 편이었다. 성별 직무 분리는 여성의 생물학적 특징과 성 차이의 결과로 받아들여졌고 진정 직업자격에 해당되는 사항이었다. 고용기회평등위원회(EEOC)가 정한 성차별에 관한 지침서는 진정 직업자격에 대한 폭넓은 해석을 통해서 성별 직종분리를 고용상의 성차별이 아닌 것으로 간주했다. 따라서 윅스 사건에 대해서도 방관하는 자세였다.

여성 단체는 고용기회평등위원회(EEOC)의 성 차별적인 태도에 분노하면서 입장을 바꾸도록 압력을 행사했고, 사례기업의 노조 미국통신산업노조(CWA)는 초기에 여성단체와 긴밀한 연계를 갖고 있었다. 당시에 베티프리단을 포함해서 창립자들은 26명이었는데, 미국통신산업노조(CWA)의 여성 활동가인 캐서린(Katherine)은 열성적인 전국여성회(NOW))의 창립 회원 중의 하나였다(O'farrell & Kornbluch 1996:246). 전국여성회(NOW)는 고용기회평등위원회(EEOC)를 상대로 정치적 압력을 가하는 한편, 단체를 지원하는 변호사들이 윅스를 변호하도록 했다(Freeman 1975). 전국여성회(NOW)는 임시 조정 위원회(steering committee)를 만들고 고용기회평등위원회(EEOC)가 성별 분리 광고를 진정직업자격(BFOQ)이라는 이유로 허용하면서[25] 성차별을 조장하고 있다고 비난하였고 항의 서한을 발송했다.[26] 1967년 5월에 진정직업자격(BFOQ)과 성차별을 주제로 청문회가 열렸고 전국여성회(NOW)의 정치적 로비 활동에 의해 두 가지 요구 사항이 받아 들여져서 고용기회평등위원회(EEOC)는 주법의 여성보호조항이 민권법 제7편을 위반하고 있으며 진정직업자격(BFOQ)이 협의로 규정되어야 한다는 입장을 표명했다(Freeman 1975:76~79).

여성단체의 고용평등 지원 활동이 활발해지면서 윅스의 재판은 항소 법원에서 원고에게 유리한 방향으로 진행되었고 마침내 법원은 윅스에게 승소 판결을 내렸다.

남부 벨 사는 어떠한 여성도 안전하게 30파운드의 무게를 들어올

---

25) EEOC는 인종별 분리 광고를 금지했지만 '여성 구인란' '남성 구인란' 식의 성별 분리 광고를 허용했다. 일부 직종은 특정 성에 대해 보다 더 매력적인 직종이 될 수 있다는 이유에서였다. NOW는 EEOC의 성차별적인 태도에 적극적으로 대응해 나갔다. EEOC 위원을 토론회에 참석시켜 성별분리 광고가 왜 성차별적인지를 납득하도록 했고 공문을 발송하는가 하면 EEOC 청문회에 참석해서 심문(testify) 하기도 했다. 1967년 12월에 NOW는 최초로 대규모 여성주의자들의 시위를 조직했고 성별분리 광고를 낸 신문사를 상대로 고발했다. New York Times를 고발하고 EEOC가 민권법 제7편을 이행하도록 위임(mandamus)소송을 제기했다(Freeman 1975:77).

26) 이어서 전국여성회(NOW)는 여기에 두 가지 제안서를 덧붙였다. 첫째, EEOC는 고용주가 진정직업자격의 예외 조항을 들어 여성에게 차별하도록 허용해서는 안된다. 둘째, 선의의 진정직업자격 예외조항이 여 승무원이 결혼을 하거나 32세의 연령이 되면 퇴직을 해야 하는 항공사의 규정을 정당화하는데 이용되도록 해석되어서는 안된다는 내용이었다(Freeman 1975:76~9).

릴 수 없다는 '정형화된(stereotyped) 특성'에 의거한 가정을 갖고 있으며 모든 남성이 그 일을 할 수 있다는 가정을 하고 있다… 민권법 제7편은 이러한 낭만적 부성주의(paternalism)가 빅토리아 시대에서나 있을 수 있는 구시대적인 발상이라고 보고 거부한다. 그 대신에 법은 개별 여성에게 그 일을 할 것인지 말 것인지를 결정하는 권한을 부여한다. 남성은 험하고, 위험하고, 따분한 일을 하는 대가로 그에 상응하는 임금을 받을 것인지 말 것인지를 결정할 권리를 가져왔다. 민권법 제7편이 전제하고 있는 것은 여성이 현재 남성과 동일한 발판 위에 서 있는가이다"[27]

마침내 윅스는 자신이 원하던 숙련직의 일자리를 얻었다. 윅스가 숙련직종에 지원한 1966년 이후 기업을 상대로 힘겹게 싸워 온 지 5년만에 이루어 낸 성과였다. 법원 판결에 따른 즉각 시정이 이루어지지 않자, 윅스는 기업 간부를 직접 찾아가 요구했다.

나는 대학에 다니는 세 명의 자녀를 돌보기 위해 어려운 생활을 꾸려 왔고 임금을 조금이라도 더 받는 일이 내게 얼마나 필요한 지 관리자에게 말했다. 그는 곧 지시를 내릴 것이라고 말했고 다음 날 나는 스위치맨 직의 일을 할 수 있었다. 법원이 명령한 지 4개월 만이었다. 현재 나는 이 일을 즐거워하고 있으며 남부 벨 사에 입사한 이래 가장 만족스러워 하고 있다. 법원의 판결을 기다리는 동안 나는 동료들로부터 욕을 먹고 소외되었다. 함께 일하는 여성들조차 내가 한 가족의 '가장(breadwinner)'들로부터 소중한 것을 빼앗으려 한다는 말을 하곤 했다. 나는 남녀 모두에게 모든 남자들이 가장이 아니며 남성이 지출하는 생활비 이상을 여성이 쓰고 있다는 것을 증명해 보이려고 했다(EEOC 1974: 144).

---

27) Weeks v. Southern Telephone and Telegraph, 408 F. 2d. 228, 235~6, 5th Cir, 1969.

여성이 가족의 노동력을 재생산하기 위해 벌이는 임금 수입을 위한 사회적 노동 뿐 아니라 가사노동, 육아 등의 많은 활동이 여성노동자들의 법적 투쟁성을 높이는 데 중요한 영향을 미친다는 사실을 알 수 있다. 카블(Cobble)은 미국의 호텔, 레스토랑에 고용된 여성들이 다른 직종에 취업한 여성보다 남편과 이혼하거나 사별한 경우가 많으나 미혼이라도 단독 가구를 형성하는 사람이 많았기 때문에 중요한 생계부양자라는 점을 밝히면서 이것이 여성노동자들의 투쟁성을 높이는 조건으로 작용했다고 말한다(Cobble 1990). 윅스의 투쟁성은 여성단체가 지원하면서 실천한 자매애(sisterhood)를 통해서 더해지면서 여성 주체의 평등권 실현의 의지를 높여 주었다.

1969년에 고용기회평등위원회(EEOC)는 고용 차별에 관한 새로운 지침서를 발행했고 여기에서 여성 보호를 강조하는 주법은 민권법 제7편에서 정한 평등 조항을 어기고 있다는 입장을 분명히 밝혔다. 윅스의 사건은 부성주의적(paternalistic) 여성보호를 지지하는 사회적 분위기에 일침을 가하고 남녀평등을 새롭게 부각시키는 계기를 마련했다. 주의 보호법은 민권법 제7편에서 정한 평등 조항과 충돌을 일으키지 않도록 폐지되었고 윅스 사건은 노조로 하여금 남녀 평등을 지지하도록 하는 전환점을 마련했다(Freeman 1990). 윅스의 승소는 여성단체, 노조, 정부가 동등권 개정안을 지지하면서 남녀평등을 요구하는 여성운동의 실천에 힘입은 것이었으며 국가기구가 나서서 AT&T사 사건에 개입하도록 하는 조건이 되었다.

2) 불평등 효과 개념을 통한 간접차별의 가시화

고용평등정책을 시행하는 정부기구가 AT&T사를 상대로 접수된 고발 사건을 조사하기 이전에 어떠한 성차별이 기업 내에서 행해졌는지는 분명하지 않았다. 어떠한 고용관행이 차별인지의 여부는 무엇을 차별로 규정할 것이며 어떠한 기준에 의해 판단할 것인지에 따라 다를 수 있었다. 당시에 고용기회평등위원회(EEOC)가 수용한 차별 개념은 불평등 효과로, 남성 중심적인 관행에 의해 구조화되어 결과된 차별은 국가 기구의 조사 대상에 포함되었다. 국가기구의 조사활동은 어떠한 성차별이 어떻게 행해지고 있는가를 밝히는 과정이었다.

(1) 실행기구의 조사활동

1965년과 1969년 사이에 고용기회평등위원회(EEOC)에 접수된 고용 차별의 건수 중 성차별은 무려 23%에 달했다(Macdonald 1993: 108). 고용기회평등위원회(EEOC)에 접수된 구제신청 건수의 증가와 더불어 AT&T사 내 여성노동자의 고발 건수는 특히 많았다. AT&T사 노동자들이 고용기회평등위원회(EEOC)에 접수한 차별 고발 건수는 인종 차별을 포함해 2천 건이었으며 이 중 성차별이 대부분이었다. AT&T사의 고용차별은 여성단체와 인권단체들에 의해 공론화되었고 단체들은 정부기구가 AT&T사의 차별적인 고용 관행에 개입하도록 요구했다. 고용기회평등위원회(EEOC)의 변호사였던 코퍼스(David Copus)는 고용기회평등위원회(EEOC)의 다른 공무원과 함께 직접 조사에 나섰고, AT&T사의 고용차별에 관한 보고서를 내었다. 이 보고서에 의하면, AT&T사는 확연한 성별 직종 분리에 기초하고 있었고 그와 같은 직종 분리에 의한 성차별은 우연적이고 개별적이기보다는 필연적이고 여성 집단에게 가해지는 체계적인 차별이었다.

고용기회평등위원회(EEOC)에 접수된 2천 건에 달하는 차별 고발 건수는 집단 소송의 형태를 띠었고 정부기구로 하여금 조사 방향을 여성에게 가해지는 집단적 차별에 중점을 두어 조사하도록 했다. 더욱이 민권법 제7편이 규정하고 있는 차별은 특정 집단을 겨냥한 것이어서 기업의 고용 관행에 대한 조사는 특정 고발을 한 피해자가 금지된(proscribed) 차별로 인해 고통을 받는 지의 여부를 파악하는 데 합리적인 수단이 되었다(The United States Commission on Civil Rights 1971:1218).

고용기회평등위원회(EEOC)가 AT&T사를 상대로 조사에 들어갔던 시기는 1970년이었다. 조사 표본의 대표성을 고려하면서 이 위원회는 미국의 30개 대도시(SMSA: Standard Metropolitan Statistical Area) 지역에 위치한 지역 전화사를 조사 대상으로 선정했다. 이 지역에 위치한 지역 전화사들이 고용한 인원은 374,190명으로 벨 체계 내의 전화통신산업의 일을 하는 전체 인력의 반 이상이었다. 각 지역 전화사의 고용구조는 거의 동일했고 노동자들은 다섯 부서에 배치되어 일을 하고 있었다. 전화사의 5개 부서는 가설부(Plant Department)와 교환부(Traffic Department), 광고부(Commercial Department), 마케팅부(Marketing Department) 회계부(Accounting Department)로 주요부서는 가설부와 교환부였다.

① AT&T사의 성별 직무분리와 임금격차

고용기회평등위원회(EEOC)가 조사한 바에 의하면, AT&T사에서 부서별 성별 직무분리가 현저했고 부서 내에서도 직무에 따른 성별 불균형이 두드러졌다. 가설부는 대표적으로 남성이 집중된 부서로 평균 임금수준이 높은 반면 교환부는 여성이 집중된 부서로 평균 임금 수준이 낮았다. 부서 내에서도 여성 중심적인 직무의 임금 수준은 남성 중심직무의 임금과 비교해서 60% 선으로 성별 임금격차가 크게 나타나고 있었다.

가. 가설부

가설부는 전화를 연결해 주는 기계 장비와 전기 기기를 설치하고 유지하는 업무를 주로 맡고 있다. 1970년에 전화사 고용 인원의 가장 많은 수가 가설부에 배치되어 있었으며 전체 고용의 45%를 차지하고 있었다. 이 부서에서 일하는 노동자들은 60% 이상이 숙련 직종이었다. 당시에 이 직종의 비율은 전체 직종의 25%로 주요 직종이었다. 숙련직은 내근직과 외근직으로 구분되어 있었고 내근직은 전화 가설을 위한 장비와 전기 기기를 실내에서 연결해서 만드는 작업이었다. 외근직은 전화 가설에 필요한 기기를 직접 소비자가 원하는 위치에 설치하고 유지하는 일이었다. 내근 숙련직은 중앙의 전화 통화 장비를 개별 전화의 통화 장비와 연결하는 프레임맨(frameman)직을 포함했고 외근 숙련직은 라인맨(lineman), 케이블 연결 보조공(Cable splicer helper), 설치-보수공 등을 포함했다. 라인맨은 소비자의 전화를 스위칭 설비에 연결하는 라인과 케이블을 설치하는 작업을 주로 했기 때문에 전봇대에 올라가거나 지하에 케이블을 가설하는 일을 했다. 케이블 연결 보조공은 케이블 내의 와이어들을 연결하고 바꾸며 케이블 봉합을 절연시키는 일을 도왔다. 설치-보수공은 소비자가 원하는 위치에 개별 전화를 설치하고 보수하는 일을 했다.

내근직의 임금은 외근직보다 적어 내근 숙련직 프레임맨의 연봉이 7천 5백 달러에서 8천 5백 달러 선에 있는 반면 외근 숙련직인 라인맨과 설치-보수공의 연봉은 1천 달러가 많아 8천 5백 달러에서 9천 5백 달러 선이었다. 케이블 연결 보조공은 외근 숙련직이었지만 내근직인 프레임맨과 같은 임금을 받았다.[28]

나. 교환부

전화통신사에서 두 번째로 고용 인원이 많이 배치되어 있는 부서가 교환부이다. 이 부서는 전화통화의 연결을 지원하는 일을 주로 하는데, 고용기회평등위원회(EEOC)의 조사 대상 지역 전화사에 고

---

28) 프레임맨, 라인맨, 케이블 연결 보조공, 설치 보수공 등은 가설부 내에서 하급직에 속했다. 전화사의 노동자들은 입사 후 가설부의 내근 숙련직에서 경력을 쌓으면서 스위치 맨(switch man), 테스트 보드맨직(test boardman) 등으로 승진했다. 스위치 맨은 중앙 가설부에 있는 스위칭 장비를 관리하고 수리하는 작업이었다. 테스트 보드맨은 특별 스위치 보드에 앉아 전화선에 이상이 생겼다는 연락을 받고 소비자의 거주지에 위치한 전화선을 시험하고 분석하면서, 전화선을 주기적으로 점검하고 사전에 예방하는 일을 했다. 외근 숙련직에서 경력을 쌓으면 케이블 연결공(cable splicer), PBX설치-보수공(PBX installer-repairman) 등으로 승진했다. 케이블 연결공은 케이블 내의 와이어들을 연결하고 변형시키며, 케이블을 연결하고 관리하도록 되어 있었다. PBX설치-보수공은 개별 스위칭 체계를 설치하고 관리하는데 주로 대기업과 호텔 등을 상대하며, 라디오와 텔레비전 방송장비, 전신타자기(teletypewriter) 장비 등을 설치하고 관리하도록 되어 있었다. 가설부의 4개 직종은 전화사 비관리직 중 가장 높은 임금을 받아 연봉 9천 달러에서 1만 달러였다(EEOC 1971).

용되어 있는 인원의 31%가 이 부서에서 일을 하고 있었다. 교환부의 주요 직종은 교환직(operator)으로, 이들은 전화번호를 안내하며 전화요금 청구서를 위해 자료를 기록하는 업무를 주로 하였다. 전화통신사 직원 중 5명당 1명 꼴로 교환원인 만큼 이 직종의 비중은 높은데 임금과 작업조건이 가장 열악했다. 교환원의 최고 임금은 연봉 5천 달러에서 6천 달러로 숙련직의 절반밖에 되지 않았다. 전화교환직의 임금이 매우 적어 교환부 전체의 임금 수준은 낮을 수밖에 없었다.

전화교환직이 받는 저임금은 노동조건을 볼 때 더욱 형편없는 것이었다. 교환부의 일은 '다람쥐 쳇바퀴 돌 듯 하는 반복노동'이었고 틀에 짜여진 것이었다. 남서부 전화통신사에 관한 연구 보고서에서는 전화교환직의 일을 다음과 같이 표현했다.

전화교환직의 일은 지루하고 따분한 것이었다. 전화교환직에서 일하면서 갖는 느낌을 말하라고 할 때 가장 자주 듣는 말은 이 일이 매우 획일화되어 있다는 것이다. 교환원의 일을 하면서 만족감을 갖기란 극히 어렵다(EEOC 1971).

더욱이 전화통신사들은 교환원에게 업무 이외의 규칙을 만들어 불필요한 간섭을 했다. 옷차림, 말투, 태도 등에서 교환원들은 기업이 정해 놓은 세세한 규칙을 따라야 했고 그 규칙은 엄했다. 이와 같은 권위주의적인 기업 문화 속에서, 전화교환원직 여성들은 엄한 출퇴근 체크를 받아야 했다.[29] 3교대 근무를 하면서 일정이 바뀌면

---

29) 사례 13과의 면접내용임(1996년 10월 8일).

갑작스럽게 주말에 출근해야 했고 일정 변경은 드물지 않았다. 저임금과 권위주의적인 작업장의 환경에서 전화교환직의 이직율이 높은 것은 당연했다. 특히 입사한 지 6개월 미만에 퇴사하는 경우가 많았고 이직율은 점점 더 높아졌으며(EEOC 1971), 여성 집중 부서의 노동조건은 상대적으로 열악했다.

다. 영업부

가설부와 교환부 다음으로 인원이 많은 부서가 영업부이다. 이 부서에는 전체 고용인원의 9.4%가 배치되어 있으며 기업과 일반 소비자를 대상으로 전화요금을 계산해서 청구서를 작성하고 전화 보수 요청이 들어오면 그 일을 관련 부서에 알리고 전화 가입자 수를 늘리는 일을 주로 했다. 내근 영업직은 소비자에게 전화 가입을 권유하면서 교환직, 설치-보수공과 함께 소비자와 접촉하는 주요 직종이다. AT&T사가 사원 모집 유인물을 제작하면서 강조한 대로 내근 영업직은 소비자가 전화 가입을 신청하도록 하는 업무를 주로 하는 부서로 전화산업의 얼굴이나 마찬가지였다. 이 직종에서 일하는 노동자의 대부분은 여성으로 내근 영업직의 임금은 최고 수준이 연봉 6천 달러에서 7천 달러 사이였다. 전화교환직의 임금보다는 조금 높고 숙련직의 임금보다는 많이 낮은 금액이었다.

내근 영업직이 작업장을 떠나지 않고 소비자와 통화하면서 응대하고 문제를 해결해 주는 반면, 외근 영업직(commercial representative)은 외부에서 소비자와 접촉하면서 전화 가입을 판매했다. 외근 영업직의 인원은 내근 영업직과 비교해서 소수이지만 임금 수준은 훨씬 더 높았다. 이 직종의 임금은 소비자 담당직보다 2천 5백 달러가 많아 8천 5백 달러에서 9천 5백 달러 선으로 가설부의 숙련직과 유사했다.

라. 마케팅부

영업부와 긴밀한 연관을 가진 부서가 마케팅부이다. 이 부서는 복잡한 전화 장비를 기업 상대로 판매하고 수요를 분석하는 업무를 주로 한다. 이 부서의 인원은 많지 않으며 외근 판매직(communication representative), 판매 상담직(communication consultant) 종사자에 의해 부서가 운영된다. 그 밖에 내근 판매직원이 이 부서에서 일을 하는데 전화로 소비자와 응대하며 중소 업체에 통신 서비스를 판매한다. 이 부서에서 일하는 노동자들은 주요 업무인 전화 가입과 통신 서비스를 판매하는 일을 하면서도 임금의 차이가 크다. 외근 판매직이 연봉 1만 달러이고 판매 상담직이 1만 4천 달러를 받는 데 비해 내근 판매직은 외근직 노동자들이 받는 임금의 절반밖에 되지 않았다.

마. 회계부

회계부는 전화사의 5개 부서 중 인원이 적은 부서로 전체 고용인원의 8%가 일을 한다. 이 부서의 업무는 기업을 상대로 요금 청구서를 준비하고 발송하며 필요한 회계업무를 맡아 한다. 관리직, 전문직과는 별도로 회계부에서 일하는 직원 모두는 다양한 사무직의 업무를 수행하며 임금 수준은 가설부에서 일하는 사무직과 비슷하다(EEOC 1971:21).

〈표 6〉 AT&T사의 직종별 임금

(단위: 달러)

부서	직종	연봉	부서	직종	연봉
가설부	스위치맨	9,000~10,000	교환부	교환직	5,000~6,000
	테스트-보드맨	9,000~10,000		사무직	6,000
	프레임맨	7,500~ 8,500	영업부	내근영업직	6,000~7,000
	라인맨	8,500~ 9,500		외근영업직	8,500~9,500
	서비스직	5,500	마켓팅부	외근판매직	10,000
	PBX설치-보수공	9,000~10,000		내근판매직	6,000
	케이블연결보조공	7,500~ 8,500		판매상담직	14,000
	설치-보수공	8,500~ 9,500			
	케이블연결공	9,000~10,000	회계부	-	7,000
	사무직	6,000	-	-	-

주 : 고용인원은 30개 표준도시통계지역에 위치한 전화사를 대상으로 한 것임.
자료: EEOC, *Unique Competence*, 1971.

<표 6>에서 알 수 있는 대로 전화사의 고임 직종은 숙련직과 외근 영업직, 외근 판매직, 판매 상담직 등으로 주요한 고임 직종은 가설부에 집중되어 있으며 외근직이 많다. 반면에 저임 직종은 교환직, 내근 영업직, 일반 사무직이며 저임 부서는 전화교환직이 대부분인 교환부이다. 남성 중심 직종인 숙련직은 고임 직종인데 비해 여성 중심 직종인 전화교환직은 저임 직종으로 직종간의 성별 분리뿐 아니라 부서별 성별 분리가 존재하고 있음을 알 수 있다. 기업의 성별 분리는 직종 선택과 업무 분화가 성별로 구조화되어 있었고 이것은 여성 개인이 해결하기에는 역부족이었다. 구조적 분리에 의한 고용 기회의 차이는 여성으로 하여금 권력 자원에 대한 접근을

근본적으로 차단하는 기제였다(Kanter 1977). AT&T사의 성별 직무 분리는 비관리직에서 관리직으로 연결되는 것이었고 여성이 기업의 정책 결정에 참여하는 중간 관리직 이상의 직급으로 승진하는 통로를 차단하였다.

(2) 관리직에서의 성별 직무분리와 성차별

고용기회평등위원회(EEOC)가 조사한 사례기업의 고용인원 중 23%는 관리직이었다. 전화사의 관리직은 1970년에 6단계로 구분되어 있었다. 하급 관리직인 1∼2급은 비 관리직 노동자를 직접 감독하고 정해진 사원 업무를 하도록 되어 있었다. 3급(district manager) 이상의 중간 관리직은 기업 정책을 만들고 시행하는 일을 주로 했다. 전화통신사의 관리직은 두 가지 경로를 통해서 충원되었다. 첫째는 비 관리직에 입사해서 관리직으로 승진하는 경우였다. 둘째, 대졸 신입사원을 관리직에 배치하는 것이었다. 전화통신사는 발달된 내부 노동시장 체계 속에서 고졸 출신의 비 관리직 노동자 중 업무 평가가 좋은 직원을 관리직으로 승진시켰다. 당시에 미국 대부분의 기업이 사외 직업훈련(off-the-job training)에 부분적으로 또는 전적으로 의존하는 것과 달리 전화통신사들은 산업의 특성상 사내 훈련(on-the-job training)을 통해 노동자의 숙련 수준을 높여왔다. 따라서 입사 이전의 경력보다는 입사 이후 얼마나 성실하게 기술을 습득하면서 경력을 쌓는가가 중요했고 기업은 그에 대한 평가를 중요시했다. 비 관리직 노동자들은 관리직으로 승진할 뿐 아니라 관리직 내에서 상위 직급으로 승진할 수 있는 통로를 갖고 있었다.

그러나 그 통로는 직종이 성별로 분리된 고용구조 안에서 차별적이었다. 가설부에서 일하는 노동자 5명 중 1명이 관리직인 반면, 교환부의 경우는 10명 중 1명이 관리직이었다. 남성 집중 부서의 승진 기회가 여성 집중 부서 보다 승진 기회가 2배 더 많음을 알 수 있다. 게다가 모든 부서 내에서 중간 관리직에 해당되는 3급 이상 관리자의 50%는 가설부의 숙련직에서 경력을 쌓아 온 경우였다. 심지어 교환부의 3급 관리자도 가설부의 숙련직을 거쳐서 승진한 남성이었다.

조사 당시에 전화통신사 관리직 인원 중 1/3이 여성이었지만 94%가 말단 직급인 1급에 편중되어 있었다. 1970년대 이후 대졸 출신자 중 여성이 많아지면서 전화통신사들이 대졸 여성을 관리자로 채용하기 시작했지만 여성은 하위 관리직에 머물러있었다. 반면에 남성 관리자의 50%가 2급 이상의 관리직에 고용되어 있어 관리직에서의 성별 직급 분리는 현저했다. 성별 직무 분리는 부서·직종·직급별로 광범위하게 이루어지고 유지되고 있었다.

(3) 고용기회평등위원회(EEOC)의 조사와 체계적인 성차별의 가시화

고용기회평등위원회(EEOC)가 조사하면서 밝힌 성차별은 모집에서부터 채용, 승진, 직업훈련에 이르는 구조화된 것으로 여성 집단에게 가해지고 있었다. 민권법 제7편의 개정이 있었던 1972년 이전에 고용기회평등위원회(EEOC)는 성 차별한 기업을 법원에 직접 제소할 수 있는 권한이 없었다. 단지 법정 후견인(amicus curae)의 자격으로 법정에서 고용 차별의 피해자를 지원하는 정도였다. 전화통신사는 산업의 공공적 특성으로 인해 연방통신위원회(FCC)의 규제를 받고 있었고 이 위원회는 고용 평등 실행의 책임을 가진 연방정부 기구 중의 하나였다. 연방통신위원회(FCC)의 규제 조항에 의하면30), "고용평등은 모든 자격을 갖춘 개인에게 공통된 기준을 적용하며 어느 누구도 차별 받지 않아야 한다. 연방통신위원회(FCC)는 고용 평등의 원칙을 지키며 시행 결정과 평가와 관련한 모든 사안에 대해 고용기회평등위원회(EEOC)와 협력할 것이다'로 명시되어 있었다. 고용기회평등위원회(EEOC)의 변호사인 코퍼스(David Copus)는 고용 기회평등위원회(EEOC) 위원장에게 연방통신위원회(FCC)의 규제 조항 중 "고용기회평등위원회(EEOC)와의 협력"을 근거로 내세워 본격적으로 AT&T사의 사건에 개입할 것을 요청했다. 코퍼스는 고용기회평등위원회(EEOC)의 총괄 법무국(General Council) 소속으로 2명의 고용기회평등위원회(EEOC) 직원과 함께 AT&T사의 사건을 맡게 되었다.31)

---

30) 1971년 1월에 연방통신위원회는 AT&T의 고용 관행의 문제를 별도의 사건으로 처리하도록 했다(FCC Docket No. 19143).

31) FCC가 정한 AT&T사의 고용 차별을 해결하기 위한 절차(procedure)는 7단계로 구성되어 있었다. 먼저 행정 재판관(administrative law judge)을 임명하고 당사자들이 재판 이전 개요서(briefs)를 접수하고 법률 문제를 해석하는 것 등으로부터 시작되었다. 두 번째 단계는 조사하고 사실을 "발견" 하려고 시도한 것이었다. 이 작업은 공식적 또는 비공식적으로 행해졌다. 세 번째 단계는 양 당사자가 전문가 증언(witness), 참고인 진술(testimony) 등을 토대로 한 것이었다. 증언 내용은 교대로 검토되었다. 네 번째 단계는 당사자들의 기록에 관한 자료, 문서, 다양한 증빙 자료 등을 제출하는 것이었다. 행정재판관은 채택되거나 기각될 사안을 최종적으로 조정했다. 다섯 번째, 여섯 번째 단계는 법정 기록과 결론에 기초해서 사실 발견을 제출하는 것이었다. 모든 단계를 거친 이후에 행정 재판관은 사실에 적용되는 법 등에 관한 재판을 내리게 되며 재판관의 결정에 대해 연방 재판소에 항소할 수 있도록 했다. 7단계까지 가기 이전에 AT&T사와 정부 기구는 4번째 단계에 있을 때 협상에 들어갔고 동의하게 되었다. 그러나 기업과 정부기구 간의 동의가 있기까지 그 과정은 순조롭지 않았

고용기회평등위원회(EEOC)는 1971년에 특별 대책반(task force)을 편성하고 단장으로 코퍼스(Copus)를 임명했다. 특별 대책반은 사회과학을 전공으로 하는 대학 교수들로부터 자문을 받았고, 코퍼스는 고용기회평등위원회(EEOC)의 총괄 법무국 담당관(staff)으로 AT&T사의 고용차별을 조사하고 해결하는 책임을 맡았다. 고용기회평등위원회(EEOC)의 특별 대책반은 두 측면에서 AT&T사의 고용차별을 다루었다. 1)고용 관행이 여성과 소수인종에게 불평등 효과를 미치는지의 여부 2)차별 행위가 1964년의 민권법 제7편이 통과되기 이전에 발생했는지의 여부와 무관하게 과거의 차별적인 상황이 누적된 결과인지의 여부를 밝히는 작업이었다.

고용기회평등위원회(EEOC)가 조사한 바에 의하면, 전화통신사의 성차별은 단지 모집이나 채용 관행에 제한되지 않았다. 성별 직무 분리에 의한 성차별은 구조화되어 있었고 체계적이었다. 모집, 채용, 훈련, 승진 등 고용 전반에서의 성차별이 성별 직무 분리를 초래했고 이러한 분리는 표면적으로 성 차별적이지 않은 것으로 보여졌다. 전화통신사들이 어떠한 방식으로 모집과 채용에서부터 남녀를 분리시키면서 차별하고 그러한 분리가 어떻게 승진 차별에 영향을 미치면서 여성에게 불이익을 주었는지가 고용기회평등위원회(EEOC)의 조사결과에서 밝혀졌으며 면접내용, 관련 자료를 통해서 확인되었다.

다. 기업은 고용차별을 인정하기보다는, 민권법 제7편이 통과된 이후 소수집단을 위한 고용평등정책을 기업 차원에서 성실히 실행해 왔다고 항변했다. 무엇이 고용 차별이며 AT&T사의 여성 차별이 어떠한 형태로 행해지고 있는지를 파악해야 했다.

① 모집과 채용절차

전화통신사의 사원 모집과 채용은 성별로 구조화된 일자리를 채우기 위한 것이었고 신규 채용은 매년 엄청난 규모로 이루어졌다. 한 해에 20만 명을 새로 채용하면서 평균 200만 명이 지원했기 때문에 전화통신사가 들인 광고비와 채용 절차에 드는 비용은 엄청난 규모였다[32]. 전화통신사의 주요한 모집 방법은 세 가지였다. 첫째는 현재 전화통신사에서 일하고 있는 직원이 신입사원을 추천하는 방식이었다. 둘째는 고등학교를 방문해서 담당자로부터 추천을 받거나 홍보하면서 직접 모집하는 것이다. 셋째는 대중매체를 통한 구인광고였다. 언뜻 보면 직원 추천, 학교추천과 방문, 대중매체 광고 등의 모집 방법이 성 차별적이지 않았다. 그러나 세 가지의 방법이 행해지는 과정을 자세히 살펴보면, 모두가 전화통신사의 구조화된 성별 직종 분리를 유지시키면서 여성에게 고임 직종에 취업할 수 있는 기회를 차단하고 있었다. 전화통신사가 3가지 모집 방법 중 가장 선호했던 것은 직원 추천이었다. 직원 추천에 의한 채용은 성별 직종 분리를 지속시키는 기제가 되었다.

> 전화통신사의 직원은 자신과 닮은 사람들을 추천하는 경향이 있기 때문에 직원 추천은 일차적으로 지원자를 거르는 효과를 갖게 된다 (사례 1).

---

32) 전화통신사의 신규 채용의 인원은 교환원의 이직율이 특히 커서 더 많이 늘려야 하는 이유 중의 하나가 되었다. 1969년 10월에 벨 체계의 부사장 월터 스트랠리는 전화교환직의 이직율이 단 1%만 줄어도 전체적으로 전화통신사들이 연 1백만 달러의 비용을 절약할 수 있을 것이라고 예상했다 (EEOC 1971).

직원이 추천한 지원자를 우선적으로 채용했다는 사실은 채용 결과 분석에서 나오고 있다. 1971년에 지역 전화통신사인 퍼시픽 텔(Pacific Tel)사에 의하면, 직원이 추천한 지원자는 7명 중 1명 꼴로 채용되었으며 학교와 신문 광고를 통한 사원 모집의 경우에는 지원자 12명 중 1명을 선발했다고 보고했다. 그러나 이러한 추천방식은 남성 직원이 남성 친지나 가족, 친구를 소개하는 한편, 여성 직원이 여성 친지나 친구를 소개하면서 성별 직무 분리를 온존시켰다. 여성들은 숙련직에 대해 잘 알지 못했고 빈자리가 있다는 것은 더욱이 알기 어려웠다. 남성의 경우도 마찬가지였다. 직원 추천을 통한 사원 모집은 여성을 여성 집중직종으로 남성을 남성 집중직종에 취업하도록 유도하는 중요한 기제였다.

둘째, 학교 방문을 통한 홍보는 모집 방법으로 적절했다. 직원을 채용하면서 특정한 숙련을 필요로 하지 않았기 때문에 기업은 고등학교를 갓 졸업한 나이 어린 사람을 채용하기 위해 학교 취업 상담자와 연계를 갖고 있었다. 지역 전화통신사들은 학생들에게 지원 가능한 직종을 알리기 위해 홍보 책자와 슬라이드 필름을 제공했다. 그러나 기업이 제작한 홍보물에서는 직종을 성별로 구분하고 있었다. '남성을 위한 초보 직종', '전화통신사가 젊은 여성에게 제공하는 취업 기회' 등으로 기업은 사회가 만들어 놓은 성 차별적인 유형화를 투사하면서 각 직종의 특성을 설명했다. 1964년 성차별을 금지하는 민권법 제7편이 통과되었음에도 불구하고 모집 방식에서 실제로 변화된 것은 없었다.

사원 모집을 위해 대대적인 홍보를 하면서 기업은 내근 영업직을 '젊은 여성을 위한 최상의 직업'으로 선전하였다. 전화통신사에서 여성이 선택할 수 있는 직종은 전화교환직과 사무직이 전부였다. 인사부의 사원 모집에 관한 매뉴얼에서는 광고 문구가 신선하고 '여성적인' 지원자를 강조해야 한다고 적혀 있었고 홍보 책자의 사진에는 여성이 전화교환직과 내근 영업직의 일만을 하는 것으로 보여졌다. 수백 개의 홍보물이 지역 전화통신사에서 제작되었는데 단 2개의 홍보물만이 남성 직종에서 일을 하고 있는 여성의 모습을 사진으로 실었다. 고교 졸업 예정자에게 보여지는 슬라이드에서도 그와 유사한 성 차별적인 내용이 전해지고 있었다(EEOC 1972:104).

셋째, 광고를 통한 사원모집에서도 성별 분리 광고는 공공연하게 이루어졌다. 성별 분리 광고가 성차별에 미치는 영향에 관한 흥미로운 연구가 진행되었다. 벰 부부(Sandra and Daryl Bem)는 취업을 앞둔 고등학교 3학년생을 대상으로 희망 직종을 선택하도록 했다. 학생들에게는 모집 광고물이 주어졌고 전화교환원, 내근 영업직, 숙련직의 일을 선택할 수 있도록 했다. 실험 결과는 여학생의 1/4이 남성 중심 직종을 선택했다는 사실이었다(Laws 1971:110). 전화교환직과 내근 영업직을 광고하면서 '여성적'임을 강조하는 문구를 없앴을 경우, 여성 중심 직종에 지원하는 남학생이 많아졌다. 이러한 실험은 광고 문구가 취업을 희망하는 남녀의 직종 선택에 결정적인 영향을 미치고 있으며 성 차별적인 광고가 성별 직종 분리를 강화하고 있음을 시사했다. 1965년에 지역 전화통신사인 일리노이 벨(Illinois Bell)사는 구인 광고에 관한 기업 정책을 다음과 같이 정례화 했다.

신문광고는 남성 구인란(helpwanted-men)과 여성 구인란(helpwantedfemales)으로 내며 각 성이 일반적으로 흥미 있어 하는 직종을 적는다. 예컨대 교환원, 속기사, 타자수 직종은 여성이 원하는 직종이 되는데 여성들이 주로 이 직종에서 일을 하기 때문이다.

기업의 순환적인 추론은 현재 교환원, 타자직에서 여성들이 일하고 있기 때문에 자연스레 여성들이 이 직종에 관심을 갖게 되며 기업은 취업하고자 원하는 여성을 채용한다는 식으로, 성별 직무 분리의 책임을 여성에게 돌리고 있었다. 그러나 현실은 추론과 달랐다. 또 다른 전화통신사인 퍼시픽 벨(Pacific Bell)사가 1970년에 조사한 바에 의하면 구인 광고를 성별로 분리하지 않고 통합해서 냈을 때, 남성 중심 직종에 응시하고자 하는 여성이 반이었다고 밝혔다 (EEOC 1970). 결론적으로 전화통신사들은 직원 추천제, 학교 방문, 대중매체 광고 등을 통해 직원을 모집하면서 여성이 고임의 남성 직종에 취업할 수 있는 기회를 차단하고 있었다. 채용에서도 전화통신사의 채용 방식과 기준은 중립적인 것으로 보였지만 결과적으로 여성에게 불평등한 영향을 주었다.

② 채용 기준과 간접 차별

대부분의 지역 전화통신사는 사원을 채용하기 위해 별도의 고용 사무소를 두었다. 1970년에 퍼시픽 벨 사에서만 고용 사무소를 운영하는 데 무려 7백만 5천 달러가 들었다. 지원자 10명 중 1명 꼴로 사원을 채용하면서 채용에 관한 업무를 담당하는 고용 사무소는 이곳을 방문하는 지원자에게 성별로 유형화된 태도를 그대로 보였다. 1966년에 뉴저지 벨 사는 채용 절차를 이렇게 설명했다.

전화통신사 대부분의 직종이 남녀 어느 한 성에 의해 채워져 왔다. 이러한 성별 분리는 전화산업 특유의 산업적 특성 때문이며 여성을 차별하고자 하는 의도가 있었던 것은 아니다. 기업의 채용 정책이 남성들을 숙련직에 채용하고 그게 맞게 요건을 정해 두었다. 그 요건에는 남성들이 입사한 이후 이 직종에서 능력 있는 사람으로 일을 할 잠재성을 갖고 있는지의 여부를 가늠하기 위한 척도도 포함되었다. 여성 지원자들도 남성과 마찬가지로 사무직과 전화교환직의 일을 얼마나 잘 해낼 것인지의 측면에서 그 기준이 정해졌다(EEOC 1972).

기업의 성별 분리 채용은 가부장제적 사회에서 오랫동안 축적되면서 구조화된 현재의 고용관행을 미래의 '잠재적 능력'이라는 모호한 말로 정당화하고 있었다. 지원자의 성에 기초한 구분은 생물학적 성이 사원을 채용하고 배치하는 데 일차적인 고려 사항이었으며 여성 개인의 흥미나 능력은 기업의 정책 안에서 고려되지 않았다. 오히려 기업은 채용에서의 성별 분리 책임을 지원자의 관심으로 돌렸다. 1970년에 뉴욕 벨(New York Bell)사의 부사장은 기업이 지원자의 '원하는 바'를 충분히 받아들이고 있음을 강조했다.

많은 사람들이 우리의 고용 사무소에 들어와서 자신의 희망 직종을 말한다. 여성은 교환원이 되기를 원하며 남성은 설치공이 되기를 원한다. 그들이 찾아 와서 원하는 직종을 물을 때, 고용 사무소가 이를 고려하고 있다고 본다.

그러나 여성의 관심은 여성이 고용 사무소를 찾아오기 이전에 이미 성별로 유형화된 정보와 홍보 책자, 광고에 의해 결정된 것이었고 고용 사무소 직원의 상담은 직종 선택에 대한 고정 관념을 확인하거나 유도하는 식에 불과했다. 일부 전화통신사들은 고용 사무소를 부서 단위에 두기도 하였다. 따라서 전화교환부의 고용 사무소는 지원자들이 전화교환직에 지원할 것을 당연하게 받아들였다. 여기에 남성의 취업은 평생 직장으로 여성의 취업은 단기적인 일로 간주하는 성별분업 의식이 더해졌다. 노스웨스턴 벨(Northwestern Bell) 사는 인사 담당자를 위한 지침서에서 다음과 같이 설명했다.

> 남성은 숙련직을 선호할 것이다. 이 직종은 경력을 쌓을 수 있는 범위가 넓어 직업 전망을 우선 생각하는 남성 지원자들이 관심을 더 가질 것이기 때문이다. 여성들은 비서직, 사무직, 전화교환직에서 일하는 데 흥미를 느낄 것이다. 여성에게 승진 전망은 부차적인 관심사이기 때문이다.

성별 분리 채용은 고용사무소를 부서별로 운영하고 면접자를 성별로 다르게 정함으로써 확실시되었다. 숙련직에 지원한 남성을 남성 면접관들이 면접하는가 하면, 전화교환직에 지원한 여성을 여성 면접관이 면접했다. 질문의 내용이 다르고 채용 기준이 동일할 수 없었다. 명백한 분리가 채용 과정에서 행해지는 한편, 간접 차별이 여성에게 가해지고 있었다.

한 전화통신사는 1971년에 응시 부적격자 요건 중의 하나로 사생아를 둔 '부모'를 포함하고 있었다. 그러나 대부분의 사생아가 아버지가 아닌 어머니의 손에 키워지고 있는 현실에서 이러한 자녀를 둔 여성은 응시조차 할 수 없었다. 또 다른 간접 차별의 예는 숙련직의 자격 요건에서 정하는 키 제한이었다. 대부분의 전화통신사들은 경영상의 필요(business necessity)를 이유로 남성 중심 직종에 지원자의 신체적 기준을 제한했다. 그러나 그 기준은 직무 연관성(job relatedness)과 관련해서 적절한 지의 여부가 심사되어야 했다.

미시간 벨(Michigan Bell)사와 사우스 센트럴벨(South Central Bell)사에서 프레임맨(frameman)직의 노동자를 선발하면서 정한 지원자의 최저 키는 5피트 3인치와 5피트 2인치로 그다지 높지 않았다. 여성도 이 직종에 지원할 수 있는 기준이었다. 그러나 사우스 웨스턴 벨(South Western Bell)사에서 정한 프래임맨 직의 지원 자격은 신장이 5피트 6인치로 높았다. 이와 같은 키 제한으로 응시조차 해볼 수 없는 집단은 여성이었다.

모집에서부터 채용으로 이어지는 철저한 성별 분리에 여성 개인이 도전하기를 기대하는 것은 무리이다. 여성 그리고 남성은 자신의 적성과 관심, 능력과 무관하게 가부장적 사회가 만들어 놓은 분리의 구조를 따라 갈 수밖에 없었고 기업의 고용 관행으로 그와 같은 체계를 활용해 온 자본의 압력에 굴복할 수밖에 없었다. 한 지역 전화통신사에서 남성이 전화교환직에 신청했으나 기업이 거부한 것으로 밝혀졌다(EEOC 1970).

실제로 여성노동시장의 참여 행태는 성 역할에 관한 사회적 규범, 가족구조 및 관계, 기업의 인사관행 등의 요인들이 상호 작용하여 나타나는 결과이기 때문에 행위자의 선택 과정에서 보이는 구조적 제약은 가부장적 권력과 자본의 지배가 작동하는 사회적 맥락 속에서 설명되어야 한다고 본다.

③ 승진과 성차별

모집과 채용에서 개인의 능력보다 생물학적 성(sex)을 중요시했던 전화통신사는 승진에 관한 한 업적주의를 강조했다. 기업은 전화통신사가 '아래로부터 승진하는(up from the ranks)' 제도를 두어 개인의 능력을 존중한다고 과시해왔다. 기업 홍보 책자인 '벨 체계 안내'는 승진 정책을 이렇게 설명했다.

> 벨 체계는 내부 승진이 활발하며 모든 승진은 능력에 기초해서 정해진다. 입사 당시의 직위가 아무리 낮다고 해도 승진은 누구에게나 가능하며 높은 직급에도 오를 수 있다

기업은 '순수한 능력주의'가 승진 체계 내에서 실현되고 있음을 강조했고 노동자들 간에는 자신이 성실하게 일하면서 경력을 쌓으면 정당한 대가를 받을 수 있다는 믿음이 있었다. '전화통신사 가족(Bell Family)'으로 선발되어 들어 온 노동자들은 '선택받은 노동자'라는 자신감에 차 있었고 비 관리직에서 관리직으로의 승진, 관리직 내 상위 직급으로의 진급은 전화통신사의 인사 관행이 능력을 중시하는 공정한 것이라는 믿음을 확고하게 해 주었다. 그러나 이러한 기대가 여성에게는 신화에 불과했다. 순수 업적주의는 백인 남성 집단에게만 적용되었다. 여성 노동자가 걸어볼 수 있는 기대는 전화교환원으로 일을 시작해서 전화교환원으로 끝나는 경력이었다. 승진은 남성만이 누리는 전유물이었다.

노동자 이직율에 관한 한 연구에 의하면, 여성의 이직율이 높은 결정적인 이유는 승진 기회의 부재와 '전망 없음'에 있었다.33) 한

---

33) 여성의 이직율이 높은 이유에 대한 심도 있는 분석은 여성노동자들의 노동경험에 대한 심층적인 연구를 통해서 가능하다고 본다. 국내의 한 연구논문은

여성노동자는 "내가 1년 이내에 승진할 것이라고 느꼈다면 직장을 그만두지 않았을 것이다"는 말로(EEOC 1970:128) 여성이 왜 직장을 일찍 그만 두게 되는지 그 이유를 말했다.

전화통신사가 순수한 업적주의를 내세웠지만 실제로 업적의 평가 기준과 승진 절차는 모호했다. 대부분의 전화통신사에서 승진 절차는 남녀 모두에게 알려지지 않은 미스터리였다. 그러나 여성의 남성 직종으로의 '승진'과 관련한 절차는 남성 감독자만이 관여하는 비밀스러운 것이었다. 남부 전화(South Bell)사는 1970년에 여성이 프레임맨 직으로 승진하는 것을 허용했으나 몇 가지 단서를 붙였다. "기업에서 수년간 일을 해 오면서 프레임맨 직의 작업 방식을 어느 정도 아는 사람"으로 제한했다. 공개화 되지 않은 승진 절차로 인해 피해를 받는 주요 집단은 여성이었다. 여성은 전화통신사의 고임 직종으로 승진하기를 원한다고 해도 그 직종에 관한 정보를 얻지 못했다. 고임 직종으로 승진하기 위해 무엇을 준비해야 하며 어떤 지역에 어떠한 직종이 비어 있는지를 알 수 없었다. 승진 사다리가 짧은 교환직과 소비자 판매직, 사무직 등에 관한 정보만을 얻을 수 있는 제약을 안고 있었다.

둘째, 승진에서 명백하고 직접적인 차별은 성별로 분리되어 있는 승진 체계였다. 입사할 당시에 노동자 모두는 특정한 기술을 갖고 있지 않았다. 기업도 특정 기술을 요구하지 않았다. 노동자들은 배치되면서 사내 직업훈련을 통해서 기업이 필요로 하는 기술을 습득하고 경력을 축적해 갔다. 기업의 직무기술서, 인사 매뉴얼, 모집 홍

여성노동자가 노동으로부터 이탈하는 요인을 집중적으로 규명하고 있다(조정아 1993).

보물 등은 직종의 승진 절차를 만들었지만 승진 체계가 성별로 구분되어 있었다.

전형적인 예가 미시간 벨(Michigan Bell)사에서 드러났다. 이 회사의 스위치 룸 헬퍼(switch room helper)는 숙련직이었지만 여성들이 주로 하고 있었다. 그러나 같은 일이 다른 지역 전화통신사에서는 프래임맨 직의 일로 다루어지고 있었다. 동일한 일이 다른 직무 명칭을 달고 다른 성에 의해 수행되었던 것이다. 프래임맨직은 남성 직종으로 주로 남성들에 의해 수행되고 있었고 스위치 룸 헬퍼는 여성 직종으로 여성의 일로 여겨졌다. 프래임맨의 승진 절차는 남성의 절차를 따르고 있었다. 프래임맨으로 일하는 남성은 설치-보수공, 라인맨, 스위치맨 등으로 승진되었다. 그러나 미시간 전화통신사에서 프래임맨의 업무는 스위치룸 헬퍼직과 동일했고 여성이 다수인 이 직종의 승진 경로는 동일한 일을 함에도 불구하고 타 지역의 전화통신사와 달랐다. 이 직종의 일이 숙련직 임에도 불구하고 스위치룸 헬퍼의 승진은 설치 사무직(installation order clerk)으로 이어졌다. 승진 체계에서도 생물학적 성이 노동자의 업무 내용과 능력, 경력에 우선하고 있음을 여실히 보여주는 사례였다.

셋째, 직종 전환의 기준도 남성 중심적이어서 여성에게 전직 기회를 차단했다. 전화통신사는 남성 직종으로 승진하고자 하는 여성에게 다음의 사항을 요구했다. 1) 숙련직 종합 테스트(test battery)에 통과해야 하며, 2) 숙련직의 작업 경험을 가져야 하며, 3) 현재 하고 있는 직종의 업무 수행 평가에서 평균 이상의 점수를 받도록 되어 있었다. 그러나 이러한 기준은 숙련직에서 현재 일을 하고 있는 남성에게 유리하게 운영되었고 불필요하게 더해진 것이었다. 실제로

24개 지역 전화통신사 중 유일하게 프래임맨 직의 일을 스위치 룸 헬퍼직으로 직종 명칭을 정해 여성에게 일을 하도록 한 미시간 벨사는 '사무직 종합 테스트'를 받도록 했다. 그러나 실제로 종합 테스트에서 요구하는 기준은 업무 수행과 직접적인 연관이 없었다. 이와 유사한 결과가 일리노이 벨 사를 대상으로 한 조사에서도 밝혀졌다. 기업은 가설부의 남성노동자들이 파업을 일으키자 다른 부서에서 일하던 여성들을 가설부에 파견했다. 가설부에서 일을 해 본 경험이 없는 여성들이었다. 그러나 별 무리 없이 숙련직의 일을 했고 이후에 기업은 숙련직 종합 테스트를 하지 않고 여성들이 가설부에서 일을 하도록 했다.

여성은 자신의 관심이나 적성과 무관하게 성별로 구조화된 체계에 편입되었고 남성 직종에서 일할 기회를 박탈당해 왔다. 무엇보다 과거의 취업 경력이 전직하는 데 어떠한 영향을 주는 가에 대한 객관적인 조사가 없었고 평가도 없었다. 또한 평가 기준이 어떠한 절차를 거쳐 정해졌는지에 관한 공개되고 공식화된 자료도 없었다.

일부 여성은 승진하면서 전직을 강하게 요구했다. 여성 직종의 임금이 저임금인데 비해 남성 직종의 임금은 고임금이고 관리직으로의 승진이 빨랐기 때문이다. 그러나 여성의 승진 기대는 업무와 무관하거나 남성 중심적인 잣대로 구성된 종합 테스트, 작업 경험, 업무 평가 등으로 체계화된 간접차별에 의해 좌절되었다. 뿐만 아니라 남성 관리자로부터 행해지는 직접차별에 의해 무너졌다. 남성 감독자들은 숙련직이 얼마나 거칠고 힘이 드는 일인가를 과장해서 말했다. 한 지역전화통신사인 C&P사의 감독자는 숙련직에 관심을 갖고 전직하기를 희망하는 여성 사무직원에게 프레임맨의 일을 이렇게 설명했다(EEOC 1970).

> 여직원들이 프래임맨의 일을 하고자 원하면 직무 요건부터 먼저 봐야 한다. 사다리를 타고 올라가 일을 하다 보면 넘어질 위험도 있고 손톱이 부러지고 손이 거칠어진다. 연장을 잘 다루고 관리하면서 남자들이 하는 모든 일을 해야 하는데 과연 할 수 있겠는가. 회사는 남성만큼 일하기를 원한다.

남성 감독자는 프래임맨의 일을 여성에게 설명할 때 실제의 상황보다 부풀렸고, 이는 미시간 전화통신사의 스위치 헬퍼직을 비교하면서 분명해 졌다. 프래임맨의 일은 모든 것이 '남성적 기준'에 맞추어져 있었고 업무의 객관적인 특성과는 무관하게 여성이 남성처럼 일을 하도록 되어 있었다. 그러나 미시간 전화통신사에서는 이 일이 다른 숙련직의 업무와 비교해서 사소하고 쉬운 일로 표현되어 있었다. '남성의 일'이 어렵고 힘이 든다는 신화는 실제로 이 직종의 일을 해 온 미시간 전화통신사의 여성들에 의해 깨어지고 있었다(EEOC 1970).

전화통신사의 말단 관리직에는 남녀 구성비가 비슷했다. 그러나 중간 관리직에서 여성은 찾아보기 어려웠다. 승진에서의 성별 불균형이 극심했기 때문이다. 실제로 남성 1급 관리자가 3급 직으로 승진하는 비율은 4명이나 5명 중 1명 꼴이었다. 그러나 1급 여성 관리자가 3급 관리직으로 승진하는 비율은 300명 중 1명 꼴이었다. 하위직에 여성이 편중되어 있는 주요 요인은 성별 직급분리로 관리직 여성들은 교환부, 영업부, 회계부에 집중되어 있었으면서 스탭직에 있거나 여사원을 감독하는 일이었다. 그러나 이 일은 고위직으로 승진하기에 적합하지 않았다. 따라서 패기가 있는 여성이 의욕적으로 일을 할 만한 업무는 아니었다.[34] 한 심리학자의 연구에 의하면, 채용과 배치, 보수와 승진 등에서 여성은 체계적인 차별을 받아 왔고 이러한 고용 관행이 불리한 영향(adverse impact)을 주어 여성으로 하여금 일할 의욕을 낮추는 것으로 밝혀졌다(Laws 1971). 이와 같은 관리직 내 여성의 과소 대표성에 대해 기업은 구조화된 차별로 인한 결과임을 부정하고 여성의 탓으로 돌렸다. 여성들의 업무 수행 동기가 남성보다 낮아 승진을 위한 노력을 별로 하지 않는다는 것이었다(Wallace 1973).

④ 직업훈련과 성별분리

비 관리직 여성이 확고한 성별 직종분리로 인한 고용차별을 받아온 반면, 대졸 출신의 관리직 여성은 여성을 배제하거나 분리하는 직업 훈련 체계로 인해 차별 받고 있었다. 여성관리자는 수적으로 많았지만 관리직 여성의 94%가 말단직이었다. 승진하는 데 필수 요건인 직업훈련의 기회가 여성에게 제대로 주어지지 않았기 때문이다.

대졸자들이 입사하면서 중간 관리직으로 승진하는 빠른 길은 초기 경영개발 프로그램(IMDP) 과정에 들어가는 것이었다. 이 프로그

---

34) 1965년 전화통신사의 남성 관리직에 관한 연구에서는 "초기 경력개발 단계에서 도전성이 높은 업무를 하도록 배치를 받은 젊은 관리자들의 경우 업무수행 기준을 높게 정하고 긍정적인 업무 태도를 내면화하는 경향을 보였다. 업무수행의 기준은 그 다음 해에도 높게 정해졌다. 반면에 경력 개발초기 단계에서 별다른 도전과 자극을 받지 않은 젊은 관리자들은 자신이 내면화한 낮은 업무 기준이 고착되어 버려, 이후 도전적인 시도가 필요한 직책에 배치된다고 해도, 업무 기준을 낮게 정한다는 사실이 밝혀졌다(EEOC 1971).

램은 전화통신사에서 개발되었는데 우수한 대졸 사원에게 중간급 관리직의 일을 맡기기 위한 것이었다. 이러한 교육 프로그램은 승진을 보장하는 한편, 모험적이었다. 교육 과정에 들어 간 대졸자가 교육을 마친 지 1년 이후에 3급 관리직으로 승진할 가능성이 없다고 판단되면 5년 이내에 직장을 그만두어야 했기 때문이다. 위험 부담이 따르지만 승진 가능성이 높은 이 프로그램에 많은 대졸 남성 신입 사원이 도전했다. 그러나 여성에게는 도전할 기회조차 주지 않았다.

여성을 아예 제외시켜 버린 데 대해 전화통신사의 부사장은 "남성은 승진 전망을 갖고 일을 하면서 힘든 훈련을 견뎌내지만 여성은 나이가 들면서 경력 관리에 소홀해져서 추가 비용이 든다"고 보았다. 전화통신사의 상층 관리자들은 여성이 결혼과 출산으로 인해 퇴사할 것이라고 보았다. 기업은 여성을 중간급 이상의 관리자가 되기 위한 교육훈련 대상에서 제외시켰다. 그러나 여성의 이직률이 높을 거라는 가정은 실제와 달랐다. 1970년 대졸 남녀 사원을 대상으로 이직율을 조사한 바에 의하면, 차이가 없는 것으로[35] 나타났다.

미국 동부 지역의 한 전화통신사는 여성에게 관리직으로 승진할 수 있는 교육의 기회를 제공하지 않았다. 보스톤(Boston)에 위치한 시몬스 여자대학은 뉴잉글랜드 벨(New England Bell)사 대졸 여사원을 위한 교육을 위탁받았다. 그러나 여기에서는 대졸 여성이 승진할 수 있는 준비 과정과 교육 프로그램이 소개되지 않았다. 여사원에게 기회가 주어지는 교육 프로그램은 교육기간이 짧고 수준이 낮은 것이었다. 이는 여성이 남성 동료만큼 수준 높은 교육 내용을 소화해

---

35) EEOC Finding No.3599

내지 못한다는 성 차별적인 의식이 전제되어 있었다. 그러나 대졸 여성의 지적 능력은 결코 뒤떨어지지 않았다. 퍼시픽 벨(Pacific Bell) 사가 대졸 사원을 대상으로 테스트한 결과 시험 점수에서 성 차이가 없는 것으로 밝혀졌다.

AT&T사의 모집과 채용절차는 직원·학교 추천, 대중매체를 통한 광고에 의해 이루어졌는데 그 과정은 기업의 구조화된 성별 직무분리를 유지하는 기제로 작용했다. 또한 기업이 정한 특정 직무의 자격요건은 합리적인 기준에 기초하기보다는 과거의 관행을 따르는 방식이었고, 기업이 내세우는 능력에 의한 승진절차는 남성 위주로 운영되면서 여성을 배제하는 것이었다. 타고난 생물학적 성이 개인이 선택할 수 있는 직종의 범위를 제한했고 성별분리에 기반한 가부장적 사회에서 생활하는 여성과 남성은 직업 선택과 그에 따른 의 세계를 제약받아야 했다.

3) 성차별과 기업의 방어

고용기회평등위원회(EEOC)의 조사 내용에 의하면 성 차별적 고용관행이 AT&T사에 지배적이었고 그것은 체계화되어 있으면서 여성집단에게 피해를 준 것으로 밝혀졌다. 그러나 기업은 그것을 부정했고 성별 직무 분리에 기초한 노동력 구성과 기업구조는 행위자들의 참여를 통해 재생산되는 것이지만 다른 한편에서 이해관계를 달리하는 행위자로부터 방어와 저항을 유발하는 각축장이었다. 1965년 민권법 제7편이 통과될 당시에 사례기업의 고위 경영자들은 이법이 소수 인종을 위한 것이라고 보면서 성차별에 대해 무관심했고,

성차별을 이유로 한 고발이 고용기회평등위원회(EEOC)에 접수되기 이전까지 별다른 대책을 세우지 않았다(EEOC 1971:65). 처음에 지역 전화통신사들은 성별로 분절된 직종은 진정직업자격(BFOQ)에 해당된다는 입장이었다.

기업은 성 차별적인 고용관행을 보여왔다는 비판에 대해 방어적인 태도를 취했지만 설득력이 없는 것이었다. 민권법 제 703(e)(1)은 성(sex)이 진정직업자격(BFOQ)인 경우에 여성 또는 남성을 그 직종에서 고용주가 배제하는 것을 허용했다. 1965년 12월에 고용기회평등위원회(EEOC)는 선의의 진정직업자격(BFOQ) 예외를 규정했던 성 차별에 관한 가이드 라인을 공포했다. 이 가이드 라인에 의하면, '일반적으로 여성의 상대적인(comparative) 고용 특성에 대한 가정(assumption)'을 이유로 여성은 특정 직업으로부터 배제할 수 없도록 되었다. 고용기회평등위원회(EEOC)는 고용주들이 섬세한 조립을 남성은 할 수 없다거나 또는 도전적인 판매직의 일을 여성이 할 수 없다는 등의 성별로 정형화(stereotyped)된 특성에 기초해서 진정직업자격(BFOQ)을 정당화할 수 없다고 밝혔다. 24개의 지역 전화통신사 중 일부는 남성이 사무직으로 근무하기 어렵다고 보고, "일과 임금 수준이 일반적으로 남성에게 호감을 주지 못하며" "사무직의 일을 하는데 필요한 교육과 훈련을 받지 않았기 때문" 등을 이유로 들었다. 일부의 전화통신사는 차별적인 고용 관행을 부정하면서 기업이 여성과 소수인종을 공정하게 대우해 왔다고 주장했다.

이와 같이 전화통신사가 민권법 제7편에 명시되어있는 성차별 금지 조항을 신중하게 받아들이지 않았던 이유는 주 법에서 정한 여성 보호법이 여성의 취업 직종을 제한하고 있고, 민권법 제7편의 예외 조항인 진정직업자격(BFOQ)에 해당된다고 보았기 때문이다. 그러나 기업의 태도는 웍스 사건 이후 달라졌다. 주의 보호법은 민권법 제7편을 위반하며 진정직업자격(BFOQ)에 해당되지 않는다는 판결이 법원으로부터 내려지면서 기업은 자격 요건을 완화하기 시작했다. 기업의 가부장적 온정주의는 국가 권력을 매개로 한 여성 주체의 실천에 의해 도전 받기 시작했으나 그럼에도 불구하고 여전히 중간 관리직으로의 여성 진출에 대해서 기업은 폐쇄적이었다.

한 지역 전화통신사의 관리자는 "경험이 부족해서 여성이 감독자가 될만한 자격을 갖추고 있지 못하다."고 말했고, 그와 같은 태도는 1970년대 초까지 계속되었다. 1959년에 사례기업에서는 신참 남성 관리자들이 실제로 숙련직에서 일한 경험이 없어도 관리자로 일을 하고 있다는 사실을 알고 있었다. 작업장의 직무요건은 남성 중심적이었고 숙련의 정의는 사회 정치적인 것으로 노동과 숙련 개념은 성과 권력이 주요한 기준이 되었다(Cockburn 1983).

더욱이 전화부의 관리직 모두가 남성이었을 당시에 어떤 관리자도 전화교환원의 업무를 제대로 알고 있지 않았고 아무런 경험도 갖고 있지 않았다. 숙련직 관리자의 자격 요건으로 작업 경험을 규정하는 것은 여성이 관리직으로 승진하지 못하도록 하기 위한 장치였다. 관리직에서 보여지는 현저한 성별 직급분리는 일차적으로 관리직 여성에 대한 기업의 편견으로부터 비롯되었는데, 여성이 하급 관리자로 머물러 있는 것이 당연하게 여겨졌다.

"여성은 남성만큼 활동적이지 않다. 관리직 여성은 남성에게 위협적이다. 여성은 남성만큼 경쟁적이지 않다. 관리자가 되기 위해서, 여성은 남성적 특성을 가져야 한다. 여성은 관리하는 일을 좋아하지 않는다. 여성은 남성을 감독할 수 없다. 여성은 스탭직(staff)을 선호한다." (Wallace 1976)

관리직에 적합한 유형은 '남성적' 기준에 맞추어져 있었고 여성 관리직의 이미지는 성적 특성에 관한 한 이율 배반적이었다. 첫째, 여성 관리자가 남성 관리자처럼 되기 위해서 남성적 특성을 갖는 것이었다. 동시에 남성 관리자들은 "여성은 순종적이고 가정적인 이미지를 가져야 한다"고 보았다. '여성 관리자'가 갖는 상반된 성적 특성으로 인해 생기는 갈등은 해소되기 어려운 것이었다. 남성 중심적인 기업에서 여성 관리자는 여성적 특성을 보이는 한편, 일에 대해서는 남성적 특성을 나타내어야 했다. 여성 이전에 한 개인이 상반된 성적 특성을 동시에 내보이면서 승진하기 위해 노력하는 일은 쉽지 않았다.

내가 중간 관리직의 일을 하게 되리라고는 꿈에도 생각하지 못했다. 그 일은 남성의 시각(man's view point)을 필요로 하기 때문에 여성인 내게 적합하지 않다고 보았다. 당시에 왜 그런 생각을 했는지 모르지만 아마도 남성만이 그 일을 하고 있었고 여성이 할 수 있는 일이 아니라고 여긴 것 같다(사례10).

중간 관리직에 여성을 배치하는 경우는 좀처럼 드물었고 일부 전화통신사가 여성을 중간 관리직으로 승진시킬 경우 기업은 특별히 "승진 절차는 공정하고 합리적인 절차를 따른 것이다"는 단서를 붙였다. AT&T사는 전화통신사가 미국에서 여성을 가장 많이 고용하고 평등하게 대우하며 관리직으로 다수 채용한다고 선전했지만 실제로 관리직으로 입사한 여성들은 관리직 내 성별 분리 구조에 들어가도록 강제되었다. 전화통신사는 관리직 여성이 승진하는 데 필요한 과정을 밟을 수 있도록 기회를 부여하지 않았다. 기업은 남성 관리자들을 라인(line)직에 배치하고 관리자 양성 프로그램과 순환배치 등을 통해서 상급 관리자가 되기 위한 자격 요건을 갖추도록 하는 반면, 여성은 주로 스탭(staff)직에 배치하여 배제시켰다. 처음부터 여성을 관리직의 주요 업무를 수행하는 직위로부터 밀어내었던 것이다.

기업은 여성이 상위직으로 승진하지 못한 이유를 여성 자신의 책임으로 돌렸다. 결혼과 출산 등으로 인해 직장 일에만 전념하지 못하고, 조기 퇴직하기 때문이며 여성을 고용함으로써 남성과 달리 별도의 비용이 든다는 것이었다. 그러나 실제로 전화통신사의 모성보호 제도를 살펴보면 여성 고용이 기업의 주장대로 비용을 많이 들이는 '부담스러운' 일은 아니었다.

미국은 1970년대 초에 모성 보호에 관한 규정을 법으로 정하지 않았다. 1978년 임신차별금지법이 통과되면서[36] 더 이상 임신으로 인해 여성이 차별 받지 않게 되었다. 대부분의 사기업과 마찬가지로 전화통신사는 임신 휴가를 질병 휴가와 같은 수준으로 대우하지 않아, 질병 휴가가 유급인 것과 달리 모성 휴가는 무급이었다. 임신 휴가를 신청할 경우 질병휴가를 신청한 사원에게 주어지는 어떠한

---

36) 임신차별금지법은 여성노동자인 길버트가 임신으로 인한 신체적 장애를 질병의 한 범주로 보고 기업에서 정하고 있는 질병 휴가를 받을 수 있도록 법원에 제소하면서 발단이 되었고 이후에 제정되었다.

기업 복지도 여성은 받지 못했다. 휴가기간도 일방적으로 기업이 정해서 통보하는 식이었다. 1971년에 8개의 지역 전화통신사는 모성휴가를 임신 6개월 말이나 7개월경에 받도록 했다. 그런데 이와 같은 휴가 시기의 결정은 의학적인 근거를 갖고 있지 않았다. 단지 임신 6개월이 지난 여성이 출근해서 일을 할 경우 제대로 하기 어렵다는 추측에 근거한 것이었다. 기업 편의대로 정해진 모성휴가에는 여성과 태아 건강에 대한 어떠한 배려도 포함되지 않았다.37)

모성보호는 다음 세대를 건강하게 낳고 키우기 위해 절대적으로 필요하며 여성 개인이 책임지고 사회가 공동으로 부담해야 몫이었다. 그런데 기업은 출산을 이유로 여성을 차별하고 기피하며 퇴출시키기까지 했다. 모성휴가 이후 여성에게는 재고용이 보장되지 않았고 재고용된다고 해도 불이익을 받았다. 질병 휴가의 경우 휴가 이전의 고용상태를 그대로 유지하고 선임권을 인정받았다. 그러나 여성은 모성휴가 이후 일자리가 있는 경우에만 재 고용될 수 있었고 재 고용된다고 해도 원직 복귀는 아니었다. 선임권을 인정받지 못해 승진, 직업훈련, 임금 등에서 여성의 고용 지위는 더 낮아졌다. 그러나 AT&T사는 고용평등에 관한 한 '독보적인 수월성(Unique Competence)'을 보이는 업체로 선전하고 있었다.

성별 직무분리에 기초한 다양한 차별의 형태가 은폐되어 있었고 남성과의 다름과 차이는 남녀 집단을 우월한 성과 열등한 성으로 이분화 하는 가부장적 권력에 의해 차별이 내재된 속성으로 취급되

---

37) 모성보호와 관련해서 전화통신사들이 차별하는 방식은 다양했다. 3개 지역 전화통신사에는 모성휴가의 신청 자격을 '결혼한 여성'으로 제한해서 미혼모가 받을 수 없도록 했으며 2개 지역 전화통신사에는 모성휴가의 적용 대상을 '휴가를 신청하기 이전의 근무 기간이 9개월 이상인 자'로 한정했다(EEOC 1971).

었다. 실제로 '활동성'과 '경쟁성'은 남성들이 자원에 대한 통제력을 지닌 상황에서 서로를 생산적이고 매력적인 존재로 평가하면서 상호 동일시의 경향을 강화하게 된다. Bird는 지배적 남성성을 영속화시키는 남성적 유대의 중요한 요소로 정서적 절제와 경쟁적 개인주의, 여성에 대한 대상화를 들고 있다. 성 정체성의 형성과정이 사회적 상호작용을 통해 의미화되고 구성되는 지속적으로 관계적인 것이라면, 남성적 유대에 기반한 상호 작용과정은 남성들의 우위와 자존감을 형성해 주는 주요한 기제가 되어 왔다(정영애 1996:63). 기업은 성별로 분절된 직종의 특성은 남녀 모두에게 적합한 자연스러운 것이라고 보았다. 또한 여성의 능력을 남성 중심적인 잣대로 평가하는가 하면, 생물학적 차이를 자의적으로 해석했다. 여성을 고임 직종과 상위 직급으로부터 배제해 온 기업에 대한 비판은 정당한 것이었으나 기업은 이것을 인정하지 않으려고 했다.

여성 주체의 법적 대응과 평등 개념을 실천하려는 의지는 고용기회평등위원회(EEOC)의 조사활동에 기반한 국가 권력을 매개로 성차별을 유지하고 은폐시키려는 자본과 가부장적 권력을 약화시키는 조건이 되었다. 더욱이 여성의 조직적인 연대에 기반한 세력화는 성차별을 정당화하는 가부장적 지배세력에 도전하는 영역을 국가 차원으로 확대하고 성차별 뿐 아니라 생물학적인 차이를 차별로 전환시키는 사회적 세력에 저항하는 단체들과 협력관계를 형성하면서 사례기업의 고용차별 문제를 해결해 나갔다.

3. 여성 단체의 연대활동과 전문성 강화

여성운동은 국가권력으로 하여금 사례기업의 구조화된 차별을 가시화시키는 사회적 세력이었다. 이것은 여성들에게 불리하고 부당하게 적용된 사회경제적 현실에 대한 정치적 반응으로 그리고 성차별 현실을 읽어내는 의식운동으로 해석되고 있으며(김은실 1996), 무페(Mouffe)는 여성운동의 의미와 본질을 여성의 권리 신장에만 국한시킬 수 없으며 이 운동의 궁극적 목표와 과제는 여성이라는 범주로 종속되는 사회 지배원리에 도전하고 사회원리를 재조직하는 것에 있다고 규정하고 있다(Mouffe 1993).[38] 여성 주체의 실천은 성별직무 분리에 기반한 사회체계에 도전하고 인종간의 평등을 표방하는 인권단체와의 연대활동을 통해서 자신의 영역을 확대하는 방식으로 표출되었다.

1) 인권단체와의 연대활동

고용기회평등위원회(EEOC)에 접수된 AT&T사의 고용 차별 고발 건수가 2천 건에 달하면서 고용차별의 문제는 여성단체 뿐 아니라 인권단체로부터 주요한 정치적 이슈로 제기되었다. 대표적인 단체인 전국여성회(NOW), 전국유색인종지위향상연맹(NAACP)을 중심으로 한 7개 인권단체가 본격적으로 고용차별 문제를 해결하기 위한

---

38) 라마자노글루Ramazanoglu는 여성주의의 핵심이 세계를 변혁하고 남녀관계를 변화시켜 모든 사람들로 하여금 인간의 잠재성을 실현할 기회를 넓히는 데 있다고 보고 있다(Ramazanoglu 1989).

활동에 참여하기 시작했다(Wallace 1976:251). AT&T사의 고용차별이 사회적 이슈로 제기되었던 당시에 미국의 인권단체와 여성단체들은 소수집단에게 가해지는 사기업으로부터의 차별적인 행태를 교정하기 위해 정부가 문제 해결에 적극적으로 개입하도록 요구했다. 철강업과[39] 트럭산업, 은행업[40], 항공사를 상대로 사회운동단체들은 고용차별의 피해자와 함께 고용기회평등위원회(EEOC)에 기업을 고발하고 여론화시키는 작업을 대대적으로 벌였다.

고용기회평등위원회(EEOC)는 활동을 시작했던 초기에 인종차별에 관한 문제만을 중점적으로 다루려고 했고 성차별에 대해서는 무관심했다. 고용기회평등위원회(EEOC)의 위원장은 민권법 제7편에 성 조항이 포함된 데 대해 '요행히 맞추어진 당구 게임과 같은 것'이라고 공식적으로 표명하는가 하면, 성에 대해 비아냥거리는 태도

---

39) 1974년에 미국 철강 노동자의 73%를 고용하고 있던 9개 철강사는 동의 명령에 의해 소급임금 4천만 달러를 여성과 소수인종에게 지급할 것과, 임금 보전(wate rate retention), 선임권 부여, 적극적 조치의 이행을 위한 목표 설정과 이행계획서의 수립 등을 내용으로 한 동의서를 이행해야 했다. 동의 명령의 이행 사항을 만들고 모니터 하기 위해 기업, 노조, 정부간의 삼자 대표기구인 감사 및 검토위원회(Audit and Review Committee)가 구성되었다. 감사 및 검토위원회는 여성과 소수인종이 기업 내에서 숙련직종으로 이동할 수 있도록 목표를 세우고 구체적인 방안을 만들었다. 위원회 내부에서 의견이 조정되지 않을 경우 해당 연방정부 지방법원이 조정하도록 되어 있었다(Wallace 1976).

40) 은행업의 경우는 1974년에 세계 최대 규모인 미국은행(Bank of America)을 상대로 여성들이 단체 소송을 내면서 발단이 되었다. 동의 명령에 의한 합의 내용은 1)1978년 말까지 은행업 내 여 직원의 비율을 높이도록 적극적 조치를 이행할 것과 2)여성을 대상으로 한 교육훈련의 기금으로 3백 75만불을 신용기금(trust fund)으로 마련하는 것이었다. 이 기금의 목적은 여성의 능력을 적극 개발하며 관리자 양성 교육에 참여시키는데 두었다. 은행업의 구제 방법은 AT&T사와 달랐고, 소급배상을 하지 않고 해결했다는 이유로 주목을 받았다(Wallace 1976).

를 보였다. 당시에 고용기회평등위원회(EEOC)는 '흑인 남성 가장'의 실업이 증가한 데 대한 대책 마련에 대부분의 활동이 치중해 있었고 흑인에 대한 고용차별 금지를 우선 사업으로 정했다. 그런데 고용기회평등위원회(EEOC)가 보는 현실은 실제와 달랐다. 성차별이 만연해 있다는 통계자료가 제시되고 여성 대중들로부터 접수된 많은 고발 사건이었다. 고용기회평등위원회(EEOC)는 고용차별의 실태를 파악하기 위한 자료로 고용평등 양식(EEO-1 Form)을 고용주로부터 수집해서 통계자료로 활용했는데, 고임 직종과 상위 직급에서 여성의 과소 대표성이 현저하게 드러났다. 성 차별적인 현실을 나타내는 두 번째의 증거는 고용기회평등위원회(EEOC)에 접수된 성차별 사례였다. 성차별이 고발건수 중 37%로 인종차별을 이유로 한 사건 60%와 비교해 볼 때 결코 적지 않았다. 기업에서 주로 행해지는 성차별은 성 차별적인 부가급여(30%), 선임권제(24%)를 성별로 분리함으로써 차별하는 것이었다(EEOC 1967). 세 번째로 성 차별적인 현실은 고용기회평등위원회(EEOC)가 직접 실시한 조사에서 밝혀졌다. 1966년에 고용기회평등위원회(EEOC) 직원들은 21개 신문사 광고를 대상으로 1만 8천 개의 구인 광고를 조사했는데 성별로 분리된 광고가 가장 많았다. 성별 분리 광고와 관련해서 생물학적 성 차이를 이유로 여성이 남성 직종에 취업할 수 없다는 주장을 둘러싼 논쟁이 벌어졌다. 진정직업자격(BFOQ)이 민권법 제7편의 평등 조항에 기초해서 규정되어야 한다는 의견이 제시되었다. 성차별과 관련한 법적 소송사건에서는 여성보호 조항이 남성의 온정적인 가부장제적 편견으로부터 비롯된 것으로, 여성으로 하여금 다양한 직종에 취업하지 못하도록 방해해 왔다는 사실이 밝혀졌다.[41]

전국여성회(NOW), 여성평등행동연맹(WEAL) 등의 여성단체는 사회 운동단체와 더불어 지속적으로 고용차별의 문제를 정치적 이슈로 제기해 나가면서 법정 후견인(amicus curiae)의 자격으로 소송을 제기한 여성노동자들을 지원했다. 또한 성차별 소송이 진행되는 동안 법적 지원 뿐 아니라 여성이 승소할 수 있도록 고용기회평등위원회(EEOC)를 상대로 로비 활동을 벌이면서 성 차별한 기업에 맞서 불매운동을 벌이거나 유인물 배포, 가두시위 등을 벌여, 성차별 사건을 여론화하는 활동을 적극적으로 벌였다(EEOC 1966).[42]

대표적인 예가 콜 게이트사였다. 이 회사는 35파운드의 무게를 들어야하는 직종에 여성을 채용하지 않았고, 전국여성회(NOW)는 그와 같은 제한이 여성에게 불합리하며 민권법 제7편의 위반이라고 주장했다. 전국여성회(NOW)는 고용기회평등위원회(EEOC)가 고용평등에 관한 지침서를 조속히 내도록 정치적 압력을 행사했다. 전국여성회(NOW)의 회원이 콜게이트사의 기업 대표자를 만나 설득하려고 했지만 기업은 주법에서 정한 보호 조항을 이유로 계속해서 여성의 채용을 기피했다. 전국여성회(NOW)는 이 사건에서 지방 법원이 원

---

41) 1967년 연방 지방법원에 성차별을 이유로 4개의 사건이 접수되었다. 2건은 응시자격 기준으로 무게 제한 규정을 과도하게 둠으로써 여성이 취업할 수 없게 하거나 여성 보호를 이유로 주점에 여성이 취업할 수 없도록 한 경우였다. EEOC는 대규모의 청문회를 열어 이 사건을 공개했다. 기업은 임신한 여성이 승무원으로 일을 할 경우 소비자들에게 만족을 주기 어렵다고 변명했다. 그러나 EEOC는 승객에게 제공하는 최대한의 서비스는 승객의 편안함이나 만족보다는 '안전'이 최우선이라고 보았다. EEOC는 1968년에 항공사 여자 승무원의 자격을 미혼으로 제한하고 연령 제한을 두었던 기업의 채용 기준은 성 차별적이라고 결정했다(EEOC 1968).
42) 고발건수 중 인종차별은 3254(59%), 민족차별은 131(2%), 종교차별은 87건(1%)이었다.

고 패소 판결을 내린 데 항의하고, 기업을 상대로 불매운동을 벌이는 한편, 고용기회평등위원회(EEOC)가 대책을 세우도록 활동을 벌였다. 항소법원이 하위법원의 판결을 뒤집었고, 기업은 어쩔 수 없이 모든 여성에게 남성만이 해왔던 직종의 문을 열었다(Macdonald 1993:108-161).

1970년대에 피해자의 법적 소송을 지원하는 전문 단체들이 등장했고, 전국여성회의 NOW-LDEF, 여성평등행동연맹의 WEAL-Fund, WLPE들은 법률부조기금회(legal defence funds), 법률 권익 단체의 성격을 띠면서 일부는 고용기회평등위원회(EEOC)로부터 재정지원을 받았다. 법률회사 등을 통해서 중요한 법적 재판에 관여해 왔다[43]. 이러한 활동은 법률고문의 자격으로 행해졌으며 특히 집단소송에서는 직접적인 법정 후견인으로 참여했다. 전국여성회(NOW)는 고용기회평등위원회(EEOC)가 법원의 동의명령에 서명하고 단체에 자문을 구하는 사업을 하도록 요구했다(Meehan 1985:127).

민권법 제7편이 실행에 들어간 지 5~6년이 지나도 소수집단에게 가해지는 사회적 차별은 여전히 지속되었다. 고용기회평등위원회

---

[43] 연방법원에 접수된 고용상의 성차별을 유형별로 보면 채용에서의 차별이 가장 빈번하며 임신, 승진, 해고, 임금 등의 순으로 나타나고 있음을 알 수 있다.

〈표〉 연방법원에 접수된 성차별 유형(1966~1983)

사례 \ 유형	채용	승진	해고	임신	성희롱	임금	기타	계
건수(명)	101	74	63	83	23	58	217	619
비율(%)	16	12	10	13	4	9	35	100

자료: Maschke. 1986. *Federal Courts and Women Workers*, Ph.D. diss. Johns Hopkins University, Unpublished.

(EEOC)에 접수된 차별 고발 건수는 증가했지만 정부 기구가 그 문제를 해결할 만한 권한은 갖지 못했다. 당시에 고용기회평등위원회(EEOC)의 권한은 차별 고발이 들어올 경우 고용주에게 차별적인 관행을 시정하도록 권고하는 권한만을 갖고 있었다. 민권법 제7편이 실제로 실효성을 보이고 있지 못한다는 사실이 사회운동단체로부터 제기된 이후 국회와 행정부 내에서도 이 문제가 여러 차례 제기되었다.

1971년에 고용기회평등위원회(EEOC)의 법적 권한을 높여야 한다는 공감대가 의회에서 확산되었고, 어떠한 권한을 부여할 것인지를 두고 논란이 벌어졌다. 일부 의원들은 주 정부의 FEPC(Fair Employment Practice Commission, 공정고용실행위원회)가 갖고있는 시정명령권(stop and desist)을 고용기회평등위원회(EEOC)에도 부여하자고 주장했다. 이러한 시정명령권은 1961년 케네디 행정부 당시에 미국의 각 주들이 이 기구를 만들면서 부여한 권한이었다. 일부 의원들은 고용평등정책의 실효성을 높이기 위해 고용기회평등위원회(EEOC)에 시정명령권 뿐 아니라 제소권을 함께 부여해야 한다는 의견을 제시했다. 고용기회평등위원회(EEOC) 내부의 많은 문제들이 제기되었고, 실행기구의 법적 권한을 높여야 한다는 방향으로 의견이 모아졌다.44)

---

44) 민권법 제7편이 통과된 이후 EEOC 6년간의 업무를 평가한 바에 의하면, 1)고발이 접수된 이후 해결되지 않은 상태로 쌓여져 있는 미해결(backlog) 고발 건수가 누적되고 있다는 점 2)각종 조사보고서와 쌍방 합의를 위한 문서 작성을 포함한 과다한 업무로 인해 EEOC 직원의 이직율이 높다는 점 등이 문제로 부각되었다. 미해결 고발 건수의 누적과 EEOC 직원의 이직율 증가는 EEOC를 비효율적인 조직으로 만들면서 악순환의 고리를 형성했다. EEOC 직원의 잦은 이직으로 노하우가 축적되지 않았고, 업무를 효율적으로 처리하지 못해 미해

고용평등정책 실행기구의 법적 권한이 강화되어야 한다는 담론이 여성단체와 인권단체로부터 제기되고 확산되는 과정에서 고용차별의 문제는 국가 차원에서 해결되어야 한다는 여론이 형성되어 갔다. 사회운동 단체가 AT&T사의 성 차별을 가시화시키는 방식은 크게 두 가지였다. 첫째, 고용기회평등위원회(EEOC)와 함께 AT&T사가 차별적인 고용 관행을 교정하도록 FCC(연방통신위원회)에 공동 청원하는 것이었다. 전국여성회(NOW)를 포함한 사회단체들은 AT&T사 사건을 담당하는 고용기회평등위원회(EEOC) 변호사인 코퍼스(Copus)와 연계를 갖고45) 기업이 정부에 요청한 전화요금 인상안을 승인해 주지 말 것과 고용 차별을 해결하는 데 정부가 적극 관여할 것을 청원했다.

전국여성회(NOW), 전국유색인종지위향상연맹(NAACP), 고용기회평등위원회(EEOC)가 공동으로 제출한 청원서는 청문회를 통한 조사활동으로 이어졌고 이 과정에서 전국여성회(NOW)의 활약이 두드러졌다(Wallace 1976:250). 청원서에는 AT&T사의 지역 전화통신사들이

결 고발건수가 더욱 더 늘어났으며, 이로 인해 업무가 과다해져서 퇴직하는 직원이 많아졌다. 뿐만 아니라 레이건 행정부 이후 정부의 기업부문에 대한 정책적 개입을 크게 줄이고 특히 적극적 조치에 대해 부정적인 입장을 보이면서 EEOC의 공무원 수는 크게 줄었다. 그러나 흥미로운 사실은 EEOC 내 여성 비율은 역으로 계속 증가해 왔다는 점이다. 1985년 EEOC 여성 공무원의 비율은 60%이었는데 1994년에 65.5%로 증가했다. 이 기구에서 활동하는 여성이 남성보다 많음을 알 수 있으며 EEOC의 여성 비율은 미국 공무원의 전체인원 중 여성이 차지하는 비율인 41.5%와 비교해 볼 때 높은 것으로 나타나 있다(부록 참고). 고용평등정책을 계획하고 집행하는 데 있어서 여성이 직접 참여하는 통로가 확대되어 간다는 사실을 보여주고 있다.

45) 코퍼스(Copus)는 NOW(전국여성회)에 가입되어 활동하는 소수 남성회원 중의 한 명이었다(Wallace 1976).

소수 집단을 부당하게 대우함으로써 고용 상의 불이익을 주고 있으며, 이러한 고용 관행은 연방통신법(1934), 민권법 제7편(1964), 동일임금법(1963), 행정명령 제 11246호(1965) 등을 위반하고 있다는 내용이 골자였다. 또한 각 지역 전화통신사가 위치한 지역의 주 법에서 정한 공정고용실행법과 시의 조례(ordinance)를 위반하는 사항이었다. 연방통신위원회(FCC)는 그 청원서에 대해 고용기회평등위원회(EEOC)가 기업의 요금 인상에 개입하는 것을 기각하지만, 기업의 고용관행은 별도로 정해져 있는 절차(proceedings)를 거쳐 조사되어야 한다고 결정했다. 여성단체는 자료 제출과 청문회에서의 증언을 통해 AT&T사의 성차별적인 고용 관행을 가시화시키는 데 결정적인 역할을 한 것이다. 특히 전국여성회(NOW)의 성차별 폐지를 위한 활동은 두드러졌으며, 전국여성회(NOW)는 노동자 계급 여성을 회원으로 포함하고 있었고 작업장의 고용 평등이 주요 사업의 하나였다. 1966년에 전국여성회(NOW)의 회원 수는 300명이었는데 이 중에는 미국통신산업노조(CWA)의 여성활동가인 캐서린(Catherine) 등의 여성노동자들이 포함되어 있었다(Macdonald 1993:108~111).

연방통신위원회(FCC)가 청문회를 시작했을 때 전국여성회(NOW), 전국유색인종지위향상연맹(NAACP) 등의 사회단체들은 AT&T사의 고용 차별을 증명해 주는 자료를 수집하고 제시하는 데 많은 노력을 기울였다. 연방통신위원회(FCC)는 1971년 초에 AT&T사의 고용 관행을 조사하는 한편, 청문회를 통한 여론화가 고용 차별을 사전에 방지할 수 있는 교육적 효과를 가져 올 수 있다고 보았다. 고용기회평등위원회(EEOC)는 공식적인 통로와 비공식적인 통로를 모두 활용하면서 AT&T사의 사건을 해결하려고 시도했다. 먼저 청문회를 개최하여 소수집단을 차별한 사실을 가시화하고 기업의 경영진과 접촉하면서 이견을 좁히고 조정하는 작업에 들어갔다(Wallace 1976).

단체간의 연대활동은 백인 남성 중심 사회에서 소외당한 집단간의 결속으로 지배 권력에 대한 도전이 폭넓게 형성되고 있음을 의미했다. 고용 차별의 주요 형태인 인종·성차별을 폐지하고자 하는 사회적 세력의 실천 행위는 생물학적 차이가 사회적 차별로 구조화된 데 대한 불만과 저항이었고 이것은 인종관계와 성별 관계가 사회적 존재를 규정하는 핵심적인 요소라 할지라도 불변하는 것이 아님을 시사했다. 성과 인종 차별에 기초한 구조적 위계성은 사회 구조에 위치한 저항 세력에 의해 흔들리기 시작하는 불안정한 것이 되었다.

적극적 조치에 대한 요구는 평등을 여성주의의 목표로 표방하는 여성단체가 등장하기 이전부터 제기되었고 흑인 사회운동가와 단체가 주도했었다. 이것은 민권운동이 이루어 낸 조직적, 이데올로기적, 법적인 성과에 힘입은 것이었다(Blum 1992:41). 전국여성회(NOW)와 전국유색인종지위향상연맹(NAACP)은 운영주체가 성별, 인종별로 달랐다. 전자는 백인 여성들이 중심이 되었고 후자는 흑인 남성이 주도하는 단체였다. 인종과 성 차이로 인한 균열이 운동 내부에 잠재되어 있었지만 당시에 민권운동의 통합주의 전략은 여성단체와 인권단체가 연대하는 기반을 마련했고 연대를 통한 정치적 세력화를 향상시키면서 AT&T사의 사건을 해결하는 데 주요한 역할을 한 것으로 분석된다.

2) 여성운동의 전문가 집단과의 결합

사례기업의 성별 직무 분리에 기초한 노동력 구성이 간접차별의 결과이며 모집, 채용에서부터 승진과 직업훈련 전반에 걸친 체계적인 차별의 산물이었다는 사실은 미국의 청문회 제도를 통해서 공론화 되었다. 이 과정에서 여성단체가 구성해낸 전문가와의 결합은 여성 세력이 성차별을 온존시키는 자본과 가부장적 권력의 어떤 측면에 대한 도전을 시도할 것인지를 인식하면서 국가 권력으로 하여금 성별 직무 분리에 기반한 고용 구조를 변화하게 하는 조건인 것으로 나타났다.

연방통신위원회(FCC)는 청문회에서 AT&T사가 고용 차별했는지의 여부를 판단하기 위해 4가지 영역에서 탐문하기 시작되었다. 첫째, AT&T사의 고용 관행이 고용 평등을 침해하고 있는지의 여부 둘째, AT&T사가 모집, 선발, 채용, 배치, 승진 등에서 차별적인 관행을 막기 위해 특별한 프로그램을 만들고 운영했는지의 여부 셋째, AT&T사가 고용 차별하는데 직접 관여했는지의 여부 넷째, AT&T사의 특정한 고용관행이 어떠한 방식으로 현재의 임금 체계에 반영되어 있는지 등이었다.

1972년 AT&T사의 고용 차별에 관한 청문회가 열렸을 때, 전국여성회(NOW)와 전국유색인종지위향상연맹(NAACP)은 지역 전화통신사의 종업원이나 입사 지원을 했던 사람들이 겪었던 차별 사례를 모아서 증언(testimony)했다. 청문회는 지역 전화통신사들이 위치해 있는 지역 중 뉴욕 시와 수도인 워싱턴 D.C. 등의 대도시에서 행해졌다. 뉴욕에서 열린 청문회는 여성단체와 인권단체 대표들이 직접 나와 증언을 하는 장이었고, 개별 증언(witness)도 청문 대상에 포함되었다. 사회단체는 AT&T사의 고용차별을 여론화하는 한편, 여성 노동자들이 직접 청문회에 나와 증언을 할 경우 기업으로부터 불이익을 받지 않도록 보호하는 조처를 취해 주도록 요구했다. 그러한 지시는 청문회에 자발적으로 나와 증언하겠다고 한 AT&T사 종업원이 기업 측으로부터 받을 수 있는 보복을 사전에 예방하기 위한 의도에서 비롯되었다(Wallace 1976:250).

전국여성회(NOW)는 AT&T사의 고용관행이 특히 성 차별적이었음을 가시화시키려는 노력을 기울였고 정부측에 대학과 연구소에서 활동하는 여성학자들이 청문회에 참석해서 전문가 증언을 하도록 요구했다. 이 시기에 일부 여성단체들의 로비활동이 활발했는데, 그 방법으로 편지 쓰기, 전화캠페인, 전문가 집단의 증언 등을 적극 활용했다(Freeman 1975). 청문회에서 증인으로[46] 나선 여성주의 사학자 오펜하이머(Openheimer)는 성별 직종 분리에 의한 구조적 차별을 설명했다. 전화 산업에 관한 연구에서 오펜하이머(Openheimer)는 취업 여성의 90%가 노동자의 성이 80% 이상인 직종에서 일하고 있음을 밝혔다(Wallace 1976).[47]

---

46) 전문가 증언은 전공을 달리하는 학자들로부터 이루어졌다. 경제학자(Perl), 심리학자(Tiller) 정치학자(Corn), 사회학자(Openheimer)등이 증인으로 참석해 전화통신사의 고용차별이 체계적이고 구조화된 형태였음을 밝혔다(Wallace 1973).

47) 성별 직무분리의 원인이 여성의 인적자원의 열등함이나 개별 행위자의 선택으로 파악될 경우(소콜로프 1990) 이것은 성차별과 등치될 수 없다. 사례 기업의 성별 직무 분리가 차별적인 것으로 보여지게 된 이유는 행위자의 선택을 제약하는 구조적 차별에 대한 인식이 전제되었기 때문이다. 하트만(Hartmann)에 의하면 성에 의한 직무 분리와 여성의 저임금은 고용에서 가부장적 관계는 자본의 논리로만 설명될 수 없으며 노동시장에서 여성의 낮은 지위는 자본주의 사회에서 여성에 대한 남성의 우위를 유지시키는 일차적인 기제이다. 여성

여성단체가 성별 직무 분리의 문제를 차별적인 것으로 담론화하고 전문가와 협력 관계를 형성하면서 공감대를 넓혀가는 과정은 여성들이 권력 자원에 새롭게 접근하면서 획득해 나가는 것이라고 볼 수 있다. 동시에 여성들이 구조적 제약에 순응하여 구조를 생산, 재생산하는 행위자가 아니라 주변의 자원을 활용하여 구조적 제약을 변화시키는 행위자로서의 위치를 확보해 나가고 있음을 시사하고 있다.

오펜하이머(Openheimer)의 증언 내용은 고용기회평등위원회(EEOC)가 AT&T사를 상대로 조사한 결과를 뒷받침했고 성별 직종 분리가 성 차별적이었음을 재차 확인하는 것이었다. 고용기회평등위원회(EEOC)가 밝힌 조사 내용과 청문회에서 드러났던 AT&T사의 고용차별은 다음과 같이 요약되었다.

성별 직종 분리가 매우 커서 종업원의 92.5%가 같은 성(sex)이 90% 이상인 직종에서 일을 하고 있었다. 교환부, 가설부와 회계부의 사무직, 영업부와 마켓팅부의 내근직, 교환부와 영업부의 말단 관리직 등이 여성 직종이었다. 숙련직, 외근직, 중간급 이상의 관리직은 남성 직종이었다. 여성이 편중된 모든 직종은 저임 직종으로 저임 직종=여성 직종이었다.

전화사의 많은 직종 명칭은 그 일을 누가 하는지 직접 보지 않더

들은 임금이 낮기 때문에 결혼을 선호하게 되며 남성에게 의존적으로 된다. 기혼 여성들은 남편들을 위해 가사일을 해야 하며 전통적 성별 분업의 결과 남성들은 임금과 가사일 모두에서 이득을 본다. 여성의 가사전담자로서의 지위가 노동시장에서 여성들의 위치를 불리하게 만든 것이다(Hartmann 1979). 따라서 성별 직무 분리의 문제를 제기하고 변화시키려는 시도는 성별 분업을 유지하고자 하는 가부장적 권력과 자본에 대한 도전으로 그 과정은 성 정치의 맥락에서 해석될 필요가 있다.

라도 노동자의 성을 미리 알 수 있을 정도였다. 판매직에서는 남성 판매직(salesman)과 여성판매직(saleswoman)이 구분되어 있었고 남성 청소부(janitor), 여성청소부(janitress)가 각각 있었다. 숙련직 대부분의 직종 명칭은 남성 접미사를 달고 있었다. 라인맨(lineman), 스위치맨(switchman), 스플라이서맨(splicerman), 프레임맨(frameman) 등이 대표적이었고 부서별로 가설부는 남성 부서로, 교환부는 여성 부서로 인식될 정도로 분리되어 있었고 부서와 직종 선택을 하는데 있어서 생물학적 성은 결정적이었다. 자본주의적 시장경제가 구분한 성별 분리는 인간의 활동 영역을 이원화하고 이분화하면서 여성억압과 착취를 정당화하는 기제가 되어 왔다(장필화 1996). 남성과 '다른 성'인 여성은 성별화된 직종 명칭을 통해서 성별 관계로 조직된 기업에서 중심 집단인 남성과 다르기 때문에 주변 집단으로 위치 지워지는 열등한 성으로 규정되었다. 차이가 차별로 전환되는 기제는 '객관적'으로 보이는 장치를 통해서 정당화되었다. 진정직업자격(BFOQ) 등을 이유로 여성은 지속적으로 '남성' 직종으로부터 배제되어 왔으며, 남성 또한 '여성'직종으로부터 배제되면서 기회를 차단당해 왔다. 청문회에서 확인된 사례기업의 성별 직무 분리가 여성에게 불평등한 영향을 미치면서 간접차별의 기제로 작동했던 방식은 다음과 같았다.

첫째, 사례기업의 모집은 직원 추천, 고등학교 방문, 광고 등을 통해서 이루어 졌는데, 전화통신사의 직종을 '남성 직종'과 '여성 직종'으로 구분하고 지원자가 자신의 성에 맞게 지원하도록 했다.

둘째, 고용 사무소는 지원자가 찾아 왔을 때, 여성이 남성 직종에 관심을 보이면 거부감을 나타내었고 여성 직종에 지원하도록 했다.

고용 사무소가 부서별로 운영되는 지역 전화통신사들은 부서별로 채용하면서 면접관을 다르게 정했다. 여성 직종은 여성 면접관이, 남성 직종은 남성 면접관이 심사하게 되었고, 지원자는 성에 따라 각기 다른 질문을 받고 종합 테스트를 받음으로써 다른 채용 기준이 적용되었다.

셋째, 비 관리직의 여성이 고임 직종인 남성직으로 승진하고자 할 때 많은 장애물이 놓여 있었다. 성별 승진체계, 부서 선임권제, 불합리한 자격 요건 등은 성별로 구조화된 고용 체계 속에서 여성에게 불이익을 주는 차별적인 것이었으며 동시에 그러한 승진 제도가 성별 직종 분리를 유지하고 강화하는 기능을 했다.

넷째, 기업이 강조하는 '순수한 능력주의'에 의한 내부 승진은 남성만을 위한 것이었다.[48] 능력과 경력을 쌓으면 얼마든지 승진할 수 있고 보상을 받는다는 능력주의의 가치는 남성에게 해당될 뿐 여성에게는 적용되지 않았다.

다섯째, 전화통신사의 직종들은 여성에게 폐쇄적이어서, 실제로 여성이 선택할 수 있는 직종은 교환원, 사무직 등으로 제한되어 있었다. 고임 직종에서 일하는 여성의 부재는 여성 지원자 뿐 아니라 취업해 있는 여성노동자에게 역할 모델이 빈곤한 상태였음을 말해 주었다. 간혹 남성 직종에 취업하고자 관심을 보이는 여성에게 남성 감독자들은 '남성적이고 힘이 많이 드는 일'로 과장해서 설명했고 여성이 포기하도록 유도했다. 뿐만 아니라 여성노동자의 취업을 결

---

48) 영(Young)은 능력주의에 대한 사회적 믿음이 자본과 가부장적 권력과 연관되어 있다고 보고 누가 능력의 평가 기준을 만들고 평가의 잣대를 활용하는가를 살펴봐야 한다고 주장함으로써(Young 1994) 실력이 규범적이고 문화적인 것임을 강조하고 있다.

혼이나 출산 이전에 잠시 거쳐가는 곳 정도로 바라보는 기업의 편견은 여성을 남성과 동등한 존재로 대우할 수 없도록 했다.

여섯째, 사내 직업훈련은 특히 관리직에서 성별 직급 분리를 만드는 진원지이자 유지시키는 기제였다. 대졸 여성은 남성과 같은 조건으로 입사했지만, 중간 관리직 이상으로 승진하는데 필요한 관리자 양성 훈련 프로그램을 제대로 받지 못했다. 또한 승진할 수 있는 정보와 훈련을 기업으로부터 제공받지 못했다.

일곱째, 전화통신사의 많은 직종은 직종 명칭 자체가 남성직, 여성직으로 구분되어 있었으며 동일한 직종임에도 불구하고 명칭을 달리해서 실제로 남성 직종인 프레임맨(frameman)직에서 일하는 여성노동자에게 낮은 임금을 지급했다.

업무의 내용이 동일했지만 누가 그 일을 하는가에 따라 평가가 달랐다. 바바라 버그만(Babara Bergmann)은 "남성이 '최상의 자격을 가진 자'로 통용되고 있는 성 차별적인 사회에서 능력 평가가 왜곡될 수밖에 없다"고 주장하고 있어(Bergmann 1996), 성별 불평등이 구조화된 사회에서 평가의 잣대는 공정한 것이 아니었다.

청문회의 조사 활동은 AT&T사의 성 차별적인 고용 관행이 어떠한 방식으로 여성에게 불이익을 주고 있는가에 집중되어 있었다. 노동자와 단체 활동가, 정부기구의 조사와 전문가 증언 등을 통해서 밝혀진 내용은 AT&T사의 성별 직종분리로 인해 여성의 대부분이 전화교환원, 내근 판매직 등으로 일을 하면서 저임금을 받을 수밖에 없고 승진이 되지 않아 하위직에 머물러 있다는[49] 것이었다. 이와

---

49) 고교 학력을 가진 여성 대부분의 입사 당시의 직무는 교환원인데 전형적인 승진 전망이 없는(dead-end job) 직무이다(Laws 1976:158).

같은 성별 직종 분리로 인해 여성은 저임금을 받고 남녀간의 임금 격차가 큰 것으로 나타나 있었다. 경제학과 교수인 옥사카(Ronald Oxaca)는 성별 임금격차 요인 분석에서 남녀의 인적 특성에서의 차이(연령, 교육 등)를 모두 통제하더라도 순수한 성차별에 의한 요인이 55%라고 보고하였다(Wallace 1976).

60일 간 열린 청문회에서는 150명의 증인, 8천 장이 넘는 기록들이 보고되면서 AT&T사의 고용 차별이 세세하게 드러나고 확인되었다. 여성단체들은 인권단체와의 연대 활동을 강화해 나가면서[50] 홍보 활동과 문제 해결을 요구하는 정치적 로비 활동을 확대해 나갔다. 특히 전문가집단과의 연계를 통한 여성운동의 전문성 확보는 AT&T에서 행해진 간접차별의 내용을 체계적으로 정리하고 차별의 부당함을 공론하면서 정부기구가 마련한 해결안에 기업이 합의하도록 유도하면서 사건을 빠르게 마무리짓는 요인이 되었다.

4. 소 결

사례기업에서 적극적 조치가 도입되는 과정은 일차적으로 성별직무분리에 기초한 구조화된 차별이 드러나고 변화되는 과정이었다.

---

50) 여성단체와 인권단체의 연대 활동은 1960년대 말부터 1970년대 말까지 특히 활발했다. 미국의 GE(General Electric)사의 임신차별 소송이 여성노동자인 길버트(Gilbert)의 패소 판결로 가자 사회운동단체들은 의회가 임신차별금지법을 통과시키도록 적극 지지했다. 1978년 임신 차별금지법을 통과시키려는 노력은 여성단체, 인권단체 뿐 아니라 노조, 교회 심지어는 여성주의자들과 낙태에 관한 한 대립되었던 낙태 반대 운동단체들까지 가세해서 이루어졌다(Vogel 1995: 337).

이것은 성별 분업에 기초한 가부장적 권력관계에 대한 도전을 의미하며 다른 한편에서 여성의 정치적 지평과 가능성을 높이는 과정이었다(Walby 1996:237). 여성운동은 민권법 제7편이 제정된 이후 차별의 개념을 확대 적용하도록 하고 행정명령 제 11246호에서 명시한 적극적 조치가 여성 친화적인 제도로 작동하도록 한 주요한 사회세력이었다. 적극적 조치는 미국의 고용평등정책이 전개되는 과정에서 고용차별에 대한 해석과 논란을 통해서 구성되었으며, 기회의 평등에 기초한 불평등 처우가 조건의 평등, 결과의 평등에 기반한 불평등 효과로 확대 해석되면서 과거에서부터 누적되고 구조화된 차별로 인해 피해 받은 소수집단에 대한 보상과 그것을 적극 시정하기 위한 제도로 발전하였다.

여성단체의 정치활동은 적극적 조치를 포함한 고용평등정책을 실행하는 주요 정부기구로 하여금 권한을 확대하도록 했다. 또한 평등을 여성주의의 목표로 표방하는 여성단체들은 이념을 공유하는 인권단체와 연대하면서 의회 활동, 법적 소송 등을 통해서 성 차별적인 기업과 남성 중심적인 언론에 대응했다. 여성운동이 활성화되었던 1970년대 초에 미국의 적극적 조치는 여성운동의 세력에 의해 여성을 위한 제도로 법적 위력을 보이기 시작했고 국가기구의 활동을 통해서 성차별이 확인되고 직접적인 성차별 뿐 아니라 간접차별을 폐지하는 방향으로 운영되었다.

이 과정에서 고용기회평등위원회(EEOC)는 여성에게 가해지는 고용차별의 형태가 구조적이고 체계적이라고 보고 '불평등 효과' 차별 개념에 기초해 사례기업의 고용 관행을 조사하였다. 정부기구가 밝힌 사례기업의 성 차별적인 고용 형태는 모집, 채용, 승진, 직업훈련 등에 걸쳐 구조화되어 있었고 그 결과로 여성은 저임금 단순 직종에 편중되어 있었다. 작업장내 성별 직무 분리가 극심해서 그로 인한 성별 임금격차가 큰 것으로 나타났다. 여성은 전화교환원, 단순 사무직에서 주로 일을 하고 있었고 여성 집중 부서의 승진 소요 연수가 길고 승진 사다리가 짧아 하위 직급에 편중되어 있었다. 직업 훈련 기회의 부족, 남성 중심의 인사 평가와 인사관리 체제 등으로 인해 관리직 여성들은 고위직으로 승진하지 못함으로써 하위직에 머물러 있었다. 더욱이 여성에 대한 고용차별은 개별적인 것이기보다는 여성에 대해 집단화되고 구조화된 것으로 밝혀졌다. 모집, 채용, 승진, 직업훈련은 여성으로 하여금 고임의 남성직종과 고위 관리직으로의 진출을 방해하는 차별의 기제였고 그와 같은 차별의 결과는 뚜렷한 성별 직무 분리를 초래한 것으로 나타났다. 여성은 일부 제한된 여성 직종에 편중되어 저임금을 받고 있었으며 여성 부서는 승진 사다리가 짧았다. 관리직 여성은 최 말단직인 1급 직에 집중되어 있었고 배치, 직업훈련, 승진 등에서의 차별로 인해 상위직으로 이동할 수 없었다.

고용기회평등위원회(EEOC)가 직접 조사한 결과와 청문회를 통한 고용차별 사례의 공론화는 사례 기업으로 하여금 차별 사실을 인정하고 적극적 조치를 도입하도록 하는 조건으로 작용했다. 기업이 초기에 여성보호 등을 이유로 소위 남성 중심 직종에 여성을 고용하지 않거나 차별한 사실을 부인하는 상황에서 국가의 개입과 여성단체의 활동, 개별 여성의 법적 소송 등은 기업이 적극적 조치를 도입하는데 결정적인 역할을 한 것으로 나타났다. 또한 여성단체와 인권단체간의 연대, 청문회제도와 여성운동의 전문가 집단과의 결합, 정부기구에 대한 정치적 압력 행사 등은 기업이 적극적 조치를 도입하는 데 주요한 요인인 것으로 나타났다. 사례기업의 적극적 조치 도입은 차별개념을 확대하고 적극 시정할 것을 요구하는 여성운동의 정치적 압력에 의해 이루어졌으며 불평등 효과를 차별개념으로 수용한 정부기구의 조사활동은 AT&T사가 결과의 평등 개념을 실천하는 방향으로 적극적 조치 모델을 개발하게 하는데 중요한 영향을 미쳤다.

제3장 기업내 적극적 조치의 실행과 성평등의 정치

> 적극적 조치가 실행되면서 표출되는 사회적 저항 세력이 어떻게 자신의 이해를 드러내며 그 과정에서 국가 권력이 어떠한 방식으로 적극적 조치가 작동하도록 영향력을 행사하는지 알아보고자 한다.

여성운동은 고용평등정책이 시행되는 과정에서 1964년 민권법 제7편에 명시되어 있는 차별 개념이 간접차별을 포함하는 내용으로 확대 적용되도록 하였고, 1967년 적극적 조치의 적용대상에 여성을 포함시킨 행정명령 제11375호가 여성 친화적인 제도로 운영되도록 영향력을 행사했다. 여성들은 자신들의 주변환경과 더 넓은 사회구조를 바꾸려는 실천활동을 끊임없이 전개해 왔으며(Blum 1992), 적극적 조치의 활성화는 사회 전반에 실질적인 평등 개념이 수용되고 확산되는 과정을 의미했다.

1. 법적 강제에 의한 도입과 수용

이 장은 사례기업이 적극적 조치 모델을 개발하고 도입하는 초기 단계에서 서로 다른 이해관계에 기초한 사회적 세력이 공존하는 데도 불구하고 어떻게 이 제도가 수용되는가를 살펴보고자 한다. 적극적 조치는 실행방법이 여성을 포함한 소수집단의 목표 비율을 설정하고 그 목표를 어떻게 달성할 것인지 계획을 세워 추진하는 방식이어서 실행과정을 감시하는 정부기구의 역할이 중요하다. 이와 같은 문제인식에 기반해서 이 장에서는 적극적 조치가 실행되면서 표출되는 사회적 저항 세력이 어떻게 자신의 이해를 드러내며 그 과정에서 국가 권력이 어떠한 방식으로 적극적 조치가 작동하도록 영향력을 행사하는지를 알아보고자 한다.

1) 노동부와 고용기회평등위원회(EEOC)의 공동 개입

사례기업의 적극적 조치 모델은 무엇을 차별로 인식하고 규정하는가에 기반해서 구성되었으며, 정부기구는 성별 직무분리를 성차별의 핵심기제로 파악하고 구조적 차별을 시정하기 위한 방안으로 목표제(goal)를 적극적 조치 모델의 주요 내용으로 설정하고 본격적으로 추진하기 시작했다. 일부 여성주의자들은 국가가 지배계급의 도구이자 자본에 기능적이며 가부장적인 남성들의 이해를 제도화한다고 설명했으나(McIntosh 1979; Mackinnon 1983) 적극적 조치가 사례기업에서 도입되는 과정에서 보여지는 국가는 다양한 행위자들의 이해관계가 공존하는 장으로서 행위자간의 경합을 통해 여성의 이해와 부합되는 방향으로 기능할 수 있다는 것을 보여주었다.

AT&T사를 상대로 한 청문회가 진행되는 동안 고용평등정책과 관련해서 혁신적인 법적 변화가 있었다. 이것이 연방정부와 계약을 맺은 기업으로 하여금 적극적 조치를 실행하도록 하는 데 결정적인 요인이 되었다. 1971년 노동부의 연방계약준수국(OFCC)은1) 개정된 행정명령 제 4호에 의거해서 정부와 계약을 맺은 기관을 대상으로 소수집단의 채용과 승진을 촉진시키기 위한 적극적 조치 프로그램의 일환으로 고용목표 비율의 설정과 실행계획서를 제출하도록 했다. 개정명령 제 4호는 1971년 카터 대통령이 발한 것인데 행정명령 제 11246호에 명시되어있는 적극적 조치의 법적 내용을 부분적으로 수정하였다. 행정명령에 명시되어 있는 적극적 조치가 목표비율과 실행계획서를 포함하는 내용으로 바뀐 시기는 1970년 필라델피아 계획(philadelphia plan)에서부터이다.

연방 정부와 계약을 맺은 건설업 고용주는 건설업 숙련직에서 소수 인종의 고용 비율을 늘리기 위해 목표 비율을 정하고 그 비율을 언제까지 달성할 것인지 기간을 정하도록 했다. 1971년에 발포된 행정명령 제4호는 적극적 조치 계획서에 소수집단을 위해 목표비율과 실행계획서를 상세하게 작성할 것을 요구했다. 일부에서는 목표비율과 실행계획서가 할당제와 다를 바 없어 남성에게 역차별적이라고 반발하였다. 이 명령에 의하면 정부 계약자는 여성과 소수인종을 위하여 적극적 조치계획을 서면으로 작성하여 실시하여야 하며, 여

---

1) 행정명령 제 11246호의 시행기구는 행정명령이 발포되었을 당시인 1965년에 그 명칭이 OFCC(Office of Federal Contract Compliance)이었으나 1979년에OFCCP(Office of Federal Contract Compliance Programs)로 바뀌었다(U.S. DOL 1994).

기에는 고용주의 성실한 노력, 노동력 활용상황 분석, 고용목표 비율의 설정과 이행계획서 등이 규정되어 있었다.[2]

AT&T사는 연방정부와 계약을 맺은 업체로서 적극적 조치 계획서를 작성해야 했고 여성의 고용상태를 파악하기 위해 노동력을 분석하고 과소 대표되어 있을 경우 그것을 교정하기 위해 목표 비율의 설정과 실행 계획서를 제출해야 했다. 뿐만 아니라 1972년에 민권법 제7편이 개정되면서 실행기구의 법적 권한이 강화됨으로써 고용기회평등위원회(EEOC)는 소수집단을 차별한 기업을 상대로 법원에 제소할 수 있는 권한을 갖게 되었다.

연방 의회는 고용기회평등위원회(EEOC)의 법적 권한의 강화를 골자로 한 고용평등법(Equal Employment Opportunity Act)을 1972년에 통과시켰고 이 법은 통상적으로 '민권법 제7편 개정안'으로 불려졌다. 법적 내용을 보면, 1) 민권법 제7편의 적용대상을 종업원 수 25인 이상을 고용하는 고용주로부터 15인 이상으로 적용대상의 범위를 확대했다. 2) 고용기회평등위원회(EEOC)에 조사권, 제소권을 부여하는 것이었다. 고용기회평등위원회(EEOC)는 고용평등법에 의거해서 고용주, 직업소개기관, 노조 등을 상대로 연방정부의 지방법원(district court)에 소송을 제기할 수 있는 권한을 갖게 되었다. 또한 기업이 정부기구로부터의 조사에 불응할 경우, 강제로 조사하는 법적 권한을 부여받은 한편 고용차별을 받은 피해자를 위해 고용기회평등위원회(EEOC)가 직접 나서서 법원에 고발할 수 있게 되었다. 고용기회평등위원회(EEOC)의 법적 권한이 강화된 것은 실제의 법적 효력 뿐 아니라 상징적인 효과를 동시에 지니고 있었다.

---

2) Affirmative Action Programs, 41 C.F.R. §60~2.11, 1974

고용기회평등위원회(EEOC)의 제소권은 고용주들로 하여금 민권법 제7편을 준수하지 않으면 안 된다는 부담을 갖게 했다. 국가 기구가 기업을 상대로 직접 소송할 수 있다는 가능성을 의식하면서 기업은 두려움을 느끼고, 사전에 고용차별을 받았다고 고발한 여성과 조정하고 화해하려고 했다(McDonald 1993). 1972년 이후 고용기회평등위원회(EEOC)의 법적 권한과 함께, 민권법 제 706(g)조에는 적극적 조치를 실행하는 법적 근거가 마련되었다.

> 법원은 피고가 위법고용행위를 고의로 행하여 왔거나 행하고 있다고 인정한 경우, 피고에게 위법 고용행위의 금지를 명령하고 고용, 복직, 소급배상(back pay)지급, 적절한 적극적 조치, 기타 법원이 인정하는 형평에 맞는 구제를 명령할 수 있다.

고용기회평등위원회(EEOC)가 고용주를 상대로 차별 시정을 명령 하고 조정하며 조정이 이루어지지 않을 경우 법원에 제소하는 권한을 부여받은 이후, 고용주의 차별적인 고용 관행을 제재하고 변화시키는 국가의 영향력은 크게 확대되었다. 이와 같은 법적 변화의 흐름 속에서 AT&T사와 정부와의 협상은 청문회가 진행되는 동안 계속되었다. 그러나 소급배상을 포함한 협상안을 둘러싸고 견해 차이가 좁혀지지 않아 여러 차례 결렬되었다. 증언 내용이 교차 검토(cross-examination)되기 시작했고, 청문회의 심사관은 당사자가 제출한 문서의 요약본에 합의하도록 했다. 1972년에 고용기회평등위원회(EEOC)는 AT&T사가 적극적 조치 계획서를 총괄사업청(GSA)에 제출했음을 알게 되었다. 고용기회평등위원회(EEOC)는 총괄사업청이 AT&T사의 적극적 조치 계획서를 고용기회평등위원회(EEOC)와의 협의 없이 받아들인 데 대해 강한 불만을 나타냈다. 적극적 조치의 내용과 실행 의지에 대한 정부기구간의 차이는 고용평등의 실행을 주요 업무로 담당하는 고용기회평등위원회(EEOC)와 노동부에 의해 조정되었다.

고용기회평등위원회(EEOC)는 노동부로부터 협조를 구했고 노동부의 OFCC(Office of Federal Contract Compliance)의 담당관(director)인 데이비스(Philip J. Davis)는 AT&T사가 총괄사업청(GSA)에 제출한 적극적 조치 프로그램이 행정명령 제11246호를 시행하는 세부 규정과 일치하지 않는다는 사실을 AT&T사에 알렸다.3)

노동부의 새로운 참여는4) AT&T사에 위협적으로 받아들여졌다. 연방정부 계약자로서 AT&T사가 적극적 조치를 실행하지 않을 경우 계약 불이행으로 계약 취소와 계약금지 등의 상당한 경제적 제재를 받게 될 위험 부담을 안게되었기 때문이다. 고용기회평등위원회(EEOC)는 AT&T사의 적극적 조치 계획서가 현존하는 고용차별에 비추어 볼 때 부적절하다고 평가했고 그 이유로 '피해 받은 집단(affected class)'을 밝히려는 시도가 없었을 뿐 아니라 소급 배상(back pay)이 전혀 다루어지지 않은 점을 들었다. 노동부의 법무관(solicitor)은 사건을 검토한 이후에, 총괄사업청(GSA)이 '최선의 노력'을 하지 않았다고 결정하고 이 문제를 재판을 통해 처리하라고 통보했다. 노동부의 조처가 있은 지 얼마 되지 않아 기업과 고용기회평등위원회

---

3) Civil Action No. 73~149.
4) 1965년 존슨(Lyndon B. Johnson)대통령은 행정명령에 의해 연방정부 계약자가 계약기간 중 인종, 피부색, 종교, 출신국 등을 이유로 고용 차별하지 않도록 금지하고 실행기구를 두었다. 이후에 행정명령 제 11246호는 1965년에 발포된 이래 몇 차례 개정되었다. 1967년 행정명령 제 11375호에 의하여 성별을 이유로 한 차별 금지와 적극적 조치를 명하였으며 1969년 행정명령 제11475호에 의해 정부기관도 적극적 조치를 실시하도록 했다.

(EEOC) 간의 협상이 재개되었고 노동부는 제 3자로 이 협상에 참여하게 되었다. 정부로부터의 적극적 조치 실행의 압력은 확대되고 강화되었다. 고용기회평등위원회(EEOC) 뿐 아니라 노동부의 연방계약준수국(OFCC)이 공동으로 기업의 성차별을 폐지하는 데 본격적으로 개입하게 된 것이다.

청문회가 시작된 이후 AT&T사는 적극적 조치 프로그램을 만들고 전환 배치와 승진 계획서를 작성해서 행정 재판소에 제출해야 했다. 1972년에 AT&T사가 작성한 적극적 조치 계획서의 주요 내용은 1) 소수집단 출신의 신입 사원을 위한 훈련 프로그램의 개발 2) 관리직 내 여성비율을 높이기 위한 특별 대책반(task force)의 구성 3) 주 정부의 보호법과 민권법 제 7편에서 정한 진정직업자격(BFOQ)에 대한 면밀한 검토 4) 여성과 소수인종의 승진을 지원하기 위한 '잠재성 조기 발견'을 위한 프로그램 시행 등이었다(Wallace 1976).

AT&T사는 민권법 제7편, 동일 임금법, 행정명령 제 11246호를 실행해야 할 의무를5) 갖게 되었고 노동부 연방계약준수국(OFCC)에 적극적 조치 계획서, 배치 전환, 직무 기술서와 요건 등에 관한 보고서를 제출해야 했다. 그 내용은 변화된 개정명령 제4호(Revised Order No.4)에 의거한 것이었다. 고용기회평등위원회(EEOC)는 이러한 프로그램이 민권법 제7편의 703(h)조항에 명시되어 있는 진정(bona fide) 선임권제와6) 업적 체계를 위배하지 않고 부합된 것임을 발표했다.

---

5) 민권법 제7편과 동일 임금법은 임금과 관련해서 동시 적용이 가능한데 전자가 후자보다 보다 더 폭넓게 적용될 수 있다. 민권법 제7편은 채용, 배치, 승진, 훈련, 임금 해고 뿐 아니라 부가급여, 고용 계약과 고용 조건 등에서의 성차별을 모두 금지하고 있다. 반면에 동일 임금법은 임금에서의 성차별만을 금지하고 있다(EEOC 1994).

어떠한 거대 기업도 고용평등정책을 실행하고 감시하는 정부기구의 눈이 많아지고 날카로워졌을 때, 차별했다는 사실을 끝까지 부인할 가능성은 희박해 졌다. 정부 기구와 기업 간의 협상 속도가 빨라졌다. 노동부 연방계약준수국(OFCC), 동일임금제 실행 기구인 임금/근로시간과(Wage and Hour Administration)가 참여하면서 새로운 협상 팀이 구성되었다. 1973년에 AT&T사와 정부기구 간에는 합의서가 작성되고 타결되었다.

국가 권력에 의한 적극적 조치의 도입은 정부기구의 법적 권한이 강화되면서 확고한 실천력을 갖게 된 것으로 파악된다. 더욱이 고용평등정책을 실행하는 정부기구의 공동 개입과 연계성은 사례기업이 성별 직무 분리에 기초한 고용체계를 변화시키도록 하는 주요한 조건이 되었다. 또한 법원의 평등 실현의 의지는 고용할당제 형태인 강한 적극적 조치를 사례기업이 실행하도록 강제하고 기업내 성별 관계를 변형시키는 계기를 마련했다.

---

6) 민권법 제7편의 703(h)항은 선임권을 둘러 싼 해석에서 논란의 여지를 두어 왔다. 이 조항에 의하면, "고용주가 다른 보수 기준이나 다른 고용조건, 계약, 선임권이나 업적제도에 속하는 고용 특권, 생산의 양과 질에 의해 임금을 측정하는 제도 등을 적용하는 것은, 그러한 차이가 인종, 피부색, 종교, 성, 민족 등을 이유로 차별할 의도의 결과를 갖지 않는다면 불법적인 고용 관행이 되지 않는다"고 규정하고 있다(Title VII of the Civil Rights Act of 1964). 그러나 차별할 의도의 결과를 어떻게 판단하는지가 논란을 불러일으키고 있다.

2) 법원 명령에 의한7) 적극적 조치 모델의 수용

법원이 명령한 손해배상금의 지급과 적극적 조치 모델의 이행은 사례기업 뿐 아니라 사기업에게 충격을 줄 만한 것으로 국가 권력은 경제적 압력과 행정 감독을 통해서 이 제도가 현실화되도록 하였다. 집단 소송의 형태를 띤 AT&T사의 사건은 행정적 구제가 이루어지고 법원의 동의 명령이 행해지는 과정에서 차별의 주된 희생자를 여성 집단으로 규정 지웠다. 배상은 고용기회평등위원회(EEOC)에 고발한 여성 뿐 아니라 동일한 차별을 받는 여성 집단에게 주어졌다.8) 기업이 배상해야 하는 금액은 소급 배상(back pay)의 지급, 차별을 교정하는데 드는 비용으로 총 3천 8백만 달러였다.

AT&T사가 지불해야 할 금액 중 1천 5백만 달러는 기업의 차별적

---

7) 고용주가 고용평등을 실행하는 노력을 기울여 왔다는 사실을 입증하지 못하고, 민권법 제7편을 위반한 것으로 판단한 경우, 법원은 고용주에게 적절한 적극적 조치를 실행하도록 명령하도록 되어 있었다. 이 때 고용주는 과거서부터 차별한 데 대한 배상금을 지불하고, 나아가 차별적인 관행이 더 이상 지속되지 않도록 교정하기 위한 비용을 지불하도록 되어 있다. 고용차별로 인해 피해를 받은 종업원에게 고용주는 소급 배상(back pay)을 해야 하며, 종업원을 복직시키거나 채용해야 한다. 법원은 고용주가 특정 종업원을 채용, 승진, 전직, 해고 등에서 민권법 제7편을 위반했다고 판단하는 경우, 적절한 조치를 취하도록 고용주에게 명령한다. 소급배상은 EEOC 등의 정부기구에 고발이 접수된 시점을 기준으로 2년 이내에 하도록 되어 있는데, 소급배상의 범위는 차별로 인해 미지급된 임금, 부가급여, 초과근로 수당과 그에 대한 이자를 포함하도록 하고 있다 (DOL, Women's Bureau 1993:217).

8) 집단 소송에 따른 법원의 배상 판결에서 최초의 집단 소송 사건은 EEOC에 고발한 개인만이 소급배상과 복직 (reinstatement) 등의 구제를 받도록 했다. 그러나 이후의 판결은 고발하지 않은 당사자도 특정 집단의 구성원으로 인정되는 경우 다른 원고와 같은 조건으로 구제를 받도록 했다(The United States Commission on Civil Rights 1971:1221~1222).

인 고용제도로 인해 피해 받은 1만 3천명의 여성과 소수인종 남성에게 주어지는 소급 배상이었다.[9] 2천 3백만 달러는 임금 조정과 비관리직의 새로운 승진 체계의 도입으로 3천 6백 명의 피해자에게 지급되어야 할 금액이었다. 그러나 실제로 차별임금을 조정하는 데 드는 비용은 총 4천 5백만 달러인 것으로 밝혀졌고 인원도 늘었다(Northrup & Larwon 1979:14).

법원의 동의 명령에 의해 여성에게 주어진 주요한 보상은 두 가지였는데 첫째는 동일한 노동을 하고 있음에도 불구하고 성별로 달랐던 임금 차별에 대한 보상이었다. AT&T사는 '남성 직종'으로부터 승진해서 특정 직위에 있는 남성과 '여성 직종'으로부터 승진해서 남성과 같은 직급에 있는 여성에게 다른 임금을 지급했다. 직종이 성별로 유형화되어 있었고 승진 체계가 성별로 달랐다. 여성은 승진하거나 직무 이동을 하는 경우 이전 직종에서 정해진 임금 체계의 적용을 받도록 되어 있었다. 이러한 임금 제도는 AT&T사가 동일임금법을 위반했을 뿐 아니라 민권법 제7편, 행정명령 제 11246호를 모두 위반했음을 의미했다. 소급배상은 최대 2년까지 소급해서 지급하도록 되어 있었는데, 남성 직종인 숙련직에서 일을 하고 있었던 3천 명에게 우선 지급되었다.

두 번째의 보상은 연체 배상(delayed restitution)이었다. AT&T사가

---

9) 소급배상은 고용차별구제에 있어서 두 가지 기능을 한다. 하나는 본래적 기능으로서 위법고용행위로 인하여 발생한 피해구조이고, 다른 하나는 사용자로 하여금 부당한 고용차별 행위를 자발적으로 중지케 함으로써 차별 억제적 기능이다. 소급배상지급의 산정기간은 EEOC에 차별을 고발하기 전의 2년 간이며, 산정방식은 산정기간의 임금상당액에서 중간수입(interim earning) 또는 피해자가 벌 수 있었던 금액을 공제한 금액이다(김형태, 1987:443~447).

배상해야 했던 이유는 여성과 소수인종을 과거서부터 차별함으로써 결과적으로 소수집단이 과소 활용되었다는 사실이 밝혀졌기 때문이다.[10] 또한 동의 명령에 의해 각 직종 범주에서 집단의 과소 활용이 존재하는 경우에 여성과 소수인종에게 배상이 주어지도록 했다 (Northrup and Larson 1979 :15).

---

10) 정부는 과소 활용의 개념을 "활용가능성에 의해 합리적으로 기대되는 것보다 특정한 직종에서 소수 집단의 수가 적은 경우"로 정의하고 있다. 노동력 활용 분석은 차별적인 고용 관행으로 인해 소수집단의 고용 비율이 낮게 나타나는지의 여부를 파악할 수 있는 기초 자료가 된다. 노동력 활용 분석 결과 소수 집단의 임금격차가 나타날 경우 차별적인 고용 관행을 교정해야 하는 지표가 된다. 미국은 고용평등정책을 개발하면서 과소 대표성의 근거와 기준을 정하는 데 많은 노력을 기울여 왔다. 지역 인구 중 여성의 비율, 노동시장 내 여성 참여 비율, 대분류 직종군내에서의 여성비율, 활용 가능한 여성 비율, EEOC에서 정한 4/5 규정 등이 대표적인 예이다.

4/5 규정은 80% 규정과 같게 사용되고 있는데 EEOC의 역의 영향(adverse impact) 개념에 기초해서 정해진 것이다.1) 특정 성, 인종, 출신 국적의 선발 비율이 최고의 선발비율을 가진 집단의 80%비율 이하인 경우 시험이나 선발 방법이 역의 영향을 갖는 증거로 일반적으로 간주된다(DOL, Women's Bureau, 1993: 208). 이것은 사회 개혁의 필요성을 설명하면서 종업원에게 가해지는 불균등 영향을 결정하기 위한 기준으로 연방행정기구(FEA: Federal Executive Agency)로부터 제안된 것으로 비율의 산정 기준은 EEOC가 접수된 차별 고발 사건을 처리하면서 쌓은 경험을 기초로 한 것이다(EEOC 1991).

4/5 규정은 현재 소수집단에게 가해질 수 있는 채용상의 차별 여부를 판단하는 주요 기준으로 사용되어 왔다. 이것은 선발 비율이 가장 높은 집단을 기준으로 특정 집단의 선발비율이 80% 이하로 나타날 때1), 결과적으로 고용 차별한 것으로 간주된다. 예컨대 12명의 여성 지원자 중 3명이 고용주가 정한 신체적 민첩성을 알기 위한 시험에 통과한 반면, 남성은 25명의 지원자 중 15명이 통과했다고 가정해 보자. 여성의 합격률은 25%이고 남성은 60%이다. 이때 여성의 합격률은 남성집단과 비교해서 낮으며 4/5 이하이다. 80% 규정을 지키려면 고용주는 60×4/5=48%로 여성의 합격률을 높여야 하며 적어도 5명의 여성이 채용되어야 한다고 보고 2명을 추가로 합격시켜야 했다(EEOC Manual, 1989). 이러한 규정은 차별 관행이 '결과'적으로 나타난 과소 대표성을 교정하기 위한 것으로 채용 뿐 아니라 승진과 다른 고용 관련 사항에 적용된다.

셋째, AT&T사의 전체 배상액 중 85만 달러는 대졸 출신 여성에게 가해졌던 차별을 보상하기 위해 지급되었다. 대졸 출신의 여성들은 입사하면서 남성과는 다른 일을 했고 남성들이 주로 받는 교육 프로그램으로부터 배제되었다. 그 중 3급 이상의 관리직에 승진하기를 원하고 승진할 가능성과 잠재성이 있었다고 평가받은 경우에 임금을 100달러 이상 인상하도록 했다.[11]

넷째, 남성과 똑같은 일을 함에도 불구하고 직종 명칭을 다른 지역 전화통신사와 달리해서 여성에게 낮은 임금을 지급한 데 대한 배상금으로 50만 달러가 지불되어야 했다. 미시간 벨 사에서 스위치룸 보조직으로 일한 여성들은 2년까지 소급해서 임금을 돌려 받을 수 있었다. AT&T사는 동의 명령이 내려 졌던 1973년 첫 해에 임금 조정분으로 2천 3백만 달러를 책정했지만 추가 비용이 들어 총 4천 5백만 달러를 써야 했다.

당시에 사기업이 배상했던 금액 중 최대 규모로 이 사건은 사기업을 크게 놀라게 했고 가혹한 경제적 처벌로 여겨졌다. 동의 명령에 의해 AT&T사가 시행해야 할 사항은 과거 차별에 대한 보상과 차별의 교정이었다.[12] 차별을 교정할 목적으로 적극적 조치를 6년간 시행해야 했으며, 전체 목표비율과 시행계획서를 정하되 매년 달성해야 할 목표 비율(target)을 정해야 했다. 법원이 내린 동의명령의

---

11) Eileen Shanahan, *New York Times*, May 31, 1974
12) 그밖에 법원은 적절하다고 판단하거나 고용차별을 교정하는 데 맞는(equitable) 다른 구제 조치를 실행하도록 하고 있다. 많은 경우에 법원은 고용주에게 소수 집단을 위한 특별 모집과 훈련 프로그램, 목표비율의 설정과 실행 계획서의 작성을 명령해 왔다. 그러한 명령은 자발적인 적극적 조치 계획이나 행정명령 제 11246호 하에서 실행되는 적극적 조치 계획서보다 강한 것으로 나타나 있다 (DOL 1993:209).

주요 내용은 1) 소급배상의 지급 2) 적극적 조치 프로그램의 개발 3) 임금조정 4) 소수집단의 기업 내 직무 이동과 승진 지원 등이었다.

적극적 조치 계획서는 고용기회평등위원회(EEOC)와 연방계약준수국(OFCC)에 보고되고, 제출 일로부터 45일 이내에 승인되면 채택하도록 되어 있었다. AT&T사의 직종은 15개의 적극적 조치 프로그램 직종 군으로 모아졌고, 직종별 노동력 분석과 함께 임금에 대한 평가가 이루어졌다. 노동력 분석은 직종내 성별 인종별 구성 비율을 중심으로 이루어지며 소수집단의 과소 활용(under utilization)이 발견되는 경우에 목표 비율을 정하도록 했다. 기업은 목표 비율을 달성하도록 선의의 노력(good faith effort)을 다하면서 연도별로 시간 계획서를 만든 다음, 목표가 정해진 직종의 과소 활용이 여전히 존재하는지의 여부를 판단해서 목표 비율을 재평가하도록 했다. 각 지역 전화통신사의 고용목표 비율과 중간 목표비율(intermediate target), 실행 계획서는 작업 계획서(worksheet)를 포함한 노동력 활용 분석서(utilization analysis)와 함께 연방계약준수국(OFCC)에 제출하고, 동의 명령이 내려진 날로부터 120일 이내에 승인 받도록 했다(Wallace 1976:286). 법원이 소수집단의 과소 활용을 해결하기 위해 장기적 목표비율(goal)을 정하고 그 목표비율을 실현하기 위한 단기적 목표비율(target)을 정하도록 최종적으로 명령한 것이다.

적극적 조치 프로그램에서 노동력 분석은 첫 단계이며 과소 활용은 소수집단에게 차별이 가해지는지의 여부를 판단하는 척도가 되고 있다. 목표비율과 실행계획서는 차별을 교정하기 위한 구체적인 방법이며, 통계적 불균형과 노동력 활용분석은 적극적 조치를 실행하기 위한 기초 작업으로 주요한 개념이다. 노동력 활용 분석은 연방정부와 계약을 맺은 기업이나 학교의 경우13) 반드시 실행하도록 하고 있다. 『적극적 조치와 고용평등 핸드북(handbook)』에 의하면 "소수인종과 여성이 모든 직급에 걸쳐 과소 대표되어 있는 경우, 이러한 통계적 불균형이 고용차별로 인한 결과가 아님을 보여 주어야 하는 증거 부담이 고용주에게 돌아가도록 한 것이다"(EEOC 1974).

사례기업은 차별적 관행을 바꾸고 교정하기 위해 적극적 조치 프로그램을 시행해야 했다. 한시적으로 6년이라는 기간이 정해 졌고 그 기간동안 여성 비율을 높이도록 시행 계획이 구체적으로 세워졌다. 정교하게 짜여진 공식에 의해 목표 비율이 매년 정해졌다.14) 기업의 고용차별이 모집, 채용, 승진, 직업 훈련 등에서 구조화되어 있었기 때문에 개발된 적극적 조치 모델은 각각에서 고용 관행을 변화시키도록 시행되었다.

---

13) 적극적 조치의 실행방법은 공공부문과 사기업 부문 뿐 아니라 교육부문에서도 유사하다. 웨스트 미시간 대학에 관한 사례연구에서 그 과정이 나타나고 있다. 1972년 4월에 적극적 조치 조정위원회(AACC: Affirmative Action Coordinating Committee)가 만들어지고 위원장의 실행 노력이 집중적으로 행해지면서 본격적으로 진행되었다. 1974년에 이 위원회는 적극적 조치 자문위원회(AAAC)로 명칭을 바꾸었고 어떻게 적극적 조치를 실천할 것인지에 관한 모델 개발에 주력했다. 실행방법은 4개의 범주로 나누어지는데 1) 적극적 조치 프로그램을 세우고 2) 그 프로그램을 개발하고 실행하며 3) 프로그램을 세우고 평가하기 위해 노동력을 분석하고 여성과 소수인종의 과소 대표성이 어느 정도인지를 알아낸다. 4)차별을 받았다는 고발이 접수될 경우 상담하고 해결하는 것이 적극적 조치의 실행과정에 포괄된다(Lockett 1994).

14) 복잡한 공식에 의해 정해진 중간 목표율 산정 방법은 다음과 같다.
[성(인종)집단의 승진비율 × 100 - 직종 내 승진비율] + [성 (인종)집단의 채용비율× 직종 내 채용비율] = 중간 목표 비율이다(Northrup & Larson 1979).

(1) 채용목표제

모집부문에서 기업은 성별 분리 광고를 없애고 홍보 내용에서 여성직과 남성직을 구분하지 않으며, 다양한 역할 모델을 제시하도록 했다.[15] 중간급 이상의 관리직 내 여성 비율을 높이기 위해 유능한 대졸 여성을 모집하려는 노력이 높아졌다.

> 1970년대 초에 법원의 동의 명령에 의해 여성 비율을 높여야 하는 상황에서 기업은 생산성을 떨어뜨리지 않기 위해 능력 있는 여성을 기업이 찾아 나서는 방법밖에 없다고 판단했다. 대졸여성을 모집하기 위한 팀을 별도로 구성하고 전국 각지의 대학을 찾아다니면서 재능 있는 졸업 예정 여대생을 물색하기에 바빴다(사례 13).

둘째, 채용 시에 여성을 포함한 소수집단을 우선적으로 채용하도록 했다. 남성 직종인 숙련직에서 여성의 채용 목표 비율은 19%였다. 기업은 1973년 당시 외근 숙련직에서의 여성 비율이 3%인 점을 들어 목표 비율로 3.8%를 제시했다. 그러나 고용기회평등위원회(EEOC)는 숙련직에서의 여성 과소 대표성이 구조적으로 여성을 배제한 결과라고 보고, 38%를 목표 비율로 제시했다. 그 수치는 여성의 경제활동 참가율이었다. 기업과 정부기구가 제시한 목표 비율의 격차는 엄청났다. 그 과정에서 여성단체는 기업 뿐 아니라 고용기회평등위원회(EEOC)가 정한 목표비율에 불만을 나타내었다. 전국여성회(NOW)는 고용기회평등위원회(EEOC)가 제시한 여성경제활동참여

---

15) 실제로 AT&T사를 포함한 지역 전화통신사의 홍보 책자를 보면, 전화 가설 장비를 허리에 두르고 전봇대에 올라가는 여성노동자와 고위 중역 회의에 참여하는 여성 간부의 사진이 실려 있다.

비율 38%에는 가정주부가 포함되지 않아 실제보다 축소된 수치라고 주장했다. 전화통신산업의 여성 비율이 60%이고 미국 전체 인구의 53%가 여성이기 때문에 여성 목표비율은 고용기회평등위원회(EEOC)가 제시한 비율보다 더 높아야 한다는 것이었다.16) 협상 결과 숙련직의 여성 목표 비율은 19%로 정해졌다.17)

흥미로운 사실은 여성뿐 아니라 남성을 위해서도 목표 비율이 정해졌다는 점이다. 정부는 전화교환원 직에서 남성이 과소 활용되었다고 보고, 채용 시 교환원 직의 10%는 우선적으로 남성을 채용하도록 했다. 그러나 교환원 직에서의 남성 최종 목표 비율(ultimate goal)은 정해두지 않았다. 반면에 사무 행정직(clerical and administrative)에서 소수 인종 출신의 남성을 위한 최종 목표비율은 25%이었다.18)

---

16) *Ms*. 1979.
17) 일반적으로 소수집단의 수를 늘리기 위해 목표 비율을 정하는 데는 몇 가지 기준이 있다. 첫째, 특정 지역의 인종별 성별 인구 구성비를 목표 비율의 기준으로 정하는 것이다. 예를 들어 ㄱ 지역의 여성인구가 50%이고, 특정 직종에서 요구하는 자격증을 가진 사람의 50%가 여성인 경우 그 직종의 여성 목표비율을 50%로 정하고 그 비율을 달성하기 위해 실행 계획서를 만든다.
둘째, 전체 노동력을 대분류 직종군 9개 직종으로 나누고 각 직종의 성별 인종별 구성 비율을 정한 다음 그 비율을 특정 기업 또는 기관의 해당 직종내 성별 인종별 구성비와 비교해서 전체 노동력의 성별 인종별 구성비와 맞추어 목표 비율을 정하는 것이다. 예를 들어 여성이 전체 노동력 전문 직종에서 40%인 경우 기업은 전문직에 여성이 최소한 40% 이상이 되도록 목표비율을 정하고 실행계획서를 세우도록 되어 있다.
셋째, 통계자료를 이용하지 않고 조직이론에 기초해서(Kanter 1977) 특정 집단이 20% 이하인 경우 무권력화되는 소수집단이라고 보고, 20% 이상이 되도록 목표비율을 정하는 것이다.
넷째, 채용시험에서 4/5 규정(rule)을 정해 두고 차별했는지의 여부를 판정하는 기준으로 삼을 뿐 아니라 차별 교정의 기준으로 삼는 것이다. 응시자와 합격자를 인종별 성별로 구분하여 다수집단과 소수집단의 비율을 비교해서 다수집단의 채용 비율을 목표비율로 정하는 방법이다.

(2) 승진할당제

승진과 직무 이동에서 시행된 적극적 조치는 할당제의 형태로 여성과 소수집단에게 우선적으로 기회를 주는 방식이었다. 예컨대 20명의 승진 대상자가 생길 경우 10명은 백인 남성, 7명은 소수 인종, 3명은 백인 여성에게 할당하는 것이었다. 할당 비율의 설정은 여성이 과소 대표되어 있는 주요 직종인 숙련직의 목표 비율을 달성하기 위해서였다. 또 다른 해결 방법은 직무 이동을 통해서였다. 기업은 직무 이동국(transfer bureau)을 별도로 설치해서 각 부서의 직무 이동, 승진 계획을 자세하게 기록하고 자격 요건을 포함해서 공개적이고 적극적으로 홍보하도록 했다. 또한 미국 전역에 퍼져있는 지역 전화통신사의 숙련직을 포함한 각 직종의 고용 상황을 알려서 남녀 모두가 지원하도록 개방했다. 특히 자격 요건과 관련해서 여성이 선임권으로 인해 불이익을 당하지 않도록 그 기준을 부서와 특정 직종에서 근속한 연수로부터 기업에서 근속한 연수로 바꾸었다. 선임권의 기준이 바뀜으로써 비서직으로 근무한 여성이 고임의 남성 직종으로 직무 이동하고자 할 경우 숙련직에서 같은 기간 근속한 남성과 같은 대우를 받게 되었다.

그밖에 기업은 여성이 관리직과 비 관리직 각각의 상위 직급, 상위직종에서 과소 대표되지 않도록 채용, 승진, 직무 이동뿐 아니라 직업 훈련에서 적극적 조치를 실행해야 했다. 특히 숙련직에서의 여성 목표비율이 19%인 만큼, 이 직종으로 이동하는 여성이 많아질 것에 대비해서 기업은 여성을 위한 사내 훈련을 강화했다. 또한 중

---

18) *Fortune* 1979.1.15

간급 관리자 양성 훈련에서 남성만을 포함시켰던 관행을 폐지하고 여성을 승진 대상에 우선적으로 포함시켰다.

2. 능력주의 논리에 입각한 기반한 기업의 대응

사례기업은 차별적인 고용관행을 시정하기 위해 적극적 조치 프로그램을 6년간 시행해야 했다. 기업, 정부기구가 공동으로 개발한 적극적 조치 모델은 채용목표제와 승진할당제로, 채용목표제는 여성이 과소 대표되어 있는 숙련직의 여성비율을 높이고 행정 사무직에서 소수인종 남성을 위해 목표비율을 정해 두는 것이었다. 승진할당제는 여성이 수적으로 적은 숙련직과 중간층 관리직의 여성비율을 높이기 위해 여성에게 승진기회를 우선적으로 부여하는 방식으로 행해졌다. 고용할당제와 유사한 강한 적극적 조치가 실행되는 과정에서 이해관계를 달리하는 자본과 가부장적 세력은 능력주의 논리에 기반해서 이에 저항하였으나 국가 권력의 개입은 적극적 조치를 현실화시키는 힘으로 작용했다.

1) 적극적 조치 실행에 대한 정부의 모니터링

허니스(Hernes)는 국가의 억압적 성격에 대해 비판하면서 여성이 노동, 공적 생활에 자연스런 관계를 지닐 수 있게 하는, 성적 측면에서 부당한 대우를 받지 않는 친 여성적 국가(women-friendly state)의 이상을 상정하면서 여성과 국가간의 동맹관계로서의 국가 페미니즘에로의 전망을 제시한다(Hernes 1987:9~29). 평등주의는 법적 평등이 제도화로 연결되는 국가 기구의 실천으로 표현되었다.

AT&T사의 적극적 조치 프로그램은 고용 목표제와 실행 계획서를 주요 내용으로 하고 있어 자칫하면 목표 비율은 도달하기를 '희망'하는 목표에 머무르고 계획은 계획서로 끝날 가능성을 안고 있었다. 무엇보다 적극적 조치의 시행을 실현하는 데 중요한 조건은 정부의 실행 의지가 담긴 모니터링이었다. 미국은 고용평등정책과 관련해서 여러 정부기구에 정책 실행의 책임을 두어 왔으며, 연방정부 차원에서 인사위원회, 인권위원회, 노동부, 법무부가 적극적 조치를 포함한 고용평등정책의 실행에 관여하고 있다.

인권위원회(Civil Rights Commission)와 노동부의 여성국은 정책 연구와 정치 지도자를 대상으로 한 자문 활동을 주로 하고 있고, 정부의 각 부처와 주 정부는 자체적으로 고용평등사무소를 두었다. 이와 같이 미국이 고용평등정책을 실행하는 정부의 활동을 하나의 기구에 집중해서 단일화하기보다 분산시켜 온 이유는 실행의 책임을 여러 정부기구에 두어 중복시키는 한편, 기구간의 경쟁적인 시행을 유도할 수 있다고 보았기 때문이다. 그러나 실제의 상황은 달랐다. 민권법 제7편이 제정된 이후 미국의 고용평등정책은 부서의 고용 차별에 대한 이해나 문제 해결의 헌신성의 정도에 따라 입장의 차이를 보이는 한편 일면 혼선을 가져 왔다.

예컨대, 종업원 선발절차에 관한 표준 가이드 라인의 경우 고용기회평등위원회(EEOC), 노동부, 법무부, 연방인사위원회가 공동으로 만들도록 되어 있었는데, 이 과정에서 고용차별에 대한 개념을 둘러싸고 부처간의 견해 차이가 나면서 두 개의 가이드라인이 1976년에 나왔다. 고용기회평등위원회(EEOC)가 차별의 기준을 불평등 효과에 기초해서 채용 시험과 선발 절차가 운영되어야 한다고 보는 한편, 연방인사위원회, 법무부, 노동부 등의 정부기구는 불평등 처우에 기초해서 정해져야 한다고 보았다. 어떻게 차별을 금지하고 없애 갈 것인가에 대한 견해 차이가 벌어지면서 고용평등정책은 일관성을 잃고 혼선을 빚게 되었다. 사기업의 고용주와 직원들은 특정 이슈에 대해 정부기구들이 일관되지 않은 정보를 제공하고 법 조항을 해석하여 혼란을 가중시켰다고 비판했다. 마침내 1972년에 고용평등연계협의체(Equal Employment Opportunity Coordinating Council)가 의회법에 의해 설치되었다(Meehan 1985:105).

AT&T사의 적극적 조치 시행은 법원의 동의명령에 의한 것이었지만 일차적으로 고용기회평등위원회(EEOC) 등의 정부 기구로부터 감시와 통제를 받는 대상이었다. 고용기회평등위원회(EEOC), 노동부, 법무부, 총괄사업청 등 4개의 정부 기구를 중심으로 정부조정위원회(Government Coordinating Committee)가 구성되었다.[19)]

정부조정위원회의 주요 활동은 1)기업이 정한 목표 비율과 실행계획서를 검토하고 승인하며 2)1973년 법원의 동의 명령에 의해 합의된 사항을 모니터하는 것 등이었다. 그밖에 정부조정위원회는 특별 대책반을 두었다. 특별 대책반은 지역 전화통신사의 간부진과 함께 토론의 장을 마련한다거나, 현장 면담을 통해서 지역 전화통신사가 고용평등정책을 위한 새로운 안과 제도적 틀을 만들도록 지원했다. 고용기회평등위원회(EEOC) 본부는 먼저 AT&T사의 24개 지역

---

19) 그밖에 OFCCP는 노동부 내 다른 조직과 연계해서 활동을 벌여 왔다. 노동부 여성국, 법무국의 지방사무소, 직업훈련국(Bureau of Apprenticeship and Training), 고용과 훈련국(Employment and Training Administration) 등 노동부 산하의 기관 들과 긴밀한 연계를 갖고 있다(Meehan 1985:105).

전화통신사가 고용 차별을 교정하도록 고용기회평등위원회(EEOC) 지방 사무소와 함께 공청회에서 제기되었던 차별 사례를 해결해 나갔다(Wallace 1976). 또한 각 지역 전화통신사의 고용평등 담당관들이 고용기회평등위원회(EEOC)와 긴밀한 연계를 갖고 활동하면서 기업의 적극적 조치 담당관(affirmative action officer)에게 보고하도록 했다. 적극적 조치의 실행과정을 모니터하고 활성화하기 위해 구성된 정부기구와 기업간의 연계망이 <그림 1> 이다.

〈그림 1〉 적극적 조치의 실행과정을 모니터하는 정부−기업 연계망

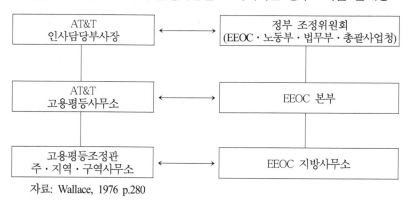

자료: Wallace, 1976 p.280

적극적 조치의 실행과정은 정부 조정위원회가 모니터하는 대상이 되었으며 그 연계망은 미국 전역에 퍼져있는 AT&T사의 24개 지역 전화사로 하여금 적극적 조치 모델을 시행하기 위한 장치였다. AT&T사는 주·지역·구역 단위로 고용평등조정관을 두어 기업내부에서 적극적 조치 모델이 운영되도록 했고 정부조정위원회는 고용기회평등위원회(EEOC)의 지방사무소로부터 본부를 통해 거대기업인 AT&T사가 실제로 적극적 조치의 모델을 시행하는지의 여부를

보고 받는 한편 의무기간인 6년간 감시하고 통제하는 기능을 담당
했다. AT&T사의 적극적 조치 실행은 정부 - 기업간, 중앙 - 지방간
의 연계망을 통해서 협조와 감시, 통제에 의해 수행된 것으로 밝혀
졌다.

2) 국가권력의 통제에 대한 기업의 반발

(1) 능력주의와 기업의 반발

정부의 개입과 강한 법적 제재가 있기 이전까지 적극적 조치 모
델을 개발하는 과정에서 AT&T사는 적극적 조치의 시행이 능력주의
원칙을 위배하고 있다고 반발했다. 특히 고용기회평등위원회(EEOC)
가 성별 직종 분리로 인한 구조적 차별을 완화하기 위해 여성을 숙
련직에 38% 이상 채용하라고 요구했을 때 기업은 수용하려고 하지
않았다. 1971년 대법원의 판결은 고용의 차별 개념을 불평등 효과로
해석했고, 이는 사기업이 기회의 평등을 더 이상 내세울 수 없게 하
는 요인이 되었다. 결과적 평등 개념이 새롭게 인식되었고, 미국 사
회에는 불평등한 사회적 환경을 고려한 조건의 평등이 기회의 평등
개념과 더불어 공존하게 되었다.

AT&T사가 적극적 조치를 실행하면서 개편한 15개 군의 직종 중
6 · 7군은 숙련 직종으로, 이 직종에서 여성 비율을 높이기 위한 주
요 방법은 업무 이동이나 승진을 통해서였다. 일차적인 기준은 기업
의 근속년수와 '최상의 자격을 가진 자(the best qualified)'였다. 그러
나 이와 같은 기준으로 실행 계획서에서 정한 중간 목표 비율을 충

족시킬 수 없을 경우 이를 재조정해야 했다. 이 과정에서 기준은 근속년수와 '기본' 자격을 갖춘 자로 변경되었고, 또 다시 목표 비율을 채우기 어려울 경우에는 '최소한'의 자격을 갖춘 자로 새로 채용하는 방식이 되었다. 이에 대해 기업은 고용기회평등위원회(EEOC)가 제시한 적극적 조치의 실행 방법이 최상의 자격을 갖춘 자를 우선 채용하는 능력주의를 기본 원칙으로 하는 기업의 인사 관행을 무너뜨리고 있다고 비난했다

> 고용기회평등위원회(EEOC)는 지금까지 AT&T사가 국민에게 최상의 전화통신 서비스를 제공하기 위해 노력해 왔다는 사실을 인정하지 않고 있다. 기업은 최저 비용으로 최고의 서비스를 소비자에게 제공해야 하는 책임이 있다. 기술이 부족하고 자격이 부족함에도 불구하고 소수 집단을 우선적으로 채용하도록 하는 고용기회평등위원회(EEOC)의 요구를 따른다면, 기업은 더 이상 양질의 서비스를 소비자에게 공급할 수 없게 된다(EEOC 1971: 133).

그러나 기업이 내세우는 '최상의 자격을 가진 자'는 실제로 백인 남성 중심의 사회에서 다수집단을 위한 원칙에 불과했다. 남성 위주의 가치관과 잣대로 보면, 여성은 능력과 자격이 부족한 열등한 존재였다. 기업으로부터의 반발에 대응해 고용기회평등위원회(EEOC)는 전화통신산업의 숙련은 기업 특정적 기술(firm-specific skill)로 기업이 여성을 채용한 이후 기술과 능력을 습득할 수 있도록 훈련 기회를 적극 부여해야 한다고 주장했다. 그러자 기업은 숙련직의 일을 할 만한 잠재적인 능력을 가진 지원자를 채용하지 않을 경우 훈련 비용이 크게 증가하게 되며 그 비용이 소비자의 몫으로 돌아가게

될 것이라고 반박했다. 또한 기업은 전화교환직의 경우에도 적격자를 채용하지 않을 경우 훈련 일수를 늘려야 하며, 만약 하루를 더 늘리게 되면 연 140만 달러가 추가로 든다고 주장했다. 그러나 실제로 적극적 조치가 실행되었던 시기에 기업이 우려했던 생산성의 하락은 나타나지 않았다. 오히려 전화통신산업의 생산성은 타 산업과 비교해 볼 때 훨씬 더 빠른 속도로 발전해 갔다(Budgett 1995:45).

기업의 반발은 예상했던 것보다 훨씬 더 컸다. 오랫동안 AT&T사가 유지해 온 성별 직무 분리가 도전 받으면서 성 유형화된 직종의 벽이 허물어지기 시작하자 기업은 거부감을 나타내었고, 특히 여성 직종인 교환직과 사무직에 남성이 고용되는 것을 기피했다. 그런데 이와 같은 기업으로부터의 강한 반발은 단지 성별 직종 분리를 정당화하는 성 차이에 기초한 고정관념에서 비롯된 것이 아니었다. 경제적인 이유가 크게 작용했다. 전화통신산업은 기술변화가 빠른 대표적인 산업으로 기술혁신으로 인한 구조조정이 활발했다. 사무자동화가 인력을 대체하는 영역이 넓어졌고, 기업은 감원이 예상되는 직종에 남성보다는 여성을 채용하기를 원했다. 당시에 AT&T사의 비 관리직 여성들은 이직율이 높은 편이었고 자연 감원의 경우 기업은 해고에 따른 비용 부담을 줄일 수 있었다. 1970년대 초에 기업은 성별 직무 분리로 인한 성차별을 폐지하기 위해 설계된 적극적 조치를 시행해야 하는 상황에서 남성을 여성 직종인 전화교환직에 채용하기를 계속해서 기피했다. 그러나 법원으로부터의 동의 명령을 통한 법적 위력과 정부기구로부터의 감시 활동이 거세어지면서 기업은 굴복하지 않을 수 없었다.

(2) 정부의 개입과 기업의 태도변화

국가가 권력의 재생산에 결정적인 역할을 하지만 권력은 경제적 성적 인종적 위계를 통해 분산되어있기 때문에 단지 권력의 핵심으로 이해될 수는 없다(Eisenstein 1984: 330). 국가의 정책은 정치 담론 내의 테두리 안에 존재하는 갈등을 반영하지만 갈등 속에서 완전히 의존적이거나 전적으로 자율적이지 않다. 국가 권력에 의한 법적 평등의 실행은 자본과 가부장적 권력으로부터의 저항과 도전에 직면하기 때문이다.

1973년 미국의 펜실베니아 동부 지방법원은 AT&T사, 고용기회평등위원회(EEOC), 노동부, 법무부간에 이루어진 합의서를 동의 명령에 의해 의무적으로 시행하도록 했다. 이 과정에서 법무부는 기업의 고용차별이 특정한 유형이나 관행(pattern or practice)의 형태를 띨 경우, 법무부 장관이 직접 나서서 기업을 상대로 제소할 수 있도록 하는 민권법 제7편에 기초해서 참여하게 되었다.[20] 동의 명령에 의하면, AT&T사는 연방정부 기구가 정한 고용평등 요구를 2년간 충실히 실행하는지의 여부를 감독받아야 했다. 뿐만 아니라 동의명령의 적용대상 인원은 지역 전화통신사에 고용되어 있는 인원으로 80 여만 명에 달했다. 이 제도의 영향력은 매우 큰 것이었다.

법원의 명령과 정부의 강한 개입을 통해 시행되었던 AT&T사의

---

20) 유형이나 관행 차별 소송을 효과적으로 이용하는 것은 고용 차별을 폐지하는 데 필수적이라는 평가가 있다. 또한 이 소송은 산업 전반의 차별적인 고용 관행을 공격하는데 적절하게 사용될 수 있다. 유형이나 관행 차별의 소송은 법무부 장관이 하도록 되어 있는데 드문 편이다. 민권법 통과된 이후 1967년 말까지 실제로 법무부 장관이 제소한 사건은 10건에 불과하다(The United States Commission on Civil Rights 1971:1228~1231).

적극적 조치 실행은 기업에 엄청난 경제적 부담을 안겨 주었고 다른 사기업에 충격을 주었다.21) 기업의 차별적인 고용관행으로 인해 피해 받은 1만 3천여 명의 여성과 소수인종 집단에게 소급배상이 주어졌고 적극적 조치를 시행하기 위해 기업이 들인 총 비용은 4천 5백만 달러로 밝혀졌다(Northrup and Larwon 1979:14). 시행 초기에 AT&T사는 불만을 나타내었고, 적극적 조치를 소극적으로 시행하고자 했다.22) 법원으로부터 동의명령이 내려진 첫 해인 1973년에 AT&T사는 정해진 목표 비율의 51% 만을 달성했다. AT&T사의 적극적 조치 시행을 모니터 해 온 정부조정위원회는 기업이 성의 있는 태도로 적극적 조치를 시행하지 않았다고 보고, 법정 모욕(contempt of court)조치가 내려져야 한다고 보았다.23) 정부조정위원회의 압력으로 법원은 기업에 추가 명령(supplemental order)을 내렸고 정부기구와 AT&T사는 새로운 협상에 들어가서 동의서(memorandum of agreement)를 체결했다.

정부의 강한 개입이 있은 이후 기업의 태도가 바뀌었다. 기업이 적극적 조치의 중간 목표 비율을 달성하는 수준이 크게 높아진 것이다. 1974년 90%에서 1975년 97%로 높아졌고 1976년 이후에는 99%를 보여 놀랄만한 성과를 보였다.24) 당시에 미국 의회는 AT&T사의 사례가 민권법 제7편의 개정에 의해 고용기회평등위원회

---

21) 그러나 AT&T사의 연간 총 수입이 약 400억 달러라고 볼 때, 동의명령에 의한 비용부담은 상대적으로 크지 않다는 평가도 있다(Fullinwilder 1981).
22) 1974년 의회의 보고서에 의하면, AT&T사의 분쟁 해결이 어려웠고 모니터하는 데 비용이 많이 들었다고 지적하고 있다(Wallace 1976).
23) *Fortune*. 1979. 1. 15
24) *Fortune*. 1979. 1. 15.

(EEOC)의 법적 권한이 강화되면서 사기업을 대상으로 조사 권한과 제소권을 충분히 활용한 모델이었다고 평가했다 (Wallace 1976).

AT&T사가 적극적 조치를 시행하면서 실제로 전화교환직에서 일하는 남성의 이직율이 여성보다 3배 이상 높다는 사실이 밝혀졌을 때 기업은 어떠한 반대도 하지 않았다(Hacker 1973). 사무직이나 전화교환직으로 들어 간 남성의 이직율이 매우 높았음에도 불구하고 AT&T사의 전체 이직율은 적극적 조치의 실행기인 1973~1979년 사이에 오히려 하락했다(Fullinwilder 1981).

법적 강제와 정부로부터의 강한 개입을 통해서 적극적 조치가 실행되어야 하는 상황에서 기업은 능력주의를 더욱 부각시키려고 했다. 기업이 합성 PBX 설비를 설치하고 보수하는 일은 숙련 수준을 단계적으로 쌓아 올려야 하는데, 숙련직에서 일하는 여성이 거의 없기 때문에 고용기회평등위원회(EEOC)가 제시한 여성 목표 비율만큼 그 수를 늘리기 어렵다고 주장했다. AT&T사의 고위직 간부는 "곱게 차려입은 여성이 뉴욕 시의 더럽고 냄새나는 맨홀에 들어가서 일하기를 원하겠는가"라고 항변하기도 했다. 기업의 반발에도 불구하고 정부 기구의 압력에 의해 합의가 이루어졌고, 최종적으로 정해진 숙련직의 여성 목표비율은 19%이었다.

뿐만 아니라 정부는 중견 관리직의 여성 과소 대표성이 구조적 성차별의 결과라고 보고 특히 고위 관리직에 여성이 단 한 명도 없다는 사실을 지적했다. 그러자 기업은 남녀간의 차이를 들어 변명하려고 했다. "여성은 남성과 태도와 행동이 다르기 때문에 고위 관리직에 적합하지 않아 적극적 조치를 실행하기가 수월하지 않다."는 것이었다(Fullinwilder 1981:11).

조직이 추구하는 기본적 목표, 그리고 평가의 기준을 이루는 효율성이 남성적 특성과 접합되는 과정은 조직 내에서 유능하고 바람직한 인력으로 남성이 선호되고 반대로 남성적 특성을 갖추지 못하는 여성들에 대한 배제가 조직적으로 강화되며 정당화되는 과정이다. 이러한 가정은 조직 내에서 평가의 기준, 평가 방식을 결정하는 조직의 중심 집단으로서의 남성적 기득권을 재확립시켜 주는 주요 기제가 된다.

남성 중심적인 능력주의에 대한 비판은 적극적 조치 찬반론의 주요한 쟁점이 되어 왔다. 드빈(Devin)은 다수집단이 적극적 조치의 도입을 반대하면서 그 명분으로 능력주의를 이용하고 있다고 비판한다. 실제로 적극적 조치를 도입한 이후, 기업에 채용된 여성이 남성보다 자격이 부족했다는 증거가 없다는 것이다. 오히려 기업, 대학 등이 적극적 조치를 실행함으로써 표준화된 고용 절차를 만들게 되고, 그로 인해 채용과 승진에서 남성에게 유리하게 작용했던 남성간의 인맥(old boy fraternity)에 의한 고용이 줄어들었다는 점을 강조하고 있다. 적극적 조치가 능력주의를 침해한 것이 아니라 오히려 강화한 것이다(Hill 1987:39).

능력주의에 기초한 기업의 반발은 평등주의를 실현하고자 하는 국가 권력의 의지와 충돌되었고 남성 중심적 능력주의에 대한 비판과 평등 담론에25) 기반한 국가의 강한 개입은 AT&T사의 성 차별적

---

25) 적극적 조치의 찬성 논거는 다음과 같다.
　　첫째, 보상적 정의론이다. 이 이론은 소수집단이 지금까지 부당하게 차별받

인 관행이 구조적이고 체계적인 간접차별에 의한 것으로 국가 차원에서 해결되어야 한다는 인식이 확산된 결과라고 볼 수 있다.

아 손실을 입은 피해자이며 다수집단은 소수집단을 차별하여 부당한 이익을 누렸으므로 보상할 의무를 지고 있다고 보았다. 이러한 주장은 적극적 조치를 지지한 연방대법원 대법관들의 논거를 통해서 제기되었고 적극적 조치와 관련한 주요한 사건인 배키(Bakke)와 존슨(Johnson), 웨버(Weber) 사건 등에서 대법관들은 현재의 상태가 과거 차별의 결과라고 믿을 만한 상당한 이유가 있을 때에는 만성적인 소수집단의 과소 대표성(under-representation)을 극복하기 위해 적극적 조치가 필요하다고 강조하였다. 이 이론은 소수집단에 대한 과거의 차별이 관행으로 이어져 오면서 사회 구조적으로 정착된 것이라고 보았다.

둘째, 차별 개념이 불균등 영향으로 해석되고 실질적으로 고용평등을 실현하기 위한 적극적 조치가 실행될 수 있도록 한 이론적 논거의 하나가 배분적 정의론이다. 이 이론에서는 집단간의 배분의 평등을 위해 적극적 조치가 실행되어야 한다고 보고 무엇을 누구에게 배분할 것인가를 두고 논란을 벌여 왔다. 닉켈(Nickel)은 "권리, 공적, 능력, 공헌도 등의 요소를 종적으로 고려하여 집단간의 이익과 부담을 배분하는 것"이라고 설명한다. 이러한 주장은 과거에 차별을 받았기 때문에 보상을 받아야 한다기보다는 사회적 자원을 배분하는 데 있어서 공정한 절차가 필요하다는 점을 환기시키고 있다. 소수집단이 누적된 차별로 인해 공정하게 경쟁할 기회를 박탈당해 왔다면 그 기회를 적극적으로 부여하고, 다수 집단이 경쟁 기회를 독식해 왔다면 제한하자는 것이다. 배분적 정의론은 보상적 정의론과 함께 고용차별을 폐지하기 위해 적극적 조치가 도입되어야 한다는 주장을 뒷받침하는 강력한 논거가 되어 왔으며 특히 배분적 정의론은 보상적 정의론이 대두된 이후 사회적 차별로 인해 피해를 받은 자가 있다면 그 보상이 개별적으로 입증되어야 한다는 반론이 제기되었을 때 이를 반박할 수 있는 또 다른 논거가 되고 있다.

셋째, 고용 차별을 적극 교정하기 위한 적극적 조치의 도입과 실행을 지지하는 또 하나의 논거가 사회적 효용론이다. 이것은 적극적 조치의 제도적 필요성을 철학적 차원보다는 실리적 차원에서 접근하고 있다. 사회적 효용론은 대의 명분에서보다는 인적 자원을 적극적으로 활용한다는 의도에서 적극적 조치를 실행한다는 면을 강조하면서 소수집단 중에서 높은 직위나 고소득 직종에서 일하는 사람이 있게 될 경우 그 집단의 역할 모델이 됨으로써 소수집단의 사기를 높인다는 점을 새롭게 부각시키고 있다.

3. 역차별 소송과 남성의 저항

사례기업에서 차별적인 고용관행을 적극 시정하고자 하는 적극적 조치의 실행에 대해 기업 뿐 아니라 노조와 개별 남성들은 반발을 보였다. 가부장적 저항의 형태는 적극적 조치가 실행되면서 남성 직종에서 일하게 된 여성에 대한 배타성, 개별 남성의 법적 소송으로부터 관리직 남성의 조직적 저항, 노조를 중심으로 한 집단 소송에 이르기까지 다양한 층위에서 전개되었다.

1) 적극적 조치의 실행과 남성의 개별적 저항

(1) 숙련직 여성에 대한 남성의 배타성

기업은 여성 목표 비율을 달성하기 위해 우선적으로 '자격 있는 여성'을 찾아 나섰고, 수리 기계공(garage mechanics)과 라인맨(lineman) 직에서 일하기를 원하는 여성을 모집했다. 처음에는 야외 공사장에서 일을 하고, 전봇대를 기어오르며, 케이블을 연결하는 일을 하려고 하는 여성이 쉽게 찾아지지 않았다(O'farrel & Kornbluh 1996:251). 그러나 시간이 지나면서 숙련직에 지원하는 여성이 늘어나기 시작했다. 기업이 '여성 숙련직 모집'을 적극 홍보하고, 이 직종의 임금 수준이 높다는 사실이 알려지면서 여성 지원자가 많아진 것이다. 기업은 남성 중심 직종으로 유지되면서 철저하게 남성 위주로 만들어져 온 숙련직의 노동 도구와 장비의 일부를 여성이 쓸 수 있는 것으로 바꾸어야 했다. 예컨대 사다리를 타고 올라가 전화를 가설해야 하는 숙련직 여성이 늘어나면서 기업은 여성이 사다리를 어렵지 않게 사용하도록 사다리 무게를 줄이는 방법을 생각해야 했다.

고용기회평등위원회(EEOC)가 숙련직의 업무 수행 자격으로 무게 제한 규정을 두는 것이 진정직업자격(BFOQ)에 해당되지 않는다고 결정을 내린 이후, 기업은 비록 소수이지만 여성을 채용하기 시작했다. 적극적 조치가 실행되면서 숙련직 내 여성 목표 비율이 정해졌고 그 비율을 채우기 위해 기업은 많은 노력을 들여야 했다. 두드러졌던 변화의 모습은 장비 무게를 줄이는 것이었다. 여성이 나무로 만들어진 사다리를 들어 올려 전봇대에 기댄 다음 올라가는 일은 쉽지 않았다. 기업은 사다리의 무게를 줄이기 위해 목재 사다리를 알루미늄 사다리로 바꾸기 시작했다. 또한 사다리에 회전 나사못(swivel)을 달아 굳이 사다리를 들어올리지 않더라도 수평으로 회전시켜 방향을 바꾸어 이용할 수 있도록 했다(사례 14).

따라서 적극적 조치의 실행에 따른 성별 직종 분리의 변화는 노동도구를 포함해서 작업환경을 변화시켰다. 장비 무게가 줄어들면서 노동자에게 돌아간 혜택은 남녀 모두를 포함했다. 나무로 만든 사다리를 들어올리는 일은 남성에게도 힘이 드는 것이었고 체구가 작은 남성에게는 더욱 그러했다.

그러나 기업은 이와 같은 변화를 불만스러워 했고 여성을 숙련직에 채용한 탓으로 돌렸다. 남성만을 고용했더라면 굳이 나무 사다리를 알루미늄 사다리로 교체하느라 별도의 비용을 들여야 할 필요가 없다고 보았기 때문이다. 남성 직종에 여성을 채용하면서 기업은 전봇대 오르는 훈련 코스를 새롭게 만들었고 안전 수칙 조항에 세부적인 내용을 포함시켰다. 기업의 가장 큰 부담은 여성이 전봇대를 오르는 코스 훈련을 받다가 떨어져서 부상당하거나 훈련을 받은 이후 일이 힘들다는 이유로 그만두는 일이 빈번한 데 있었다. 기업이 주장한 바에 의하면 여성의 사고 발생률은 남성보다 2배~3배 정도 높다는 것이었다(Northrup & Larsons 1979).[26] 이러한 상황을 더욱 악화시키는 것은 남성 감독자의 태도였다. 남성들은 여성을 숙련직 노동자로 훈련시키는 일을 못 마땅해 하면서 성실하게 가르쳐 주지 않았다.

> 적극적 조치를 실행하면서 전화통신사들은 처음으로 외근 숙련직에 여성을 뽑기 시작했다. 나를 포함해서 3-4명의 여성이 전봇대 오르는 훈련을 받았다. 여성들은 매우 조심스러웠고 남성만큼 자신 있게 전봇대를 타고 오르지는 못했지만 사고 없이 훈련 과정을 끝마쳤고 남성과 함께 일을 할 수 있었다 (사례4).

적극적 조치의 실행으로 인해 남성이 일자리를 잃어 간다는 담론이 남성들의 입을 통해 전해지면서 적극적 조치에 대한 반발은 더욱 높아졌다. 이것은 숙련직으로 입사한 여성에게 노골적으로 적개심을 나타내는 형태로 표출되었다. 1971년에 숙련직에서 일을 하기 시작한 여성노동자는

> 고등학교를 마치고 보스톤에 있는 한 지역 전화사에서 여성을 숙련직에 채용한다는 광고를 보고 놀랐다. 처음에는 남성이 하는 일이

---

26) 동의 명령 이후 적극적 조치를 부분적으로 수정하면서 기업은 외부 숙련직의 여성 목표 비율을 낮추었다(Fullinwilder 1986).

라고 생각해서 망설였지만 임금이 높은 것을 알고 지원했다. 숙련직에서 일하는 여성은 나 혼자였는데, 남자 동료들은 내가 남자 형제들의 일자리를 빼앗았다고 말하면서 나를 괴롭혔다(사례 1).

소위 남성 직종으로 인식되었던 숙련직에서 일을 하게 된 여성에 대해 남성들이 배타적인 태도를 보였고 세 가지 유형으로 나타났다. 첫째, 자신들이 하는 일을 과장되게 표현하면서 여성들이 하기 어렵다고 느끼게 만들거나 여성을 비하하는 언행을 하는 것이다. 둘째, 여성을 남성의 일을 빼앗는 경쟁 상대로 인식하면서 따돌려서 적응하기 어렵게 만드는 것이다. 셋째, 여성에게 불쾌감을 주는 성적 희롱과 학대를 가하는 것이다.

초기에 숙련직에서 일하는 여성에 대한 부정적인 태도는 여성이 남성 직종을 빼앗는다는 위기감에서부터 비롯될 뿐 아니라 여성이 장비를 다루지 못한다는 선입견을 그대로 보였다.

만일 사고가 났다면 두 가지 이유에서 일거다. 장비를 잘 다루지 못했거나 장비의 부속품이 잘못 되었기 때문일 것이다. 남자들은 내게 여자들이 어리석어서 사다리를 세우는 일부터 어떻게 노동도구를 사용할지를 모른다고 말하곤 한다. 남성도 발을 헛디뎌서 사다리에서 떨어지곤 한다. 내 동료들은 실수해서 그렇다고 말한다. 그러나 내가 넘어지거나 다치게 되면 어리석어서 그렇다고 비난을 한다. 힘에 부쳐서 넘어지는 경우도 있다. 마른 남자들에게는 비슷한 일이 벌어진다. 그러나 아무도 그가 바보스럽다고 말하지는 않는다. 장비의 부품이 고장나서 그럴 수 있다. 노동도구가 잘 작동이 되지 않는 경우가 있다. 장비가 고장나면 알기가 어렵다. 그렇지만, 남자들은 내가 장비를 잘 다루지 않으면 기계에 대해 무지하기 때문에 그렇다고 대번에 말한다. 여자이기 때문에 어쩔 수 없다는 것이다. 내가 경험한 바로는 숙련직에서 일하는 여성들이 바보스럽거나 남자들보다 사고를 더 많이 낸다고 생각하지 않는다 (사례4).

남성 직종에서 일하는 여성에 대한 성적 학대는 빈번했고 이는 소수집단으로서의 여성의 무 권력성이 그대로 드러나는 경우였다. 초기에 이 직종에서 일하는 여성은 남성들로부터의 적대감과 함께 성적 희롱에 시달려야 했다.

사무실에 출근해 보면 책상에 남자 성기가 그려진 그림이 놓여 있던 적이 있었다. 소름끼치고 기분이 나빴지만 어떻게 해야겠다는 생각은 못했다. 고등학교를 갓 졸업하고 직장 생활을 한 지 얼마 되지 않은데다 따돌림을 받는다는 느낌이 있어서 이 일로 화를 내면, 계속 함께 지내기가 어려울 거라는 생각이 들었다. 또 다시 이런 일이 생길까 봐 걱정을 했는데, 다행히 없었다. 점심 먹고 나서 담배 피고 쉬면서 온갖 저질스런 성적 농담을 해대는데, 내가 옆에 있건 없건 전혀 의식을 하지 않는 것 같았다. 어쩌면 내가 있어서 더 그랬는지도 모르겠다(사례1).

성적 농담과 여성에게 가해지는 성적 희롱은 여성이 편안한 마음으로 직장생활을 계속하기 어렵게 만드는 환경이었다. 적극적 조치를 시행하는 초기에 남성 중심 직종에서 일하는 여성들은 여성의 수적 열세와 함께 고립된 작업 환경에서 일을 해야 했다. 그러나 남성 직종에 적응하는 여성의 전략은 숙련직이 '남성의 일'인 만큼 그 잣대가 남성이었다. '남성이 하는 만큼' 그 일을 해내야 한다는 부담감이 여성에게 있었다.

남성들로부터 숱하게 많은 빈정대는 말을 들어 왔다. 남성 우월주의에 가득찬 동료들의 가시 돋친 말을 종종 들어 왔다. 여자가 밖에 나가 일을 해서는 안 된다고 생각했기 때문이다. 그러나 지금은 함부로 말을 하지 않는다. 아직도 여성을 무시하고 있는지 모르지만 그렇다고 직접 대놓고 말하지는 못한다. 여자들이 성희롱이나 성차별로 고발할 수 있다는 위협을 느끼기 때문이다. 남자들은 내 도움이 필요할 때조차 내게 청하지 않는다. 나를 동료이기보다는 여자로 보는 것 같다. 나는 내가 도움을 줄 수 있음을 증명해 보이고자 했다. 남자들이 하는 만큼 일을 할 수 있다는 사실을 보여주고 싶었다. 나는 가설공이 되기 위한 시험에 합격했다. 언제나 내가 남성만큼 이 일을 해 내야 한다는 강박관념이 나도 모르게 생겼다(사례 1).

남성 직종에서 일을 하는 여성은 남성 동료로부터의 성적 학대뿐 아니라 소비자로부터 있을 수 있는 성적 학대에 직면했고 숙련직 여성들은 자신들을 보호하기 위해 함께 대응했다.

이 일을 남자만이 했던 때가 있었다. 적극적 조치 이행 이후 이 직종에서 일하는 여성들이 늘어났다. 나 혼자 남성들만이 일하는 작업장에서 일을 해야 했다면 사정은 많이 달라졌을 것이다. "여자들이 이 곳에 있어서는 안된다."라고 생각하는 남자들이 있다. 3명의 여성과 함께 일을 하면서 힘이 든다는 생각은 별로 하지 않았다. 나는 올란도(orlando)에서 오랫동안 일을 했는데, 가설공으로 전화를 설치하는 작업을 주로 했다. 가장 힘들었던 것은 그 지역에 사는 주민들로부터의 성희롱이었다. 전화선을 가설하려고 들어가면 남자들이 나를 건물 밖으로 내 쫓는가 하면, 추근대고 귀찮게 했고, 성폭행의 위협을 느끼기도 했다.
매번 그런 상황에 부딪힐 때마다 분노와 서글픔이 앞섰다. 나와 함께 일하는 여성들도 마찬가지였다. 함께 의논했고 상사에게 위험이

느껴지는 장소에 작업을 해야 할 경우 남성 동료와 함께 갈 수 있
도록 요구했다. 그 요구는 남성들을 위해서도 필요했다. 때로는 아파
트 지하에 전화선을 가설해야 하는데, 그곳에 마약 거래상들이 거주
할 경우 어떤 위험한 일이 발생할지 몰랐기 때문이다. 요구가 받아들
여졌고 우리는 스스로의 안전을 지키면서 이 일을 계속할 수 있었다
(사례3).

남성 집중 직종에 취업한 숙련직 여성에 대한 배타성이 적극적
조치의 실행을 어렵게 하는 조건으로 작용하는 가운데 다른 한편에
서 여성의 고위직으로의 진출은 제도의 실행, '능력' 평가 이전에
가부장적인 문화적 잣대에 의한 여성 배제와 소외가 지배적인 작업
장에서 행해졌다.

(2) 관리직 여성에 대한 남성의 배타성

미국 사기업에서 일하는 고위직 여성 관리자들은 남성 상사와 동
료, 부하 직원들이 "고위직 여성을 대하기가 편하지 않다"는 말을
하면서 여성으로 하여금 편안하게 일할 수 없는 분위기를 조성하고
있다고 보았다(BNA 1995). 여성을 고위직으로 승진시키는 데 대한
남성들로부터의 거부감은 여성과 함께 지내는 것이 불편하다는 이
유 등으로 표현되었다. 미국의 한 남성 최고 경영자는 "대부분의 고
위 관리자들이 50대의 남자들인데, 남성들과 일하기가 훨씬 수월하
다. 기업을 경영하는 입장에서는 서로 호흡이 잘 맞아야 추진력이
좋아지기 때문에 이러한 불평을 소홀히 여길 수 없다"고 말하면서
(Bird 1991:156), 여성 배제를 정당화했다. 성취 지향적인 일부 여성

들은 남성 중심의 문화에 적응하면서 생존하고자 노력하지만 소외되는 것이 사기업의 일반적인 현상으로 나타났다(Bird 1991; The Bureau of National Affairs 1995). 실제로 AT&T사에서 적극적 조치의 실행과 더불어 승진한 여성은

> 중간 관리직으로 승진하고 보니 동료의 대부분은 남성이었다. 부하 직원들 중에는 남성도 있었다. 적극적 조치를 실행한 이후 여성을 상사로 두는 남성이 많아졌고 여자 상사와 남자 부하 직원과의 관계가 크게 어색한 것은 아니었다. 힘들고 어려운 관계는 동료 남성이었다. 나는 의욕적으로 일을 하고자 했고 미혼이어서 남성과 별로 다를 바 없었다. 그러나 남성 관리자들은 나를 여자로 대우했고 그것도 '욕심 많은', '여자답지 않은 여자'로 대했다(사례 10).

그럼에도 불구하고 사례 기업이 적극적 조치를 이행한 이후에 관리직 여성들의 고위직으로의 진출이 활발해졌다. 그러나 관리직에서 여성의 승진은 라인직이 아닌 스텝직으로의 이동이 주된 것이었다.27) 남성들의 집단적 유대와 연대는 관리직 내에서 새로운 형태의 성별 분리를 만들면서28) 관리직 여성을 배제하는 요인이 되어

---

27) 라인직은 전형적으로 내부 노동시장의 일부로서 그 내부에서 직급이동과 최고 중역직으로 이동 가능성이 주어지지만, 참모직에 종사할 경우 조직내의 의사결정 업무에 참여할 수 없다. 스텝직은 의사결정을 하는 경영자와 중역진에게 건의하거나 조언하는 집단을 말한다. 이처럼 여성은 건의가 필요한 부분을 찾아내어 그것에 관한 일을 하며, 남성은 이러한 건의와 관련하여 이루어진 것들을 결정하는데 스텝직은 조직에서 실세를 갖지 못한다(소콜로프 1980:350).

28) 실제로 AT&T사의 일부였던 동부 지역의 한 지역 전화사는 적극적 조치의 실행과 함께 관리직 여성이 증가했지만 <표>에서 알 수 있는 대로 고위직으로 올라 갈수록 여성의 비율이 낮은 것으로 나타나 있다.

왔다.

　　중간 관리직까지 여성들은 그런 대로 올라 왔다. 그러나 여기에서
부터 막혀 있다는 느낌이다. 많은 여성 관리자들이 나를 포함해서 스
탭(staff)직에 있다. 라인(line)직으로 가지 않는 한 더 이상의 승진이
어렵다고 본다 (사례 10).

　관리직 여성들이 경험하는 비가시적인 차별은 남성들간의 사회적
연계망에 의해 배제되면서 여성이 과소 대표되는 형태로 나타난다.
최고 경영자를 대상으로 한 조사에 의하면, 그들이 여성과 함께 일
하기를 꺼려한다고 한다. 남성들이 보다 더 적극적으로 일한다고 생
각하기 때문이며 특히 같은 남자들끼리 지내면서 일을 하는 것이
편안하다는 이유에서이다. 전문직 여성이 직면하는 어려움 중의 또
다른 하나는 남성 중심의 일터에서 남성과 경쟁해야 한다는 점이다.
가사와 양육을 여성의 일로 여기는 성별분업 의식이 지배적인 사회
에서 여성이 가정 밖의 일만을 하도록 되어 있는 남성과 경쟁하기

〈표〉 NYNEX사의 직급별 여성비율

비관리직	1급 관리직	2급 관리직	3급 관리직	4급 관리직	5급 관리직	6급 관리직
46%	50%	31%	26%	26%	23%	7%

주 : 1) 전체 고용인원 중 여성의 비율은 46%이다.
　　 2) 1급 관리직은 manager, 2급 관리직은 associate director, 3급 관리직은
　　　 department heads, 4급 관리직은 division heads, 5급 관리직은 manager
　　　 director 6급 관리직은 senior manager이다.
자료: 기업자료, *Reflecting Those We Serve Equal Employment Opportunity and
　　 Affirmative Action at NYNEX*, 1995. Unpublished.

가 쉽지 않다. 이에 대한 여성들의 개별적인 대응 방식은 결혼을 하지 않거나 결혼을 했다고 해도 자녀를 낳지 않는 식이다. 실제로 미국의 전문직과 상위 관리직 여성을 대상으로 한 조사에 의하면 30% 이상이 미혼이거나 무자녀 부부인 것으로 나타나 있다(Bird 1991).

2) 집단적 저항과 역차별 소송

여성을 남성 중심 직종인 숙련직이나 관리직에 우선적으로 채용하거나 승진시키기 위한 목표 비율이 실행되자 남성들은 이 제도가 고용평등을 침해한다고 반발하고 나섰다. 남성들의 분노는 이 제도가 동등한 위치에서 경쟁할 수 있는 기회를 박탈한다고 인식한 데서 비롯되었다. 특히 적극적 조치가 단체협약에 보장되어 있는 선임권을 위반함으로써 자신들의 일자리를 위협한다고 보았다.

AT&T사는 단체협상을 통해 장기 근속자를 우대하는 선임권제 (seniority)를 두어 유지해 왔는데 이것은 근속 년 수가 짧은 여성에게 불이익을 주어 왔다. 따라서 AT&T사의 선임권은 적극적 조치와 커다란 갈등 관계에 있었다. 선임권을 위반하지(override) 않으면서 적극적 조치를 실행하는 것은 가능하지 않았다. 고용기회평등위원회(EEOC)와 기업은 선임권의 개념을 확대함으로써 선임권을 위반하는 건수를 줄이고자 했다. 선임권의 기준은 부서나 직종으로부터 기업의 근속년수(Net Credit Service)로 바뀌었다(Wallace 1976). 그럼에도 불구하고 법원의 동의명령에 의해 적극적 조치가 의무적으로 실행되었던 6년 동안 관리직과 비 관리직 모두에서 선임권을 무시하고 여성과 소수인종을 고용하고 승진시킨 경우는 최소 5만 건 이상으로 추정되었다(Fullinwilder 1981).

숙련직으로 전직한 여성이 많아지면서 남성 노동자들 사이에는 여성이 자신들의 일자리를 빼앗아 갈지 모른다는 위기감이 높아졌다. 기술 변화로 인해 탈 숙련화가 빠르게 진행되면서 숙련직이 미숙련직과 함께 퇴출되어 가는 상황에서 남성들의 불안은 증폭되었다. 일자리가 줄어드는 주요한 이유는 기술 변화로 인한 직종 변화와 퇴출이었다. 그러나 작업장에는 적극적 조치의 실행이 남성의 일자리를 여성에게 넘겨준다는 담론이 확산되었다(Hacker 1979). 남성들의 반발은 개별적인 차원을 넘어서서 집단적 형태로 이어졌다. 관리직 남성들은 적극적 조치의 실행에 대응해서 자체적으로 조직을 결정했다.

전화통신사 관리직 연대(Federation of First-Line Telephone Management)는 1975년에 남성에게 가해지는 역차별에 대응해야 한다는 이유로 만들어졌다. 토마스 슈그(Thomas Shoegue)는 뉴욕 벨사에서 주임으로 일했는데 이 조직의 대표가 되었고 회원 수는 5천 명으로 크게 늘었다. 슈그를 중심으로 백인 남성들은 역차별을 이유로 집단 소송을 제기할 준비를 하기 시작했다. 그런데 이러한 남성들로부터의 집단적이고 조직적인 움직임이 기업에 의해 무산되었다. 뉴욕 벨 사는 '어떠한 이유에서든' 관리자가 사내에서 조직을 결성해서는 안 된다고 엄포를 놓고 그때부터 남성 조직에 대한 기업의 해체 압력이 높아졌다. 회원들의 이탈이 시작되었고 조직의 대표인 슈그가 타 지역회사로 전보되면서 조직은 깨지고 말았다.[29]

---

29) *Fortune* 1979.1.15.

그러나 남성들의 저항은 계속되었고 저변에는 능력주의를 최고의 가치로 여기는 의식이 깔려 있었다. 펜실베니아주의 한 지역 전화통신사에서 일하는 고위 관리직 남성은 "최상의 자격을 갖춘 백인 남성들이 줄을 서서 기다리는데 왜 우리가 할당 비율을 채우기 위해 능력 없는 여성과 흑인을 찾아 나서야 하는가"라고 항변했다. 1978년 AT&T사는 종업원 태도 조사에 나섰는데 백인 남성으로부터 불만감이 고조되어 있다고 보았다. 대졸 출신의 남성은 이렇게 푸념했다.[30]

> 내가 우리 회사를 보면서 절망스러워 하는 것은 승진 전망이 없다는 사실이다. 나는 백인이고 남성이며 25세이다. 나는 평범한 사람이지만 입사해서 승진을 기대하고 장래를 꿈꾸어 왔다. 나는 지금도 회사를 위해 성실하게 일하고 있다. 그러나 나의 승진 기회는 거리를 지나다니는 어떤 다른 사람보다도 적다

백인 남성들은 공개적으로 "여성이 내 상사이고 아는 것도 없으면서 작업을 지시하는 상황은 더 이상 견딜 수 없다"고 토로했다(Eastern Bell Company). 중서부 지역에 위치한 한 전화통신사의 고위 간부는 "백인 남성들은 여성이 고임 직종에서 일을 하는 것을 보고 분노했다. 고임 직업은 가족 부양자(breadwinners)에게 주어져야 한다는 생각이 지배적이었기 때문이다"라고 말하고 자신도 비슷한 생각을 갖고 있다고 밝혔다. 남성 우월주의와 가부장제적인 의식은 백인 남성 뿐 아니라 흑인 남성을 대상으로 한 면접 조사에서도 드러났

---

30) AT&T, "Bell System Employee Communications Study", 1978 Results. Northrup & Larson, 1979:78에서 재인용.

다.31) 특히 적극적 조치 프로그램 중 승진, 업무 이동과 관련한 역차별 논란이 가장 많았고, 남성 노동자들로부터 저항이 큰 것으로 나타났다.

수많은 고발(complaint)이 AT&T사의 고용평등 사무소에 접수되었다. 24건은 역차별을 이유로 법적 소송으로까지 갔다. 법적 소송 사건에 휘말리면서 기업은 또 다른 비용 부담을 안게 되었다. 한 명의 백인 남성 노동자가 역차별을 이유로 제소했고 법원의 판결에 의해 기업이 배상금을 물어야 했기 때문이다.

1976년 한 해 동안 여성 목표 비율을 채우기 위해 AT&T사에서 승진한 사람의 2/3가 여성이었다. 백인 남성 노동자인 다니엘 맥알리어(Daniel McAleer)는 여성을 우선적으로 승진시키도록 한 적극적 조치에 의해 자신이 역차별 받았다고 연방 지방법원에 제소했다.32) 자신의 근속 년 수가 승진한 여성보다 높고, 경력 등 자격이 보다 더 나은 데도 불구하고 승진하지 못했다는 이유에서였다. 아이러니하게도 연방 지방법원은 '성을 이유로 한 고용차별 금지'를 명시하고 있는 민권법 제7편에 의거해서 남성의 편을 들어주었다. 법원이 AT&T사에게 배상금으로 7천 5백 달러를 원고인 맥알리어에게 지불하도록 명령한 것이다. 기업은 배상금 7천 5백 달러 이외에 변호사 비용 6천 5백 달러를 포함한 총 1만 2천 달러를 지급해야 했다.

놀라운 사실은 역차별 소송이 남성 뿐 아니라 여성으로부터도 제기되었다는 점이다. 이 제도는 특정 직종에서의 여성 과소 활용 뿐

---

31) AT&T, "Bell System Employees Communications Study, 1978 Results".
32) Daniel McAleer, et al., Plantiffs v. American Telephone & Telegraph Co., Defendant, Civil Action No. 75~2049.

아니라 남성 과소 활용을 문제삼았고 성별 직종 분리의 완화는 남녀 모두에게 적용되는 것이었다. 여성 직종인 사무직과 전화교환직에는 남성을 위한 고용목표제가 정해졌고 목표 비율은 25%였다. AT&T사의 여성노동자인 벌사 빌(Bertha Biel)은 사무직으로 일을 하고 있었다. 1973년 3월 29일 빌은 교환 사무직(operation clerk)으로 승진하고자 지원했다. 법원의 동의명령에 의해 기업은 여성 직종 내 남성의 과소 활용을 줄이기 위해 남성을 우선적으로 고용하도록 했으나 지원자가 없어 그 해의 중간 목표를 채우지 못했다. 기업은 남성을 신규 채용함으로써 그 해의 남성 목표 비율을 달성했다. 빌은 내부 승진이 아닌 외부로부터 신규 채용된 남성에게 밀려서 승진 기회를 놓쳤다고 보았다. 이와 같은 적극적 조치의 실행으로 인해 자신이 불이익을 당했다는 이유로 법원에 소송을 내었다. 그러나 법원은 원고 패소 판결을 내리고 기업이 법원의 명령을 따라 적극적 조치를 실행하도록 했다(Fullinwilder 1981).

이와 같이 법원의 판결은 일관성이 없는 지그재그 식의 판결이었다. 그러나 대부분의 역차별 소송 건에 대해 법원은 AT&T사가 실행하는 적극적 조치가 의무적인 것이며, 소수집단에 대한 차별 보상과 교정을 목적으로 6년간 잠정적으로 행해지는 조치라는 이유로 원고 패소 판결을 내렸다(Fullinwilder 1981). 이는 법원과 정부기구가 민권법 제7편에 명시되어 있는 '성을 이유로 한 차별금지'를 불평등 효과로 해석함으로써 구조적인 성차별을 해소하기 위한 도구로 적극적 조치를 활용했기 때문이다.

평등주의의 실현을 위한 가부장적 성별 관계와 구조에 대한 여성의 도전과 정부의 개입은 남성의 개별적인 반발과 조직적인 저항에 부딪혔다. 그러나 적극적 조치를 지지하는 법원의 명령은 가부장적 권력을 약화시켰고, 이것이 사례기업으로 하여금 적극적 조치를 실행할 수 있는 요인으로 작용했다.

3) 노동조합의 계급정치와 성평등

(1) 노동조합의 계급정치와 기회의 평등

자본과 노동의 관계에서 있어서 차이와 다름에 대한 논의는 계급의 동질성을 강조하는 계급 정치에 의해 축소되거나(이숙진 2000) 무시되었다. 기업과 정부가 적극적 조치의 실행을 골자로 한 합의서를 작성하는 과정에서 법원은 노조가 참여하도록 요청했지만 AT&T사의 주요 노조인 미국통신산업노조(CWA)는 여러 차례 거부했다. 오히려 법원의 동의명령이 있은 직후, 노조는 적극적 조치가 단체협약을 침해하고 있다는 이유로 연방 지방법원에 제소했다. 그러나 연방 지방법원의 판사는 동의명령과 관련해서 노조가 지속적으로 참여를 거부해 왔기 때문에 개입할 자격이 없다고 판결했다. 노조는 즉각 항소를 했고 법원의 동의명령을 파기하고자 시도해 온 노조는 적극적 조치의 실행방법이 특정 집단에 대한 우대 조처로 그 적법성이 의심스럽다고 주장했다. 그러나 법원은 적극적 조치가 과거의 성차별을 교정하기 위한 적절하고 불가피한 방법이라는 이유로 원고 패소 판결을 내렸다.[33)]

---

33) Daniel McAleer, et al., Plaintiffs v. American Telephone & Telegraph Co., Defendant Civil Action No. 75~2049.

노조가 반발하고 나선 원론적 차원에서의 이유는 정부의 개입이 노사간의 자율적인 협상의 권리를 침해한다는 데 있었다. 그러나 단체협약의 내용은 선임권 보장에 근거한 장기 근속 남성 노동자 위주로 구성된 것으로 특히 선임권은 백인 남성 노동자들로부터 절대적인 지지를 받고 있었다.34)

노조가 고용평등에 대해 갖는 기본 입장은 기회의 평등이며, 다수집단인 백인 남성의 이해를 침해하지 않는 범위에서이다. 따라서 노조의 여성정책은 남성과 경쟁적이지 않고 공통의 이해를 추구하는 사안에 대해서는 호의적이었다. 예컨대 임금·정년에서의 성차별, 임신차별 등은 단체 협상에서 주요 사안으로 종종 거론되었다.35) 특히 모성 휴가에서의 차별에 관한 한 미국통신산업노조(CWA)는 문제를 해결하는 데 적극적이었다. AT&T사를 상대로 한 청문회가 열리고 AT&T사의 고용 관행에 대한 관심이 집중되어 있을 당시에 노조는 AT&T사의 모성휴가 정책이 차별적이라는 이유로 고용기회평등위원회(EEOC)에 고발할 정도였다.36) 노조의 여성정책은 남성의 이해를 침해하지 않는 선에서 수용되는 것으로 계급 정치의 틀 안에 갇혀있는 제한적인 형태였다.

1970년대 초에 AT&T사는 남성의 경우 근속년수가 25년이거나50세인 경우 퇴직하도록 하는 한편, 여성의 정년을 단축시켰다(CWA

---

34) EEOC는 노조가 성차별적인 선임권제를 단체 협약에 포함시켜 체결했다는 이유로 기업과 함께 노조를 고발하고 법원에 제소한 사례도 있다.
35) 1971년에 미국통신노조의 3구역 분회는 임금차별을 이유로 7개 이상의 소송을 제기했으며 미국통신노조는 불균등한 사망 급여와 퇴직 연령에서의 성차별을 고발하는 두 개의 소송을 제기했다.(CWA, *Executive Board Report*, 1971:104)
36) Civil Action No. 73~149.

1972:47). 또한 여성이 임신과 출산 등으로 인해 신체적 장애를 겪고 있음에도 불구하고 여성에게 병가를 주지 않았다. 임신과 출산 등으로 인해 여성이 휴가를 받을 경우, 질병이나 다른 일시적인 신체적 장애 등으로 인한 휴가와 동등하게 취급되지 않는다는 이유에서였다. 또한 노조는 기업이 고용기회평등위원회(EEOC)가 정한 가이드라인을 준수하지 않았다고 일리노이주의 지역 전화통신사를 고발했다.37) 임신차별을 이유로 노조가 고용기회평등위원회(EEOC)에 고발한 건수는 28건이나 되었다.38) 뿐만 아니라 1978년에 미국통신산업노조(CWA)는 모성보호에서의 성차별을 이유로 법원에 집단 소송을 냈다. 1만 3천명의 여성이 1966~1977년간 임신을 이유로 고용 차별을 받았다는 내용이었다. 기업은 서둘러 합의하고자 시도했고, 무려 6천 6백만 달러를 제시했다.

당시에 AT&T사는 여성이 임신한 지 6개월 말이나 7개월이 되면 모성휴가를 신청하도록 했다. 그런데 병가인 경우 유급이고 휴가 기간의 전부가 선임권에 산정되는 데 반해, 모성휴가는 무급이었고 휴가 기간 중 단지 30일 만을 선임권으로 인정해 주었다.39) 성차별을

---

37) CWA, *Executive Board Report*, 1973:99~100
38) 미국통신노조가 적극적으로 나선 법적 사건으로는 Commucations Workers of America, AFL-CIO, Rose Marie Byard, Jewel White, Dora White, Susan Burns, Sara Harroun, Margaret Ludwig and Lynn Isaacson, Plaintiffs, v. Illinois Telephone Company, Defendant, Nos. 73 C 959, 54C 1505.
   Communications Workers of America, AFL-CIO, et al. V. South Central Bell Telephone and Telegraph Company. Bett M. Dubois v.Wouth Central Bell Telephone and Telegraph Company, Nos. 73~1771, 76~3206.
39) 더욱이 모성 휴가를 사용한 이후 여성은 휴가 이전에 하던 일에 복귀할 권리를 보장받지 못했다. 이와 같은 기업 관행은 1978년 임신한 여성의 권리를 보호하는 내용을 담은 민권법 제 7장 개정안이 통과되면서 없어졌다(DOL,

이유로 고용기회평등위원회(EEOC)에 고발된 많은 사건은 승진, 직무 이동(job transfer)과 관련되어 있었고, 특히 숙련직에서 일하는 여성들로부터 제기되었다.[40]

그밖에 노조가 여성노동정책 사안 중 관심을 갖는 영역은 임금에서의 성차별이었다. 미국통신산업노조(CWA)는 2차 세계대전이 끝날 무렵부터 동일 임금법을 적극적으로 지지해 왔다. 동일 임금법은 남녀가 동일한 노동을 한 경우에 동일한 임금을 지급하도록 하는 제도로 자본의 임금차별을 통한 분할지배 전략과 초과이윤 착취를 제재하기 위한 것으로 해석되었다(O'farrel 1995). 그러나 성별 직종분리가 확고하고 광범위한 상태에서 동일 임금제는 별다른 실효성을 갖기 어려웠다. 실제로 남성과 같은 노동을 하는 여성이 거의 없었기 때문이다. 노조의 문제 인식과 관심의 영역은 직접 차별에 제한되었고 성별 직종분리를 매개로 한 간접 차별로 연결되지 못했다. 노조의 여성정책은 가시적이고 직접적인 성차별 금지에 집중되어 있었다.

미국통신산업노조(CWA)의 여성정책이 상대적으로 선진적인 이유는 노조 조합원의 절반 이상이 여성이었고 임금인상과 노동조건의 향상을 위한 노동운동에 여성들이 적극적으로 참여해 왔기(Valas 1987) 때문이다. 더욱이 동일임금제는 여성의 저임금으로 인해 남성의 임금이 하락하는 것을 막기 위한 노조의 전략으로 남성의 이해와 맞닿아 있었다. 노조가 확고하게 지지했던 여성보호법은 노조가

Women's Bureau 1993:210). AT&T사의 임신 차별 금지와 관련한 법적 소송은 미국의 민권법 개정에 영향을 주었을 뿐 아니라 역으로 임신 차별금지법 제정으로 인한 차별을 폐지하는 결과를 가져왔다.

40) CWA, *Executive Board Report*, 1972:99~100

의도하지 않았다고 해도 여성들로 하여금 남성 직종에 여성이 취업하지 못하도록 하는 역할을 했다. 각각의 지역 전화통신사가 위치한 주법에서 정한 여성 보호법은 여성을 '약한 성'으로 보고 특정 직종에 취업하지 못하도록 함으로써 '남성의 일자리'를 지키는 결과를 초래했다.

(2) 성 중립적인 평등개념과 역차별

노조의 남성 이해에 기반한 여성정책은 여성으로부터의 법적 도전에 의해 변화되기 시작했다. AT&T사의 여성노동자인 웍스가 고임의 남성 직종에 취업하지 못하도록 하는 기업의 고용 관행이 민권법 제7편을 위반하고 있다는 내용의 소송을 제기한 것이다. 그러나 노조의 입장은 즉시 달라지지 않았다. 노조는 선임권 보호를 이유로 적극적 조치의 실행을 반대했다. 노조의 주장은 여성도 장기근속하면 선임권의 혜택을 받을 수 있다는 것이었다. 그러나 여성이 출산과 육아 등을 이유로 선임권을 안정적으로 높여 가지 못하는 현실에서 이와 같은 노조의 성 중립적인(gender-neutral) 시각은 가부장제적 사회에 존재하는 구조적이고 고착화된 성차별을 교정하기보다는 온존시키는 결과를 초래할 뿐이었다.

'선임권 우선'이 작업장에서 지속되는 한, 차별적인 고용관행이 변화되지 않는다고 판단한 고용기회평등위원회(EEOC)는 노조가 적극적 조치의 실행을 방해하고(intervene) 지연시킬 것이라고 보고, 협상과정에 적극적으로 끌어들이지 않았다.[41] 심지어 고용기회평등위

---

41) CWA, *Executive Board Report*, 1973:99~100

원회(EEOC)는 기업, 직업소개기관과 함께 노조가 성차별을 가하는 수행 집단의 하나로 보고 민권법 제7편에 의거해서 적극적 조치를 실행하는 초기 단계에서부터 노조를 견제하고 노조를 직접 고발하기도 했다. 고발 사유는 성 편견적인 종업원 추천제, 선임권이 결과적으로 여성에게 차별적으로 행해진다는 이유에서였다.[42] 노조의 여성정책에 내재되어 있는 평등 개념은 '기회의 평등'이었고 노조는 그 원칙을 지키는 데 충실할 뿐이었다.

선임권은 남녀 노동자를 보호하기 위한 가장 합리적인 제도라고 본다. 휴가 날짜를 정할 때조차 그러하다. 선임권이 가장 높은 사람이 언제 휴가 갈지를 먼저 정하고, 다음으로 높은 사람이 휴가 일을 정한다. 누구라도 자신의 선임권을 높일 경우 그 권리를 보장받는다. 그가 어떤 인종인지, 성 인지의 영향을 전혀 받지 않는다. 얼마만큼의 선임권을 갖고 있느냐에 따라 기업 복지의 혜택을 받을 수 있도록 되어 있다. 나는 이 제도가 어느 누구도 차별하지 않는 매우 공정한 것이라고 본다 (사례 6).

미국통신산업노조(CWA)의 집행위원회가 발표한 '차별 금지' 내용을 보면, 분명하게 노조의 평등 개념에는 성 차별적인 현실을 고려한 결과적 평등 개념이 포함되어 있지 않음을 알 수 있다.

어떠한 조합원도 다른 조합원보다 더 평등해져야 한다는 원칙은 근본적으로 문제가 있다. 노조가 조합원의 대표성을 갖는 방식은 공평 원칙에 입각해야 한다. '어떠한 배려, 선호, 우선됨이 없이 평등'

---

42) EEOC의 위원은 1970년대 초에 미국의(Harbour)사와 노조가 성차별적인 단체 협상을 체결했다는 이유로 고발했다.

해야 한다.43)

노조 활동가들은 성차별의 근본 원인이 자본의 분할 지배전략으로부터 기인한다고 인식했다. 선임권은 자본이 장기 근속했거나 노조 활동을 적극적으로 하는 노동자를 차별하거나 해고하지 못하도록 제어하는 장치였다. 따라서 노조의 선임권 지지는 확고했고 특히 선임권과 적극적 조치간의 갈등적인 상황은 노조 활동가들의 여성문제에 대한 인식을 반영하고 있었다. 계급 문제의 해결이 성문제의 해결보다 우선 순위가 두어지는 작업장의 환경에서 여성들은 선임권에 내재되어 있는 성 차별적인 면을 강하게 비판하지 못했다.

특히 기회의 평등 개념은 실제로 많은 성 차별을 해결하는 데 무력한 것으로, 남성들로 하여금 역차별 등을 이유로 적극적 조치의 실행에 반발하도록 하는 철학적 이념을 제공했다. 법원의 동의 명령에 의해 적극적 조치가 실행되기 시작했던 1973년과 1974년의 2년 동안 선임권 위반(override)을 이유로 남성이 접수한 고충(complaint) 건수는 무려 28,850건이나 되었다. 특히 백인 남성 노동자들은 자신들이 '역차별의 희생자'라고 주장하기 시작했고 적극적 조치에 대한 반감은 노조 내부에서 높아져 갔다. 한 남성은 '백인 남성에게 AT&T사는 전망이 없는 기업'이라고 불만을 터뜨렸고 일부 남성들은 조기 퇴직을 하겠노라고 말했다.

남성들의 불만은 법원으로 옮겨갔고 노조가 가장 먼저 앞장섰다. 1973년에 최초로 노조는 적극적 조치의 실행이 단체협상에서 정한 선임권을 위반한다는 이유로 법원에 소송을 제기했다. 대부분의 사

---

43) CWA, *Executive Board Report* 1974:76.

건이 남성 노조원들로부터 제기되었고 노조가 관여했다. 역차별 소송이 적극적 조치의 실행을 골간으로 한 동의 명령을 뒤집으려고 했지만 실패했다. 법원은 적극적 조치가 선임권을 위반(override)한다는 이유로 소송을 낸 노조의 주장을 받아들이지 않았다. 관리직 남성의 경우 단체 협상의 적용 대상이 아니기 때문에 선임권의 적용을 받지 않았다. 노조는 관리직을 제외한 비 관리직에서 선임권을 위반한 건수가 1973년과 1974년 사이에 28,856건이 있었다고 주장했다(Fullinwilder 1981). 그러나 적극적 조치를 지지하는 법원의 입장은 확고했다.[44]

> 선임권에 기초한 특혜(privileges)는 헌법상의 지위를 갖지 않으며 국가의 주요 시책인 고용 평등을 실현하는 과정에서 부차적으로 다루어져야 한다. 과거의 차별을 교정하는 것은 성 의식적(gender-conscious)이고 인종 의식적인 조처를 정당화하며 따라서 소수집단의 목표 비율을 설정하게 된 것이다.

그러나 노조는 법원의 판결에 불복했고 상급 기관에 항소했다. 고등 법원인 항소법원은 지방법원의 판결을 지지했다. 항소법원은

> 법원으로부터의 동의명령이 법적 평등(equal protection of the law guarantee)과 갈등을 일으킬 수 있는 소지가 있음을 인정한다. 그러나 AT&T사의 구제 조처는 합리적으로 선정되었기 때문에 법원이 허용할 만한 것이다. 그 내용은 과거의 잘못된 관행의 결과를 원 상태로 돌리고 고용 배분이 차별에 의해 더 이상 영향 받지 않는 사회를 만

---

44) *Fortune* 1979.1.15

들기 위한 것이다.[45]

법원이 적극적 조치의 실행을 강하게 지지하고 나섰음에도 불구
하고 노조는 법적 소송을 중단하지 않았다. 1977년 노조는 대법원에
사건 이송명령서(writ of certiorari)를[46] 신청했다. 당시에 대법원은
백인 남성으로 의과대학을 지원했던 배키(Bakke)가 역차별을 이유
로 소송을 제기한 사건을 두고 본격적인 적극적 조치 논쟁을 벌이고
있었던 시기였다.[47] 대법원은 배키의 편을 들어 소수집단을 위한

---

45) *Fortune* 1979.1.15.
46) 사건이송 명령서는 상급법원이 하급법원에 지시하는 명령서를 말한다.
47) 미국에서 적극적 조치가 할당제의 형태로 실행된 것을 문제시하고, 이제도가
　　다수 집단을 역으로 차별한다는 이유로 찬반논쟁을 불러일으킨 최초의 사례가
　　Bakke 사건이다.
　　　Bakke(Bakke v. The Regents of the University of California, 1978) 사건은 할당제
　　논쟁을 미국 최초로 불러들이면서, 엄격 할당제의 적용은 다수 집단에 대해
　　역차별이지만 유연(flexible)할당제는 허용할 만하다고 판결을 받은 경우이다.
　　백인 남성인 Allen Bakke는 미국의 캘리포니아 데이비스 주립대 의과대학
　　(University of California at Davis Medical School)을 지원했는데 입학허가서
　　를 받지 못했다. 그는 대학의 적극적 조치가 할당제의 형태로 실행되었고 그
　　로 인해 자신이 시험에서 탈락되었다고 보았다. 이것은 백인에 대한 인종차별
　　로 수정 헌법 제 14조, 캘리포니아주 헌법, 1964년 민권법 제 601조에 위반된
　　다고 주장했다. 이 대학은 1970년부터 소수인종 학생을 위한 적극적 조치를 채
　　택하여 100명의 입학정원 중 16명을 소수인종 출신의 학생들로 입학시키는 특
　　별입학 전형절차를 채택해 왔다. 배키는 일반 전형절차에 따라 지원했는데 두
　　차례 연속 불합격했고, 자신보다 점수가 낮은 소수인종 학생들이 합격한 데
　　대해 불만을 갖고 대학을 상대로 소송을 제기했다(Rosenfeld 1991:167).
　　　이에 대학 측은 특별전형의 목적이 의료계에서 소수인종이 받아 왔던 불이
　　익을 줄이고, 역사적으로 받아 왔던 사회적 차별을 보상해 주며, 의사 인력이
　　부족한 소수인종이 집중된 주거 지역에 의사를 공급하는 데 있다고 주장했다.
　　또한 적극적 조치는 다양한 인종 구성으로 이루어진 학생 집단을 형성함으로
　　써 사회적 평등을 이루는 데 그 목적이 있다고 설명했다. 그러나 대법원은 이
　　와 같은 경직된 할당제가 교육부문에서의 평등을 다루고 있는 민권법 제 6편

대학의 할당제가 위헌적이라고 판결했다. AT&T사의 적극적 조치는 실행방법이 할당제와 유사해서 노조는 승소할 수 있다는 기대감을 가졌다. 그러나 대법원은 이 사건을 심사하기도 전에 사건 이송 명령서를 내어 기각해 버렸다.[48]

노조의 전반적인 고용평등정책의 기조는 선임권(seniority)을 침해하지 않는 것으로 이 제도는 장기근속자를 우선적으로 해고하려는 자본의 전략으로부터 노동자를 보호하기 위한 계급정치의 산물로 선임권은 대체로 근속 년 수가 적은 소수집단의 노동자를 위한 적극적 조치와 충돌을 일으킬 수밖에 없었고 그 과정에서 노조는 성 중립적인 고용평등정책의 흐름 속에서 제한적으로 고용 차별의 문제를 해결해 왔다. 이와 같은 노조의 대응은 결과의 평등을 지향하는 적극적 조치에 대해 부정적인 요인이 되었다. 끈질긴 법적 소송을 벌이면서 적극적 조치를 실행하는데 반기를 들었던 남성들은 이 제도를 지지하는 법원의 판결 앞에서 포기하고야 말았다.

(3) 노동조합 내부의 여성, 계급, 권력

노조는 노동조건을 향상시키고 성 차별적인 고용 관행을 폐지하기 위해 자본, 가부장적 권력과의 관계에서 여성들이 세력을 결집시킬 수 있는 중요한 영역의 하나이다. 작업장 문화에 대한 연구를 바

의 차별금지 규정에 위반된다고 보았고, 5대 4로 원고 승소 판결을 내렸다. 이 사건은 적극적 조치가 백인 남성에게 역차별적일 수 있다는 논쟁을 처음으로 불러 일으켰으며, 동시에 논쟁 과정에서 고정된 할당제는 위헌이지만 소수집 단을 위한 유연 할당제를 내용으로 한 적극적 조치는 허용된다는 사실을 확인 하는 계기가 되었다(Rosenfeld 1991).

48) *Fortune* 1979.1.15

탕으로 레너드(Leonard 1985)는 여성들의 작업장 문화는 남성과 다르며 경험의 차이에 따른 특수성에 기초한 노조의 조직문화와 활동 방식이 형성되어야 한다고 주장한다. 그러나 사례기업 노조는 남성 중심적으로 운영되면서 여성의 요구가 반영되는 통로가 차단되어 있었다.

산별노조인 미국통신산업노조(CWA)에는 1978년 당시에 여성조합원의 수가 25만 9천명이었고 여성 비율이 51%였지만 고위 간부직이나 집행위원회 위원으로 활동하는 여성은 한 명도 없었다(CLUW 1978). 여성들은 평 조합원으로서 노조 활동에 적극적이었지만 노조 간부의 절대 다수가 남성이었고 여성은 노조의 정책 결정 과정에서 소외되었다. 미국통신산업노조(CWA)의 한 지부 모임에서 여성노조 활동가는 "노조의 교육 프로그램 중 여성문제를 주제로 한 토론 시간이 정해져 있었는데 남성 조합원들이 사냥과 낚시에 관한 영화를 보자고 우겨서 결국 토론시간이 뒤로 미루어졌다."고 불평했다(Hacker 1979:552).

다른 한편에서 여성고용 내 성별 직종분리와 노조간부 내 여성의 과소 대표성은 남성 노조 활동가들이 의도하지 않았다고 해도 여성 노동자들이 편중되어 있는 직종의 문제를 다루고 여성 특수과제를 제기하지 못하도록 하는 결정적인 요인이 되었다. 미국통신산업노조(CWA) 지부의 여성 위원장으로 활동했던 한 여성은 노조 간부로 여성이 참여하지 못함으로써 노조의 정책 논의와 결정과정에서 여성이 소외되는 기제를 문제삼았다.

16개 노조 지부의 위원장이 모이는 회의에 가 보면 14명이 남성이며 모두 숙련직에서 일한 경력을 갖고 있다. 자연스럽게 그 모임에서 다루어지는 안건은 회사의 숙련직에서 일하는 노동자들이 겪는 어려움에 관한 것이다. 모임 연락을 받을 때 주요 안건은 노동자 복지였다. 그러나 회의 참석자의 대부분이 남성이다 보니 여성노동자의 고충을 제기하기보다는 자신이 경험하면서 잘 알고 있는 숙련직의 노동문제만을 거론하게 된다(O'farrell and Kornbluch 1996: 244).

AT&T사의 주요 노조인 미국통신산업노조(CWA)의 정책과 대응은 성 중립적인 것이었고, 계급 평등을 지향하는 것이었다. 따라서 여성노동자의 문제는 노동자 보편의 문제로 환원되었고 여성 특수문제는 제대로 다루어지지 않았다. 특히 기업 분할과 정부의 탈규제 정책 등으로 인해 대량 해고가 발생했던 시기와 기술변화로 인한 여성직종의 퇴출이 행해지는 상황에서 노조는 장기 근속한 노동자의 이해를 대변하면서 근속연수가 짧아 무더기로 해고되는 여성 집단을 전혀 보호하지 못했다. AT&T사가 기업 분할에 들어간 1984년에 대대적인 감원이 이루어졌고 해고의 주요 대상은 여성이었다. 노조는 단체협약에서 승진과 직업훈련, 해고의 대상을 정하고, 휴가시기를 결정하며 부가급여를 산정하는 주요 기준으로 선임권(seniority)을 강조해 왔다. 당시에 근속년수 기간이 짧았던 여성은 남성보다 상대적으로 선임권이 낮아 일차적인 해고의 대상이 되었다. 선임권에 의한 불평등 효과는 특히 AT&T 사가 적극적 조치를 시행한 이후, 남성 직종으로 진출했던 숙련직 여성에게서 두드러졌다.

숙련 직종 내 여성비율은 1980년까지 지속적으로 증가함으로써 18.3%에 달했으나 대대적인 구조조정이 행해졌던 1985년에 여성 숙련직의 구성비는 8.2%로 무려 10.1%나 감소했다. 선임권을 포함한 제반 상황이 여성에게 결정적으로 불이익을 주었음에도 불구하고 노조는 이 제도를 고집했다. 노조의 입장은 선임권이 고용주의 자의적인 인사 관행으로부터 남녀 노동자 모두를 보호한다는 것이었다. 더욱이 이 산업의 한 남성노조 간부는 선임권을 남녀 평등한 제도로 인식하고 있다.

> 우리가 선임권을 단체협약 안에 넣지 않았다면 고용주는 그들이 정한 기준대로 승진시키고 훈련 대상자를 정하며 해고시킬 것이다. 선임권은 고용주의 있을 수 있는 횡포로부터 노동자를 보호한다. 여성도 남성과 동등하게 선임권을 높이면 대우를 받을 수 있다고 보기 때문에 성 차별적이지 않다고 생각한다. 노조 내에서 남성과 여성 모두는 평등한 기회를 가져야 한다(사례6).

노조의 이러한 성 중립적인 태도는 여성을 기업 구조조정의 일차적인 피해 집단으로 내몰았다. 1950년대 이후 전화통신산업의 자동화 도입이 활발해 지면서 1970년대까지 전화교환직에서 8만 여명이나 감소했다. 그러나 노조는 아무런 대응을 하지 않았고 문제 의식조차 갖고 있지 않았다. 노조는 여성 직종의 퇴출을 기술 혁신의 결과로 보았고 이 직종의 이직율이 높아 별다른 문제가 되지 않는다고 여겼다. 그러나 자동화로 인한 고용감소가 숙련직으로 확대되었다. 그때서야 노조는 문제의 심각성을 뒤늦게 깨닫고 자동화와 고용변화에 관한 정책 연구를 시작했다(Hacker 1972:541).49) 기술변화에

---

49) 뒤늦게 노조는 기술변화로 인한 감원 사태를 실감하면서 기술 혁신이 노동자에게 미친 영향을 축소시키기 위한 일련의 정책적 대안을 만드는 데 노력을 기울였고 부가급여의 요구를 단체협상에서 다루었다. 단체 협약한 조항에는 신기술의 도입으로 인해 탈 숙련화된 직종에서 일하는 노동자의 임금을 보호

대한 노조의 뒤늦은 대응은 노조가 남성 중심적으로 운영되면서 여성이 처한 당면 문제를 간과하거나 특수 문제로 축소시킨 데서 비롯되었다고 볼 수 있다.

이와 같은 노조의 남성 중심적인 운영에도 불구하고 여성노동자들은 노동운동에 헌신적이었다. 미국통신산업의 여성노동자들은 여성들이 노조활동에 무관심하다는 통념과 달리 노동운동에 적극적이었고 임금인상 투쟁에서 전투적이었다(Vallas 1993:69). 여성들은 1917년에 전화교환직을 중심으로 전화교환원 노조(Telephone Operators' Union)를 결성했고 남성 중심의 숙련 노조인 전국전기공노조(IBEW)와 연대하면서 8시간 노동단축을 위한 단체협상을 성공적으로 이루어 냈다(Vallas 1993:49). 여성들은 파업에 참여하면서 노동조건을 향상시키고 조직력을 강화하는 노력을 보여 왔다. 그러나 막상 노조의 정책을 결정하는 자리에 여성들은 없었다. 노조 내부에서 여성들은 여성만의 모임이 필요하다는 것을 느끼기 시작했다. 남성들이 남성모임을 만들어 서로를 지원하고 결속력을 강화한 데 대해 여성들은 여성모임을 만들고 자매애를 쌓아 왔다. 여성 조직은 노조 활동에 여성들이 적극적으로 참여하면서 자신의 의사를 반영해야 한다는 확신을 갖도록 부추겨 주었다. (O'farrel & Kornbluh 1996:254).

밀크만(Milkman)은 여성의 조합에의 참여, 지도력에의 참여가 개

해야 한다는 내용이 포함되었다. 1980년에 AT&T사와 CWA는 기술, 직무 평가, 노동생활의 질(quality of work life) 등과 관련한 3개 노사위원회를 설치하였다. 분할 이전 AT&T사의 일부였던 모든 지역전화사에는 기술변화대책위원회 (Technology Change Committee)가 신설되었다. 단체협약 내 기술 협약에 관한 조항은 '주요한 기술변화'가 있게 될 경우 최소한 6개월 이전에 노조에 알리도록 하는 내용을 담고 있었다(Kohl 1983:124).

별 노조마다 다르게 나타난다는 사실을 발견하고 노조가 형성, 발전되는 과정에서 보여지는 여성과의 관계 형성이 다양하다는 것을 강조하고 있다(Milkman 1987). 이것은 노조의 구조와 권력 관계가 내부의 구성과 행위 주체의 참여에 따라 달라질 수 있음을 시사하고 있는데 실제로 남성 중심적인 조직에서 주변화되어 온 여성의 위치와 입장은 지배 담론이 만들어 낸 권력의 문제를 인식하고 변화에 대한 필요를 느낄 수 있게 하는 조건으로(Harding 1991) 작용한다고 볼 수 있다.

4. 소 결

평등은 다양한 해석에 열려 있는 논의가 분분한 개념으로(Jaggar 1994:18), 사회 세력이 해석하는 평등의 의미는 달랐다. 사례기업이 적극적 조치 모델을 개발하고 실행하는 초기 단계에서 기업과 개별 남성, 노동조합으로부터의 반발은 결과적 평등에 대한 거부감에서 비롯된 것이었다. 기업은 적극적 조치의 도입이 능력에 기반한 기업의 인사 관행을 무너뜨려 생산성을 저하한다는 이유로 거부감을 보였으며 남성은 적극적 조치가 실행되는 과정에서 고용 할당제와 유사한 제도가 남성에게 역차별적이라는 이유로 반발하고 나섰다. 사회정책은 계급 이슈로 분석되는 경향이 있기 때문에 노동운동과 노동조합은 진보적인 사회정책의 선두주자로 보는 경향이 있다(Sapiro 1990:43~44). 그러나 적극적 조치가 사기업에서 도입되는 경우는 달랐다. 노동조합은 적극적 조치가 단체협약에서 보장하는 노동자의 선임권을 위반한다는 이유로 반대하면서 법적 소송을 제기하였다.

법원이 동의명령을 통해 정부와 기업이 합의한 적극적 조치를 실행하도록 하고, 고용기회평등위원회(EEOC)·노동부·법무부 등 관련 정부기구가 연계하면서 실제로 이 제도가 실행되는지의 여부를 모니터링 하는 등 국가 권력의 개입이 확대되자 사례기업은 적극적 조치를 보다 적극적으로 실행했다. 더욱이 남성 중심의 노조가 할당제와 유사한 적극적 조치에 대해 강하게 반발하고 개별 남성들이 역차별을 이유로 제소했음에도 불구하고 사례기업은 법원으로부터 적극적 조치 모델을 실행하도록 동의 명령을 받은 6년 동안 충실하게 이 제도를 실행했다.

기업이 개발했던 적극적 조치 모델의 실행은 15개 직종별 노동력 분석으로부터 출발했다. 각 직종 내 소수집단의 비율을 산정하고, 여성의 비율이 현저히 적은 경우 과소 활용되었다고 보고 목표비율을 정했다. 최종 목표비율을 설정하고 그것을 실행하기 위해 기업은 매년 단기 목표비율을 정하면서 검토했다. 노동력 분석과 고용목표 비율의 설정, 이행계획서 등을 통해 적극적 조치가 실행되면서 성별 직무분리가 부분적으로 완화된 것으로 나타났다. 흥미로운 사실은 적극적 조치의 실행이 여성 뿐 아니라 남성에게도 적용되면서 직종 선택의 기준이 남녀 모두를 대상으로 타고난 성보다는 자신의 적성과 능력에 의해 직종을 선택할 수 있도록 변화되었다는 점이다.

법적 변화로 인한 실행기구의 권한 강화, 간접차별의 개념을 수용한 정부 기구의 적극적 개입은 여성에게 가해지는 차별의 형태가 우연적이고 개별적이기보다는 구조화되고 체계적인 것임을 가시화시키는 한편, 기업으로 하여금 적극적 조치를 수용하도록 하는 계기를 마련했다.

법원으로부터의 명령과 정부기구의 모니터링을 통한 강한 국가 권력의 행사는 사례기업이 적극적 조치의 실행을 수용하는 요인으로 작용했다. 그 과정에서 보여지는 특징은 능력주의와 평등권간의 이념적 대립이 각축을 벌이면서 갈등적인 사회적 세력에 의해 실천되고 있다는 점이다. 기업과 남성, 노동조합의 저항은 가부장적 권력 안에서 능력주의를 바탕으로 표출되고 있었으며 국가 권력은 세력화된 여성 주체에 의해 구성된 평등권에 기반해 실천되고 있었다. 이와 같이 적극적 조치는 자본의 이해, 남성의 이해, 여성의 이해, 노동조합의 계급정치가 국가 권력과 함께 상호 대립하고 충돌하는 장에서 실행되었고 이 과정에서 국가 권력의 강한 개입은 이 제도를 반대하는 사회적 세력의 힘을 약화시키면서 적극적 조치를 사례 기업에서 실행 가능하게 했던 조건으로 나타났다. 적극적 조치를 지원하는 법원의 명령과 법무부, 노동부, 고용기회평등위원회(EEOC) 등의 정부기구에 의한 공동 모니터링은 국가 권력의 평등 실천의 노력으로 이 제도를 기업이 수용하게 하는 데 중요한 역할을 했다. 적극적 조치의 실행은 사례기업에서 실제로 어떠한 결과를 초래했는가? 전화통신산업의 산업적 특성상 기업 환경의 변화가 빠르다는 점을 고려해 볼 때 법적 강제가 완화될 경우 적극적 조치의 실행은 유지되기 어려울 수 있다. 어떤 요인에 의해 이 제도가 지속적으로 실행될 수 있었는지 살펴보고자 한다.

제4장 기업내 적극적 조치 실행의 결과와 고용평등의 확대

> 작업장 구조는 여성억압의 기제일 수 있지만 또한 저항과 투쟁의 대상이기도 하다. 여성주의자들은 자본주의, 가부장제 또는 여성 자신의 특성에 기인한 수동적 희생자로서 여성을 보기보다는 적극적 주체로서 개념화하고자 했다.

적극적 조치가 실행되면서 나타난 결과는 무엇이고, 기업의 구조조정과 시장경쟁의 심화에도 불구하고 이 제도가 기업에서 유지될 수 있었던 요인은 무엇인가? 적극적 조치의 실행은 그 과정이 법적 강제와 함께 사회 세력에 의한 저항과 수용에 의한 산물로 이 제도가 의도했던 성별 직무분리의 완화 뿐 아니라 의도되지 않은 결과에 의해 영향을 받을 수 있다. 4장에서는 적극적 조치의 실행이 어떠한 결과를 초래하면서 기업내 고용평등을 실현해 나갔는지 살펴보고자 한다.

1. 의도된 결과

앞 장에서는 적극적 조치의 실행이 능력주의와 평등주의, 기회의 평등과 결과의 평등간의 이념적 갈등이 사회 세력에 의해 생산되는 가운데 실천되는 사회적 구성물인 것으로 나타났다. 여기에서는 사례기업이 강한 적극적 조치를 실행한 이후 변화된 성별 직무분리가 어떻게 행위자들에게 수용되는지를 알아보고자 한다. 또한 산업적 특성상 기술변화가 빠르고 기업의 구조조정으로 인해 적극적 조치의 실행이 위협받는 상황에서 사례기업이 이 제도를 유지시킬 수 있었던 요인을 살펴보고자 한다.

1) 성별 직무분리의 완화

여러 가지 권력의 근원이 사회제도를 형성하는 데 기여하는 과정은 단순히 물적 토대가 모든 것을 결정하는 일방통행의 과정은 아니다(Ramazanoglu 1989:285). 작업장 구조는 여성억압의 기제일 수 있지만 또한 저항과 투쟁의 대상이기도 하다. 여성주의자들은 자본주의, 가부장제 또는 여성 자신의 특성에 기인한 수동적 희생자로서 여성을 보기보다는 적극적 주체로서 개념화하고자 했다. 성별 직무분리에 기초한 작업장 구조의 변화는 제도적 실천에 의한 결과이지만 동시에 구조의 담지자인 행위자들의 수용과 선택에 의한 산물이기도 했다.

사례기업에서 적극적 조치가 실행되면서 두드러진 변화는 성별 직무분리의 완화였다. 남성 중심 직종인 숙련직에서 여성의 비중은 1970년에 1%에 불과했는데 강제적 적극적 조치를[1] 실행했던 기간

---

1) 미국의 적극적 조치는 강제적 적극적 조치와 자발적 적극적 조치로 구분되는데 전자의 경우에는 고용주가 법원명령, 행정명령 등에 의해 의무적으로 실행하

이 끝난 직후인 1980년에는 무려 23%로 증가했다(표7 참고).

여성이 남성 직종으로 진출하면서 먼저 변화되어야 할 것은 직종 명칭이었다. 린다 벨(Linda Bell)은 26세의 여성으로 캘리포니아주의 한 지역 전화사에서 스플라이싱직(splicing technician)으로 입사해서 숙련직으로 승진하기를 기대하고 있었다. 이 직종의 명칭은 과거에 스플라이서맨(splicerman)이었다. 남성만을 지칭해서 붙여진 직종 명칭은 남녀 공통의 것으로 바뀌지 않을 수 없었다. 변화는 남성 직종에서만 일어나지 않았다. 여성 직종에 취업하는 남성이 늘어나기 시작해 전화교환직에서의 남성 비율이 7%에서 10%로 증가했다. 1960년의 고용통계를 보면, 숙련직에는 단 한 명의 여성이 없었고 전화

도록 되어 있다. 민권법 제7편은 고용차별을 금지하고 그 구제조치로서 적극적 조치를 실행하도록 하고 있다. 또한 행정명령에서는 연방정부와 계약을 맺은 고용주가 반대급부로 고용평등을 실현하기 위해 적극적 조치를 실행하도록 하고 있다.

1974년에 미국 최대 규모의 은행사인 Bank of America를 상대로 여성들이 집단 소송(class action)을 내어 발단이 된 이 사건은 EEOC와 Bank of America가 합의서에 서명함으로써 종결되었다. 합의서에는 1)1978년 말까지 모든 직급에서 여성의 비중을 높이기 위해 적극적 조치를 실행할 것 2)여성의 능력개발과 훈련을 위해 375만 달러의 신용기금(trust fund)을 기업이 제공할 것 등이 주요 사항이었다. 같은 해에 United Steelworkers of America와 EEOC 간의 합의서가 법원으로부터 동의명령(consent decree)에 의해 이루어졌다. 이 합의서에는 1)소급배상 4천만 달러를 여성과 소수인종에게 지급할 것과 기업 내 전직 권리, 임금보유(wage rate retention), 수적 목표제와 시행계획서를 포함한 적극적 조치를 실행하는 것 등이 골자였다. 또한 합의서에서 정한사항이 제대로 실행되는지의 여부를 모니터하기 위해 노·사·정 삼자 대표기구로 감사위원회(Audit and Review Committee)가 구성되었다. 법원 명령에 의한 적극적 조치의 실행은 강한 효력을 발휘했고 이 제도를 실행하는 주요한 조건이 되었다. 반면에 자발적 적극적 조치는 실제로 그 효과가 미미한 것으로 알려져 있다. 실제로 정부가 고용주로 하여금 소수집단의 고용을 확대하도록 하는 데 별다른 제재를 가하지 못하기 때문이다(Badgett 1995:35).

교환직에는 남성이 한 명도 없었다. 1970년대 이후 성별 노동력 구성이 급격하게 달라진 것을 보면, 적극적 조치의 실행이 성별 직종분리를 변화시키는 데 결정적인 영향을 주었음을 알 수 있다.

〈표 7〉 AT&T사의 직종별 성별 고용분포 추이(1950-1980)

단위 (년, 명, %)

년 도	1950	1960	1970	1980
고용인원 전체 (명)	602,466	735,766	1,005,380	1,044,041
전화사 고용인원(명)	523,250	580,405	772,980	847,768
숙련직 여성비율(%)	0	0	1	23
교환직 여성비율(%)	100	100	93	90

주 : AT&T사는 전화사, 서부전기사, 벨연구소 등으로 구성되어 있다. 1980년 현재 전화사의 고용인원이 AT&T 전체 인원의 85%를 차지한다.
자료: *Bell System Statistical Manual 1950-1980*, June 1982 AT&T Comptroller's Office (NY: AT&T)

AT&T사의 노동력 구성의 변화는 숙련직과 관리직 모두에서 나타났다. 2급 관리직 여성의 수는 12만 57명으로 1972년 대비 17%가 증가했다. 또한 상위 직급으로의 여성 진출이 활발해 지면서 최고위 관리직인 6급 직에 진출한 여성이 4명으로 늘어났다.[2] 그러나 여성의 고용인원은 감소했다. 특히 사무직에서 급격한 여성 감원이 나타나면서 <표 8>에서 보여진 대로 1972~1978년간 전화교환직에서만 여성이 5만명 이상 줄어들었다.

---

2) *Fortune* 1979. 1. 15

〈표 8〉 미국 AT&T사의 직종별 여성 고용변화(1972~1978)

(단위: 명)

등급	직 종	전 체			여 성			
		1972년	1979년	비율변화(%)	1972년	1978년	증감인원	비율변화(%)
1	중간급이상 관리직	15,780	17,711	12.2	338	1,374	1,034	305
2	중하급 관리직	43,138	52,411	21.5	4,830	11,078	6,248	129
3	하급 관리직	95,949	116,458	21.4	29,543	40,976	11,433	38.7
4	행 정 직	32,716	32,468	-0.7	27,380	24,774	-2,606	-10.5
5	판매 비관리직	5,813	8,455	45.5	1,539	3,720	2,181	142
6	숙련 기술직(외근)	65,107	70,884	8.9	38	1,928	1,890	4974
7	숙련 기술직(내근)	76,542	74,584	-2.6	2,619	8,830	6,211	237
8	총괄서비스(숙련직)	11,347	703	-93.8	540	176	-364	-67.4
9	반숙련기술직(외근)	66,104	63,767	-3.6	206	3,386	3,180	1154
10	반숙련기술직(내근)	18,011	21,907	21.6	3,554	7,779	4,225	119
11	숙련 사무직	82,392	104,065	26.3	77,633	91,206	13,573	17.5
12	반숙련 사무직	74,689	87,030	16.5	73,409	79,453	6,044	8.2
13	미숙련 사무직	45,140	34,890	-22.8	42,929	30,400	-12,529	-29.2
14	전화교환직	148,622	104,134	-22.9	146,562	96,348	-50,214	-34.3
15	미숙련서비스직	12,365	10,296	-16.7	4,641	4,254	-387	-8.3
	전 체	793,715	799,785	0.8	415,761	405,682	-10,079	-2.4

주: 직종별 여성 증감인원과 비율 변화는 필자가 작성한 것임.
자료: AT&T사 적극적 조치 모델 이행 결과를 법원에 제출한 최종 보고서,
1979, Phillis A. Wallace, "Increased Labor Force Participation of Women and
Affirmative Action", (ed.) by Phillis A. Wallace, *Women in the Workplace*, 1982,
p.19에 서 재인용.

이와 같은 전화교환직의 급격한 감소는 사무자동화에 따른 기술 변화에 의한 결과로 적극적 조치의 실행은 여성이 이 직종에 편중되어 일을 할 경우 받게 되는 대량 해고의 충격을 완충시키는 효과를 부분적으로 가져왔다. AT&T사에서 행해진 성별 직종 분리의 완화와 여성 고용의 확대는 1984년 기업 분할 이전에 전화통신산업에 취업한 종업원의 90% 이상을 고용한 전화산업의 고용 통계에서 부분적으로 보여졌다. 성별 직종 구성에서 두드러진 특징은 여성이 저임 직종인 사무직에서 일자리를 잃은 반면, 고임 직종인 전문직과 남성 집중 직종인 숙련직에서 일자리를 계속해서 얻고 있다는 점이다. 여성 집중 직종인 전화 교환원직에서 신기술이 도입되면서 여성이 대거 퇴출된 반면, 다른 한편에서 여성은 남성 집중 직종에 취업하면서 자신의 고용을 유지해 왔다.

특히 직업훈련 기회의 확대와 승진에서의 성차별을 제거하기 위한 적극적 조치가 시행되면서 고위 관리직으로 승진하는 여성들이 많아졌다. 1994년 현재 AT&T사의 고위 관리직 내 여성 비율은 8% (전체 인원 12명), 부사장은 15%(전체 인원 859명)로 많은 편이다. 또한 관리직 내 여성 비율은 38%, 전문직 내 여성 비율은 26%이며, 기업 내 고소득 집단—전체 종업원 중 고소득 순위 20% 범위 집단—중 여성의 비율은 26%로 고임을 받는 여성 비율이 높다는 사실을 보여주고 있다.3) 지역 전화사인 NYNEX도 최고 관리직내 여성 비율이

---

3) 대졸 기준의 초임은 25,600달러에서 36,400달러이다. 석사 학위 소지자는 36,400~46,800달러이며 경영학 석사학위 소지자의 초임은 조금 더 높아 38,000~44,000달러로 학력 차이에 따라 초임이 다르고 동일 학력이고 관리직이라고 하더라도 정해진 범위 안에서 임금 차이가 있다(Milton Moskowitz and Carol Townsend, *Working Mother*, 1995)

11%(전체 35명)이며 부사장직 중 여성은 19%(전체 138명), 관리직 중 여성은 31%, 전문직 중 여성은 23%로 고위 관리직으로 일하는 여성이 많은 편이다. 또한 상위 소득 20% 범위에4) 드는 여성의 비율은 11%이다(Moskowitz & Townsend 1995).

1973년 이후 AT&T사가 실행한 적극적 조치는 성별 직무분리를 완화시켰고 이러한 고용 관행은 사례기업의 고용구조를 제도화해 나갔다. 여성은 성별 직무 분리의 벽이 허물어지면서 자신이 선택할 수 있는 직업의 폭이 넓어졌음을 알게 되었고 남성의 여성중심 직종으로의 이동은 여성 중심직종에 대한 인식을 변화시키는 계기가 되었다. 사무직으로 입사해서 일해 온 한 여성은 적극적 조치가 본격적으로 실행되었던 시기에 스스로 직종을 바꾸어 볼 것을 생각하고 준비해 왔다.

> 나는 기업에서 적극적 조치 모델이 개발되고 실행되면서 여성들이 원하는 일을 할 수 있게 되었다고 본다. 여성들이 가장 원하는 것은 임금이 높은 직종에서 일할 기회를 갖는 것이었다. 나는 딸 아이 하나를 낳고 3년이 지나 남편과 이혼했다. 아이를 키우면서 생활하기에는 사무직의 임금이 적었다. 나는 남자들이 하는 직종으로 옮겨가기 위해 기술 학교에 입학했다. 내근 숙련직의 일을 하면서 여자들도 남자만큼 잘 해 낸다는 자신감을 갖게 되었다. 스스로 선택해서 한 일이고 더 많은 임금을 받았기 때문에 의욕적으로 일을 했다(사례 2).

적극적 조치의 실행은 여성에게 문을 개방했고 여성의 능력을 정형화된 여성적 특성과 직종에 묶어 두지 않고 다양한 관심과 능력

---

4) 나이넥스사의 임금수준은 고등학교를 졸업하고 사무직으로 입사할 경우 연봉이 15,300달러이며 관리직은 51,000달러이다.

을 가진 여성들에게 자신의 적성에 맞는 일을 선택할 수 있게 했다. 직종 선택이 성별에 따른 것이기보다는 개인의 특성과 선호, 능력에 우선해서 이루어지게 된 것이었다.

나는 밖에 나가기를 좋아하며 여성적인 취향을 좋아하지 않는다. 무슨 옷을 입고, 머리 모양을 어떻게 하는 지에 대한 관심이 별로 없다. 특히 사무실에 가만히 앉아 전화를 받거나 타자를 두드리는 일은 적성에 맞지 않는다. 밖에 돌아다니며 설치하고 수리하는 일이 가끔 힘들다고 생각하지만 그래도 지금의 일이 만족스럽다(사례 4).

흥미롭게도 남녀 모두를 대상으로 한 AT&T사의 적극적 조치 실행은 여성의 남성 직종으로의 진출과 더불어 남성으로 하여금 여성 직종에 취업하도록 했다. 내근 영업직에서 일하는 남성이 늘어나면서 이 직종에 대한 인식이 변화하기 시작했다.

이 직종에 일하는 남자들이 1970년대 중반에는 2~3명밖에 되지 않았는데 점차 늘어나 20여 년이 지난 지금에는 남성이 1/3 정도 된다. 나는 적극적 조치 모델이 실행되던 첫 해에 입사했다. 여자들이 많은 속에서 지내기가 어색하고 편하지 않았다. 어쨌든 나는 돈을 벌기 위해 계속 직장에 다녔다. 숙련직으로 옮겨갈 준비를 하면서 몇차례 시도했지만 실패했다. 지금은 남성들이 많아졌다. 서로 다른 성이 한 작업장에서 일하는 것은 변화를 예고한다고 본다(사례 3).

더욱이 적극적 조치의 실행은 여성을 여성 중심 직종에 일하도록 하고 남성을 남성 중심 직종에 배치함으로써 성별 직종 분리를 유지해 온 편견을 없애는 과정을 통해서 제도화될 수 있었다. 법원의 동의명령에 의해 적극적 조치를 실행했던 첫 해인 1973년에 전화교환직으로 입사해서 20여 년간 내근 영업직에서 근무한 남성 노동자는 적극적 조치의 실행이 직종에 대한 성별 고정관념을 없애면서 유지될 수 있었다고 본다.

> 나는 이 직업이 숙련을 필요로 한 뿐 아니라 특정한 인성을 가진 사람을 요구한다고 본다. 내근 영업직은 사람들과 이야기하기를 즐겨하고, 대인관계에 능숙한 사람에게 적합하다고 본다. 이전에는 전화교환직에 남자들이 거의 없었다. 1970년대 초에 소수의 남자들은 지역 전화통신사의 전화교환원으로 채용되었다. 하지만 대부분의 남성들은 고임 직종인 기술공(technician)이 되고 싶어했고 전화교환직은 기술공이 되기 위한 임시 거처로 생각했다. 나 역시 입사하면서 업무전환을 생각했다. 남자가 할 만한 일이라고 생각하지 않았기 때문이다. 막상 일을 시작하면서 생각이 달라졌다. 적극적 조치의 실행은 나와 남성 동료에게 새로운 기회를 열어 준 셈이다 (사례 8).

가부장적 권력의 저항에도 불구하고 적극적 조치의 실행이 여성들에 의해 실천될 수 있었던 요인은 가족 내 일상생활을 적극적으로 유지하고 보존하는 여성의 역할에서 찾을 수 있다. 이것은 여성에게 삶을 보전하기 위한 의식을 형성시키는 데(Kaplan 1982) 기여한 것으로 이러한 여성의식은 여성의 경제적 필요에 의해 강화되면서 특히 여성이 가장으로서 생계를 전적으로 책임져야 하는 상황에서 두드러졌다. 적극적 조치의 실행이 결과한 구조적 변화와 그에 따른 행위주체들의 적응, 생계책임자로서 여성의 경제적 필요 등에 의해 유지될 수 있었던 것으로 파악되었다.

2) 여성고용의 안정성과 노동조건 향상

사례기업의 적극적 조치가 법적 강제에 의해 실행되면서 이 제도가 의도한 결과인 변화된 성별 직무 분리가 행위자로부터 수용되었지만 그 과정은 안정적이지 않았다. 정부의 독점 금지정책에 의해 강제로 기업이 분할된 이후 사례기업은 기술변화와 함께 시장 경쟁이 심화되는 환경에서 기업규모가 축소되고 대대적인 감원을 발생시켰다. 그 과정에서 적극적 조치 실행의 효과가 사례기업의 여성고용에 어떠한 영향을 미쳤으며 역으로 기업환경이 이 제도에 어떻게 영향을 주었는지를 살펴보고자 한다.

(1) 기술변화와 여성고용

AT&T사의 직종 구성은 기업분할 이후 구조조정과 신기술의 활발한 도입 등에 의해 특정 직종의 퇴출과 함께 새로운 직종의 창출을 동시에 가져왔다. AT&T사는 1950년부터 1980년까지 매년 6%의 생산성 증가를 보이면서 기능적인 전문화, 표준화된 실행 절차 등을 통해서 관리직의 비율을 높여 왔다. 관리직이 전체 직종에서 차지하는 비중은 1950년에 13.5%였는데 1980년에는 29.3% 증가해서 관리직 대 일반직의 비율이 1 대 2.4가 될 정도로 관리직의 수가 많았다. AT&T사에서 여성 관리직의 수가 급증한 주요 이유는 적극적 조치의 실행과 함께 이 직종에 대한 수요가 높아졌기 때문이다.

그러나 기업의 구조조정이 본격적으로 진행되었던 1980년대 중반 이후 상황은 크게 바뀌었다. 기업은 부서 단위에서 팀 체제로 경영방식을 바꾸었고 자율성을 강조하면서 스스로 감독하는 체제로 만들었다. 자율적인 경영팀 제도가 도입된 이후 감독하고 조정하는 업무가 대폭 축소되었고 이 직종의 인원이 크게 줄어들었다. 특히 1984년 이후 정부의 반 독점 규제정책에 의해 거대 기업이었던 AT&T사가 기업분할을 겪으면서 기업의 고용 인원은 1970년대 최대 인원인 110만 명에서 35만 명으로 줄었다(Spalter-Roth & Hartmann 1992:11).[5] 직종별로 고용인원의 감소 상태를 보면 숙련직과 전화교환직을 포함한 사무직 모두가 줄어들었고 특히 기술직이 서서히 감소한 반면, 사무직의 감소율은 급격해서 여성 집중 직종의 고용 인원이 크게 줄었다(표 9 참고). 기존의 아날로그 방식이 디지털 방식으로 변화하면서 전화교환직과 숙련직의 인원이 크게 감소한 것이다. 기술 변화는 AT&T사의 주요 직종을 전화교환직과 숙련직 등의 생산 기능직으로부터 전산 정보직으로 이동하도록 유도했고 전문직의 인원을 증가시키는 주요한 이유가 되었으며, 전체 고용 인원이 급격하게 감소했음에도 불구하고 기능직과 판매직은 크게 증가했다. 기업간의 경쟁이 치열해 지고 AT&T사가 적극적인 판촉 전략에 나서면서 판매직의 수요가 높아졌기 때문이다.

기술변화로 인한 고용 감소는 전화교환직에서 일찍이 시작되었다. 1920년대와 1930년대에 다이얼 톤(기계적 전환)으로 바뀌면서 교환원이 직접 일일이 연결했던 업무가 기계로 대체되었다. 1950년대에는 소비자가 직접 다이얼을 돌려 장거리 전화를 걸 수 있게 되면서 교환원의 일이 줄어들었다. 디지털 체계는 신용 전화카드로 직

---

5) 이후에도 지속적으로 감소해서 1996년 현재 28만 명으로 축소되었다. 특히 정부의 탈규제(deregulation)정책 이후에 본격적으로 진행된 다운사이징(downsizing)으로 1984년에서 1995년간 비관리직 인원은 25만 명에서 15만 명으로 10만 명이 감소했다(Batt & Keefe 1996).

접 다이얼을 돌리도록 했고 새로운 기술은 교환원의 일을 통합시키면서 축소시켰다. AT&T사는 결점이 있는 전화회선을 컴퓨터를 통해 알아내어 진단하도록 했으며, 자동화된 전화 체계에 의해 전화교환직의 작업 속도를 높이는 방법을 고안해 내어 감독직의 수를 줄여 나가기에 이르렀다. 특히 업무의 전산화는 전화번호를 안내하는 전화안내 직종(DA: Directory Assistance)에 큰 영향을 주었다. 전화교환원의 업무는 서류작업으로부터 컴퓨터에 자료를 저장하는 방식으로 바뀌었다. 기업은 전화번호 안내 사무소에서 해 온 업무를 집중하는 데 신기술을 사용했다. 기업의 조직개편과 업무통합으로 인해 일자리가 줄었고 기업은 남은 인력을 해고시키거나 타 지역으로 발령을 내었다. 전산화가 중앙 집중화되는 방식으로 운영되면서 인원감축과 연결되지 않을 수 있었으나 기업은 그러한 방식으로 기업을 재 구조화했다. 이와 같은 구조조정의 일차적 희생자는 전화교환직의 다수를 차지하는 여성이었다.6)

---

6) 이후에 구조조정의 여파가 남성 중심 직종에로 확대되었다. 기술의 체계화는 남성 중심 숙련직의 고용 감소를 초래했다. AT&T사가 아날로그 넷워크체계를 디지털 넷워크 체계로 바꾸면서 숙련직(craft)의 인원이 잉여 인력으로 퇴출되어야 했으며 (Keefe & Batt 1997), 전화통신사가 모듈(module)을 개발해서 벽에 직접 설치하여 전화선을 끼우도록 한 이후 설치공(installer)이라는 직종은 사라졌다(O'farrel & Kornbluh 1996:250).

<표 9> 직종별 고용 증감의 추이

(단위: 명, %)

연도 \ 직종		관리직	전문직	기술직	판매직	사무직	숙련직	기능직	노무직	서비스직	총 계
1982	인원	223,120	68,871	24,538	26,169	430,410	262,484	40,435	4,700	7,261	1,087,988
	비율	20.51	6.33	2.26	2.41	39.56	24.13	3.72	0.43	0.67	100.00
1995	인원	145,971	67,756	57,619	51,624	276,861	165,296	15,870	1,306	4,417	786,720
	비율	18.55	8.61	7.32	6.56	35.19	21.01	2.02	0.17	0.56	100.00
증감율		-34.58	-1.62	134.82	97.27	-35.68	-37.03	-60.75	-72.21	-39.17	-27.69

자료: EEOC, *Job Pattern and Employment for Minority and Women*, 1982-1992.

AT&T사의 고용 자료에 의하면, 1970~1980년간 숙련직의 경우 전체 직종에서 차지하는 비중이 35%에서 44%로 증가했다. 반면에 여성이 편중되어 있는 전화교환직과 사무직은 같은 기간동안 각각 13%, 14%가 감소했다. 특히 전화교환직의 변화 폭은 커서 전체 직종에서 차지하는 비중이 1950년 47%에서 1980년 16%로 놀랄 만큼 크게 감소했다(표 9 참고). 기업의 구조조정으로 인한 대량 해고와 특히 전화교환직, 사무직 등에서 두드러지는 감원은 사례기업으로 하여금 여성의 고용인원을 감소시키고 노동조건을 악화시키는 요인이 되었지만 적극적 조치의 실행으로 인한 성별직무분리의 완화는 여성중심 직종에서 발생했던 대량 감원의 충격을 일정 정도 완충시키는 효과를 가져 온 것으로 풀이된다.

〈표 10〉 AT&T사의 직종별 구성비율의 추이 (1950－1980)

(단위 : 년, %)

직 종 \ 연 도	1950	1960	1970	1980
관 리 직	13	18	22	29
비관리직	87	82	78	71
숙 련 직	24	30	35	44
전화교환직	47	34	29	16
사 무 직	19	23	24	10
기 타	10	12	12	31

자료: *Bell System Statistical Manual 1950~1980*, June 1982 AT&T Comptroller's Office (NY: AT&T)

(2) 여성의 노동조건과 고용환경

기업의 시장 환경이 노조 조직율과 노사관계, 고용 안정에 미친 영향은 결정적인 것으로 평가되고 있는 가운데 AT&T사가 임금과 기업 복지를 높은 수준으로 유지시켜 온 주요한 요인은 적극적 조치의 실행과 노동자들의 조직력에 있었다. 이 회사의 노사 관계는 노사간의 화합을 강조하면서 협력적인 대표적인 기업으로 알려져 왔다.

전화통신산업의 높은 조직율은[7] 이 산업의 생산성 증가와 함께 노동조건을 향상시키는 데 기여해 왔다. 기업 분할 이후에도 본격적

---

7) 1992년 현재 전화통신산업 노동자들의 미국통신산업노조(Communication Workers of America: CWA)에 가입해 있다. 이 산업노동자의 41만 명이 CWA의 조합원이며 IBEW(전국전기노조)에는 8만 2,500명이 가입해 있다. 이 회사의 노조 조직율은 지속적인 감소 추세를 보여 왔음에도 불구하고 1991년 현재 47%로 미국 전체 평균 18.3%보다 높으며 서비스 산업의 평균 노조 조직율 12.5%와 비교해 볼 때 매우 높다. 노조 내 여성 구성비를 보면, 전 산업이 37%인 데 비해 전화통신산업은 53%로 남성보다 높다(Batt 1993:17).

인 시장 경쟁에 들어간 AT&T사는 기업 분할 직전인 1983년 노조 조직율이 63%에서 1991년 47%로 급격한 하락을 보여 왔지만 그럼에도 불구하고 노사 협력적인 노사관계의 틀을 유지하면서 임금 협상을 벌여 왔다(Hirsch & Macpherson 1993). 기업과 노조는 안정적인 노사관계의 틀을 기본으로 기업의 직종 구조, 훈련과 승진, 임금, 고용 안정성을 보장해 주는 내부노동시장 체계를 발전시켜 왔다. 실제로 AT&T사의 평균 근속 년 수는 높은 편이며 여성 노동자의 경우에도 평균 근속 년 수가 1970년에 9년이었는데 1980년에는 12년으로 늘었고 여성의 평균 연령도 같은 기간 33세에서 37세로 높아졌다(Batt 1998).

그러나 노조 조직의 상황은 시간이 지날수록 악화되었고 조직율 하락의 압박을 받아 왔다. 전화통신산업의 탈 규제 이후 신규업체들은 노조의 설립을 허용하지 않고 임시직을 늘리는 한편, 전화 설비를 유지하고 관리하는 작업을 줄이는 신기술을 빠르게 도입하면서 이 산업의 노동조건을 악화시키고 고용 감소를 초래하는 상황을 유도하였다. AT&T사와 지역 전화사들도 이와 같은 시장 경쟁 체제하에서 비 관리직의 인원을 탈 규제 이후 30~60% 감원시켰다(Batt & Strausser 1997). 대량 감원의 바람이 산업 전반에 불어닥친 것이다. 그나마 조직화된 노동자들의 고용감원은 미 조직 노동자와 비교해서 상대적으로 나은 편이었다. 1988년과 1990년 동안 전화통신산업 노동자의 고용 감소에 관한 조사에 의하면, 조직노동자의 경우 8%의 인원 감소가 있었던 반면, 미 조직 노동자들은 20%가 직장에서 떨려져 나갔다(Spalter-Roth and Hartmann 1992). 노동자의 조직력이 구조조정으로 인한 감원의 충격을 일정정도 완충시키는 조건이 된 것이다. 이것은 비 관리직 여성의 임금 수준을 포함한 노동조건에 결정적인 영향을 주었다.

기술개발과 구조조정을 가속화시킨 정부의 탈 규제 정책 이후 직종 구성의 변동과 함께 두드러진 변화는 이 산업 노동자의 임금 수준이 하락하고 있다는 점이다.[8] 전화통신산업의 비 관리직 주요 직종의 임금 추이를 보면, 사무직, 전화가입 판매직, 숙련직 등의 기술직 각각에서 모두 실질 임금이 인하되고 있다. <표 11>에 의하면 사무직의 경우 1983년 주급 361달러였는데 316달러로 낮아졌고, 판매직은 479달러에서 392달러로, 기술직은 주급 498달러에서 473달러로 떨어졌다. 임금의 하락 폭을 보면 1983년에서 1996년간 각 직종

〈표 11〉 직종별 산업별 실질임금 비교(1983-1996)

(단위 : 달러, %)

직종 연도	사무직		판매직		기술직	
	전화통신업	전산업	전화통신업	전산업	전화통신업	전산업
1983	361	255	479	301	498	373
1996	319	255	382	294	473	351
증감율	-11.8	0.0	-20.2	-2.5	-5.0	-6.1

주: 임금은 주급 기준임.
자료: Bat and Strausser, *Labor Market Outcomes of Deregulation in Telecommunication Services*, 1997, Cornell University, Unpublished.

세 직종 중 판매직의 하락 폭이 가장 컸음을 알 수 있다. 이 산업

---

8) 전화통신산업의 급격한 임금 하락이 있었던 시기는 이 산업의 탈규제가 진행되기 시작하면서 두드러지는데 1986년에는 여성 집중 직종인 전화교환직, 서비스 대표직, 사무직의 경우 임금 삭감 폭이 20%~40%에 이르렀다(NOW 1986).

에서 11.8%, 20.2%, 5%가 하락한 것으로 나타나며 세 직종 중 판매직의 하락 폭이 가장 컸음을 알 수 있다. 이 산업의 직종별 임금 하락은 미국 전체와 비교해 볼 때, 전화통신산업의 경우 판매직 등의 여성집중 직종의 임금하락 폭이 크다는 사실을 알 수 있다.

전화통신산업의 지속적인 임금인하에도 불구하고 아직까지 이 산업의 임금 수준은 서비스산업 평균과 비교해서 매우 높으며 남녀 임금격차도 적은 편이다. 1990년 현재, 남녀 임금 격차를 비교해 보면, 전화통신산업의 여성임금은 남성임금의 74.3%로 서비스산업이 68.8%인 것과 비교해서 성별 임금 격차가 적은 것으로 나타나 있다 (Spalter-Roth and Hartmanm 1992).

이와 같이 전화통신산업의 남녀 임금격차가 상대적으로 적은 이유는 첫째, 이 산업 고용인원의 절대 다수가 취업해 있는 AT&T사가 적극적 조치를 실행하면서 남녀간의 임금격차를 줄이고 여성이 고임의 남성 집중 직종으로 이동하도록 정책적으로 지원하면서 남녀 임금격차를 줄였기 때문이다. 법원 명령에 의한 적극적 조치의 강제적 실행이 끝난 1979년 이후에도 AT&T사는 연방정부와 계약을 맺은 기업으로 적극적 조치를 지속적으로 실행하면서 성별 임금 격차를 축소시켜 나갔다.[9]

더욱이 전화통신산업의 높은 조직율에 기반한 협상력은 이 산업의 평균 임금 수준을 높이는 주요한 조건이 되었다. AT&T사에서 조합 가입 인원이 가장 많은 미국통신산업노조(CWA)는 1971년, 1974

---

9) 1973년에 AT&T사는 적극적 조치 모델을 개발하면서 여성의 임금을 전체적으로 11% 인상시켰을 뿐 아니라 성별 직종 분리의 완화를 목표로 한 적극적 조치 프로그램을 도입했다.

년, 1980년 단체협상을 통해서 저임금 직종, 여성집중 직종의 임금을 특별 임금의 조정을 통해서 인상함으로써 성별 임금격차를 줄여 나갔다. 또한 미국통신산업노조(CWA)는 해당 임금 등급에서 최상급의 임금을 받는 데 걸리는 시간을 8~10년에서 4~5년으로 단축하는 안을 내어 타결했는데(Keefe 1989), 이와 같은 노조의 정책은 근속 년 수가 짧은 여성 노동자에게 유리하게 작용해서 성별 임금격차를 축소하는 결과를 가져 왔다.

요컨대 사례기업에서 실행된 적극적 조치는 기업의 환경변화에도 불구하고 여성을 숙련직, 중간층 이상의 관리직으로 채용하고 승진시키는 고용목표제에 의해 기술변화, 구조조정으로 인한 여성감원을 어느 정도 상쇄시키는 효과를 가져오면서 여성의 고용을 유지하는 장치로 작용했다.

2. 의도되지 않은 결과

평등 개념이 적극적 조치에 도입되고 사회세력에 의해 실천되는 과정에서 정책 수행의 결과는 의도되지 않은 변화를 창출했다. 기업의 효율성과 인적자원의 확대, 노조내부의 적극적 조치 도입 등은 애초에 의도하지 않은 적극적 조치의 결과로 이 제도를 지속적으로 유지시키는 역할을 하였다.

1) 기업의 효율성과 인적자원 확대

고용평등정책을 강화하는 사회적 상황에서 AT&T사는 적극적 조치를 의무적으로 실행했지만 다른 한편에서 이 제도의 실행은 기업에 '의도되지 않은' 실용적인 이익을 가져다주면서 지속적으로 적극적 조치를 실행하도록 하는 조건으로 작용했다. 법원의 명령에 의해 적극적 조치를 실행해야 했던 6년 동안 AT&T사는 적극적 조치와 선임권, 능력주의간의 충돌과 모순을 해결해야 했다. 여성의 고용인원을 늘리고 정해진 목표 비율을 달성하기 위해 기업은 선임권을 위반하면서 노조로부터 강한 반발을 받았고 남성들로부터 제기된 역차별 소송으로 인해 어려움을 겪어야 했다. 1979년 1월, AT&T사는 적극적 조치와 선임권간의 충돌을 완화하는 방향으로 적극적 조치 모델을 부분적으로 수정했다. 동시에 6년간의 경험을 토대로 정부의 고용평등정책은 선의의 노력을 다해 따른다는 원칙을 밝혔다 (Northrup & Larson 1979).

AT&T사는 인사부를 통해 "벨 체계와 지역 전화사의 고용평등정책이 합리적인 시간 이내에 각 직종 군에서 성별 인종별 구성이 적절하게 균형을 이루는 상태가 되도록 하는 데 있다."[10]고 밝혔다. 노동력 활용분석은 각 지역 전화사의 성−인종별 노동력 구성을 지역의 기준이 되는 고용 풀(underlying employment pool)의 구성과 비교하는 작업이었다. AT&T사는 노동력 활용분석을 통해서 소수집단의 '목표 비율'을 정하도록 했다. 그러나 법원의 동의명령에 의해 실행

---

10) AT&T, "A Model Affirmative Action Programs for the Bell System," January 18, 1979, p.XI~1., Northrup & Larson 1979에서 재인용.

기간에 정해졌던 목표 비율보다 다소 완화된 것이었다.

적극적 조치의 실행 방법인 목표 비율의 설정은 기업이 선의의 노력(good faith effort)을 통해 활용 가능한(available) 인적 자원을 적절하게 배치하는 데 중점이 두어졌고, 1973년 법원으로부터의 동의명령과 이후에 내려진 추가 명령은 종결되었다. 그러나 기업은 소수집단을 위해 목표비율을 정하고 매년 계획하고 검토해야 했다(Northrup & Larson 1979:17~8). 또한 AT&T사는 정부와 계약을 맺은 업체로고 용기회평등위원회(EEOC)에 여성의 직종별 고용 상태를 나타내는 고용기회평등 양식을 제출하고 연방통신위원회에 FCC-395를 제출하도록 되어 있었다.[11]

정부의 강한 개입을 통해 실행되었던 AT&T사의 적극적 조치는 짧은 기간동안 기업의 인사관행을 크게 변화시켰다. 법원의 동의명령에 의한 강한 적극적 조치를 실행하기 이전까지 AT&T사의 관리자(supervisor)들은 자신이 속한 부서에서 사원을 채용하고 승진하는데 결정적인 권한을 갖고 있었다. 그들은 사원 선발 과정에 직접 관여하면서 채용 여부를 결정하는 권한을 가졌고 부하 직원에 대한 업무 평가서를 통해 승진 여부를 결정했다. 그러나 그와 같은 관리

---

11) 행정명령에 의하면, 연방정부와 5만불 이상의 계약을 맺고 50인 이상의 종업원을 고용한 기업의 경우 적극적 조치를 실행하도록 되어 있으며, 계약을 위반할 경우, 계약을 취소하고 금지하도록 정하고 있다. 이러한 제재는 실제로 그 수가 많지 않더라도 효과는 상당한 것으로 평가되고 있다(Bergmann 1996). 실제로 적극적 조치를 실행하지 않음으로써 연방정부로부터 계약이 금지된 건수는 이 제도를 적극 지원했던 카터 행정부 시기인 1977년과 1980년 사이에 13건이었다. 반대로 적극적 조치를 폐지하고자 시도했던 레이건 행정부 시기인 1981년과 1985년에는 불과 4건밖에 되지 않았다. 이후에 계약 금지(term debarment) 건수는 클린턴 행정부 하에서 다소 늘어 7건이었다(Anderson 1996: 300).

자의 역할은 적극적 조치가 실행되면서 인사부에 넘겨지고 인사 관행에 관한 많은 기능이 인사부에 집중되었다. 관리자들은 더 이상 맘에 드는 부하 직원을 승진시킬 수 없었고 여성에게 형편없이 낮은 업무평가와 점수를 줄 수 없었다. 소수 집단에 낮은 점수를 줄 경우 인사부 직원이 납득한 만한 충분한 사유가 제시되어야 했기 때문이다(Northrup & Larson 1979:74).

뿐만 아니라 여성을 채용하는 기업의 태도가 달라졌다. 능력 있는 여성을 '발견해내어' '훈련시킨다'는 전략을 택한 기업은 전국 각지의 대학을 순회하면서 여성 사원을 모집하기 시작했다. 다른 한편에서 내부 승진을 활성화시켜, 고졸 출신의 여성들이 관리직으로 승진하도록 했다. 기업은 이 시기에 여성을 대상으로 한 관리자 교육을 본격적으로 개발하기 시작했다.

적극적 조치를 실행하면서 AT&T사가 성 차별적인 고용제도를 평등한 고용제도로 바꾸는 대대적인 작업을 하는 데 기업이 들인 비용이 컸다고 해도, 전부가 손실은 아니었다. 비록 AT&T사가 차별의 희생자에게 지급했던 배상비와 교정비, 훈련비, 법적 소송비 이외에 적극적 조치 모델을 만들기 위해 740명의 직원을 전일제로 일하도록 했지만 적극적 조치를 실행하고 제도화하면서 AT&T사는 고용에 관한 모든 기준과 절차를 '고용 평등'의 잣대로 심사하고 측정하도록 했다.12)

민권법과 행정명령이라는 법적 장치가 기업으로 하여금 적극적 조치를 실행하도록 했지만 이 제도는 '의도되지 않은 결과(unintended consequences)'를 기업에 가져다주었다. 특히 기업 고위직에서의 평가가

---

12) *Fortune* 1979. 1. 15

그러했다. AT&T사의 상층 관리자인 디버츠(Deberts)는 적극적 조치 모델이 소수집단에 대한 편견을 없앰으로써 인력 풀을 넓혀 기업이 필요로 하는 인력을 고용하기에 더 나은 환경으로 만들었다고 평가하면서 동의명령의 실행기간이 끝난 이후에도 적극적 조치를 지속시킬 것이라고 밝혔다. 고용 평등을 실현하기 위한 관행이 AT&T사에서 제도화되어 있음은 기업의 인사 가이드라인에서 나타나고 있다. AT&T사의 감독자들은 자사의 고용평등정책을 실행하도록 책임이 두어 지며 고용평등/적극적 조치의 실행과 결과에 대해 매년 평가받도록 되어 있다. 또한 적극적 조치를 실행하는 데 있어서 감독자의 역할은 다음과 같이 정해져 있다. 1) 작업장 내 모든 개인에게 차별적이지 않는 대우를 강화하는 것 2) 기업 정책과 프로그램을 지속적으로 보고서에 기재하는 것 3) 보고서가 AT&T사의 고용평등정책, 적극적 조치 프로그램과 부합되도록 하는 것 4) 승진 상담을 보고서에 기재하는 것 5) 직원에게 직업 훈련과 인사 발령을 내는 과정에서 동등한 기회를 부여하는 것 6) 고용평등정책을 보고서와 함께 매년 검토하는 것 7) 신규 채용되거나 승진한 감독자를 대상으로 한 첫 6개월간의 교육 과목에 기업의 고용평등/적극적 조치 정책과 프로그램에 관한 내용을 포함시키는 것 8) AT&T사의 고충처리 절차와 고용평등/적극적 조치 담당 직원과 어떻게 면접하는지에 관해 정보를 제공하는 것 9) 고용평등/적극적 조치 실행 노력을 기록하는 것 등을 포함하고 있다.

AT&T사가 여성을 포함한 소수 집단의 대표성을 염두에 두면서 과소 활용을 줄여나가기 위한 노력을 하면 할수록 기업의 고용 관련 업무는 인사부에 집중되었다. 인사부는 소수 집단의 고용 비율을 항시 파악하고 있어야 하며 과소 활용이 되지 않도록 모집, 채용, 승진, 업무이동, 직업 훈련 등 전체를 조정해야 했다. 적극적 조치를 실행하면서 AT&T사에는 새로운 직종이 생겨났다. 고용평등과 적극적 조치 담당자(director of equal opportunity and affirmative action)가 인사부에 신설된 것이다.13)

고용평등/적극적 조치 담당직원은 고용평등과 관련한 직원의 고충을 우선적으로 조사하고 해결하도록 했다. AT&T사는 연방정부 계약자로서 연방정부법과 행정명령에 의해 소수집단을 위해 문서화된 적극적 조치 프로그램을 개발하도록 기업의 가이드 라인에 명시했다. 여기에는 AT&T사가 규정하는 적극적 조치 프로그램이 특정하고(specific) 결과 지향적인(result-oriented) 방식이 되도록 하고 있다 (AT&T 1991).

적극적 조치의 실행이 AT&T사에서 제도화되고 있다는 사실은 기업의 직무 기술서(job description)가 비교적 성 평등적이라는 사실에서 확인되고 있다. 지역 전화사인 Bell Atlantic사의 직무 기술서를 보면, 남성 집중 직종인 숙련직의 자격 요건 가운데 "35파운드에서 40파운드 이상이 되는 장비를 들어올릴 수 있어야 한다"는 요건이 없어졌음을 알 수 있다. 동시에 여성 집중 직종인 내근 영업직의 직무 기술서에는 "초과근로, 야간근로가 요구되며 24시간 근무를 할 수 있어야 한다"는 내용이어서 별도의 여성 보호 조항이 없어졌음을 알 수 있다(AT&T 1991).14)

---

13) 기업이 정한 적극적 조치 전략의 요소 중의 하나로 특기할 만한 것은 AT&T사가 여성단체를 포함한 사회단체의 개입을 강조했다는 점이다. 기업은 소수집단 구성원을 기업의 사원 모집단에 포함시키겠다고 밝혔다(*Fortune* 1979).

14) 여기에서 유럽의 고용평등정책과 미국 정책간의 차이를 발견하게 된다. 유럽

결과적으로 AT&T사는 적극적 조치를 실행하면서 의도하지 않았다 하더라도 단기간에 성 차별적인 고용관행을 변화시킬 수 있는 기회를 갖게 되었고, 공정하고 객관적인 인사 평가 체제를 만들게 되었다. 6년간의 적극적 조치의 실행은 법적 강제에 의한 강한 형태의 적극적 조치였고 한시적이었지만 기업은 성 차별적이지 않은 인사 제도와 관행을 만들어 제도화할 수 있는 기반을 마련했다. 특히 AT&T사는 미국 여성들의 평등 의식이 높아지고 고용평등정책이 강화됨에 따라 상시적으로 도전 받을 수 있는 성차별을 이유로 한 법적 고발의 가능성을 줄일 수 있게 되었다. 또한 적극적 조치를 실행함으로써 AT&T사는 노동력 집단을 백인 남성 위주의 제한된 인력 풀로부터 여성과 소수인종이 포함된 넓은 인력집단으로 인식하게 되는 경험을 갖게 되었다.

기업이 적극적 조치를 실행하는 과정에서 '능력 있는' 여성에 관심을 갖게 된 것이다.[15] 특히 고용 관련 업무를 인사부에 집중시키

의 경우 여성보호조항을 남녀 모두에게 확대하면서 평등 정책을 운영해온 것과 달리 미국은 여성 보호 조항을 폐지하면서 여성의 노동조건을 남성적인 조건과 같게 함으로써 고용평등을 실현해 나가고 있는 것으로 보인다.

15) IBM의 부사장은 "금세기에 기업이 당면하는 가장 중요한 과제 중의 하나가 유능한 경영 인력이다. 기업은 조만간 주요한 분야의 관리직에서 인재난을 겪게 될 것이다. 기업주들은 더 이상 인구의 절반이 갖는 잠재력을 무시할 수 없다. 여성은 성별로 유형화된 직종에서 일할 수밖에 없었고, 기업은 여성의 재능과 지적 능력을 효율적으로 사용하지 못하고 묵혀 두었다. 이것은 경제적 낭비이다(Boyle 1973)."

미국은 적극적 조치가 법적 강제에 의해서 실행되고 차별을 받은 집단을 보상한다는 차원을 넘어서서 기업으로 하여금 이 제도가 제공해 주는 실리적인 면을 부각시킴으로써 자발적으로 실행하도록 유도하고 있다. 최근에는 적극적 조치의 개념을 다양성(diversity)으로 흡수하려는 경향을 보이고 있다. 미국 정부는 고용평등이 기업에서 내적 필요에 의해서 자발적으로 실행하도록 장려하면서 다양성을 법적 강제적 의미가 담겨 있는 적극적 조치를 대체하는 개념

면서 기업은 고용평등을 기준으로 한 합리적인 인사 관행을 본격적으로 개발할 수 있는 계기를 만들었다. 또한 성 평등적인 인사제도에 기반한 여성 친화적인 고용환경이 사례기업에 정착될 수 있는 기초를 마련했다.

법적 강제에 의한 적극적 조치의 실행은 사례기업의 고용구조를 변화시켰고 이것은 시장 경쟁이 심화되면서 이루어진 기업의 구조조정에 따른 여성의 고용악화를 부분적으로 상쇄시키는 효과를 가져왔다. 뿐만 아니라 성별 직무 분리의 완화에 따른 구조적 변화는 작업장에 존재하는 사회 세력의 이해관계에 의해서 수용되면서 제도화되는 과정을 나타냈다. 특히 적극적 조치의 실행을 도입 초기에 반대했던 기업은 이 제도가 기업의 노동력 구성을 다양화하면서 급변하는 시장변화에 유연하게 대응하는 인적 자원을 충족시키는 통로가 된다는 사실을 알게 되면서 적극적 조치를 수용하게 되었다. 적극적 조치의 실행에 따른 '의도되지 않은 결과'가 기업 차원에서 이 제도를 현실화시킨 조건으로 밝혀졌다.

으로 활용하고 있다. 이것은 기업 조직이 다양한 인종과 성으로 구성될 경우, 기업의 생산성을 높이고 국제 시장으로 진출할 수 있는 여건을 만든다고 보고 있다. 다양성에 관한 연구에서는 백인 남성들로만 구성된 집단이 다양한 문화적 배경을 가진 구성원들로 이루어진 집단보다 빠른 시장 변화에 대처하는 능력이 떨어지고 창의성이 부족하다고 밝히고 있다. 견해를 달리 하는 사람들이 모여 차이를 비교하고 조정해 나가는 과정에서 새로운 아이디어가 만들어지며, 유연하게 대처하는 능력이 높아진다는 것이다.

기업의 경우 이러한 다양성은 기업의 생존과 발전을 위해 긍정적인 면으로 적극 수용되고 있다. 특히 소수인종과 여성의 비중이 점차 높아지는 미국 사회에서 두 집단은 소비 집단 뿐 아니라 생산 집단으로서 중요하게 인식되고 세계 시장으로의 진출이 활발한 미국의 기업은 다양성을 국제 소비시장의 변화에 대응하는 데 필요한 개념으로 받아들이고 있다.

2) 노동조합 내부의 적극적 조치

AT&T사가 적극적 조치를 도입하는 과정에서 반발했던 노조의 집단적 저항은 국가 권력의 개입에 의해 약화되었던 것으로 나타났다. 그렇다면 사례기업이 법원의 명령에 의해 적극적 조치를 의무적으로 이행해야 했던 시기와 그 이후에 보인 노조의 대응 양태는 어떠했는가? 노조 내부에서 여성들은 어떠한 위치에서 자신을 세력화하고 적극적 조치를 유지하고자 했는가?

(1) 여성의 연대활동과 조직력 강화

행위자로서의 여성은 가부장적 구조에 갇힌 수동적 존재만이 아니라 다른 사람들과 함께 또는 반대해서 행위하는 의미와 의도를 지닌 주체이다(Young 1990). 노조 내부에서 여성들은 조직적인 기반을 만들어 갔고 남성 중심적인 노조의 가부장적 권력에 도전하기 시작했다. 뿐만 아니라 여성노동자들은 작업장 밖의 여성단체로부터 지원을 받고 연계를 갖으면서 기업내 성 차별적인 관행을 변화시켜 나갔다.

1960년대 말 AT&T사 여성 노동자로 일하던 윅스가 성별 직종 분리로 인한 고용차별을 이유로 소송을 제기하면서 고용 평등을 향한 여성의 법적 투쟁이 활발해 졌다. 미국 산별노조총연맹(AFL-CIO)이 여성정책을 제시하면서 근간으로 삼았던 여성보호 정책은 도전받기 시작했다. 특히 남녀 동등권을 지지해 온 여성 단체들은 법개정 운동을 중심으로 여성 노조 활동가와 만나는 통로를 갖게 되었다. 여성주의의 이념을 매개로 여성노동자들은 연계망을 형성하기 시작했다. 여성 노조간부들은 여성유권자연맹(League of Women Voters)과 NOW, 다른 산별 여성노조활동가와 함께 평등권 개정안의 비준을 위해 긴밀한 연계를 갖고 움직여 나갔다. 여성노동운동과 여성운동 계는 평등권 개정안에 비준하지 않은 산별노조를 대상으로 홍보 활동을 확대해 나가면서 노동계가 남녀 평등권을 지지하도록 정치적 압력을 행사했다.16)

특히 산별노조인 미국통신산업노조(CWA) 여성간부들의 활동은 두드러졌다. 1972년에 전국전기노조(IUE)가 여성 협의회(Women's Council)를 중앙과 지역 단위에서 구성하자 미국통신산업노조(CWA) 의 여성은 자극을 받고 IUE의 여성활동가와 공동으로 평등권 개정 운동에 앞장섰다.17) 이 과정에서 전국여성단체(NOW)를 포함한 여성단체들과의 접촉이 활발해 졌고 1974년에 여성노조활동가들은 노조여성연대(CLUW: Coalition of Labor Union Women)를 결성했다. 100명 이상의 미국통신산업노조(CWA)의 여성 조합원들이 노조여성연대(CLUW)의 창립 회원으로 참여했다.18)

> 1974년에 노조여성연대(CLUW)의 창립대회가 시카고에서 열렸는데, 참가한 여성들이 매우 많았다. 3천 명이 넘었다고 들었다. 그렇게 많은 수가 모일 것이라고 아무도 예상하지 못했고, 그 인원이 잘 수 있는 숙박 시설을 찾느라 분주했다. 그 자리는 여성들이 노조 활동을 하면서 겪었던 불만을 토로하고 여성 문제들을 나누고 싶었던 욕구가 표출되는 장이었다 (사례 12).

---

16) CWA *Executive Board Report*, 1974:79~80
17) 미국의 노조는 1956년과 1976년 사이에 성장하면서 특히 여성 조합원의 수가 많아져서 1976년 25%가 여성이었다(Cook 1979).
18) CWA, *Executive Board Report*, 1974:74

이와 같이 노조여성연대(CLUW)는 여성 노조활동가들이 자발적으로 만든 조직으로 여성노동자들의 연대체였다. 제기된 안건은 작업장에서의 적극적 조치, 미 조직 사업장 여성노동자의 조직화, 여성의 노조활동에의 참여 등이었다(Balser 1987). 적극적 조치를 포함한 고용평등과 관련한 법개정 운동에 여성단체와 노조여성연대가 함께 했으며, 여성노동자들은 여성으로서 자매애를 실천하는 경험을 갖게 되었다(Davis 1989:33).

노조여성연대(CLUW)는 여성 노동자들이 직면한 차별의 장벽이 높다고 보고 그 차별을 체계적으로 알고 대안을 마련하기 위한 조사 작업에 들어갔다. 연구 결과는 제도적 장벽과 사회적 장벽, 개인적 장벽 등 세 가지로 모아졌다. 첫째, 제도적 장벽은 다른 노조 조합원들로부터의 차별과 지지 부족, 노조에 관한 정보 부족, 제한적이거나 아예 없는 리더십 훈련과 교육, 여성이 책임과 권한을 어떻게 조절할 것인가에 관한 성 차별주의적인 태도, 작업장의 성차별에 대한 남성 간부들의 무지, '여성의 관심'을 노조 사업과 분리시키는 것 등이었다.

둘째, 사회적 차별은 여성이 지도자 역할을 할 것이라고 보지 않는 것, 모든 생활 영역에서 여성에게 가해지는 차별, 자녀양육 시설과 같은 지원 체계의 부족, 훈련과 교육차별, 단순 사무직의 일을 하도록 하는 성 역할 유형에 따른 차별 등이었다.

셋째, 개인적 차별은 여성이 일반적으로 직장과 가사를 병행하기 때문에 시간이 부족해서 노조 활동을 하기 어려운 것, 가족과 친구로부터의 지원 부족, 대중 연설에서 자기 확신과 리더십 경험이 부족한 것, 여성 자신이 스스로를 리더로 보지 않는 것, 의사 결정직

을 '자격이 더 있다'고 보이는 남성의 손에 맡기는 것 등이었다. 노
조여성연대(CLUW)는 이와 같은 장벽을 극복하기 위한 대안으로 여
성을 위한 프로그램, 여성 회의의 정례화, 훈련과 교육, 여성의 요구
를 지원하는 단체협약 조항, 적극적 조치 등을 제시했다(Davis 1989:
32~33).[19]

---

19) 단체협약 조항에 적극적 조치를 명시할 경우 역차별 소송에 대해 법원이 이
   제도를 지지했던 대표적인 판례가 Weber사건이다.
   　이 사건은 미국 연합 철강 노동자들과 백인 남성인 Weber간의 소송으로
   1974년에 카이저 알루미늄 화학회사(Kaiser Aluminum Chemical Corp.)와 노동조
   합이 단체협약에서 정한 적극적 조치 계획을 실행하는 과정에서 발생했다.
   Kaiser 회사는 숙련 직종에서 인종간의 불균형이 심해지자 숙련공 훈련 과정에
   모집 정원의 50%를 흑인들에게 우선적으로 배정하기로 했다. 목표 비율은
   Kaiser사가 운영하는 한 공장이 위치해 있는 지역에 거주하는 인구 가운데 인
   종별 인구 비율을 기준으로 했다. 그 지역에 거주하는 인구 중 흑인은 39%였
   고, 이 회사는 숙련공 훈련생 중 흑인 비율이 그 지역의 인구 비율이 39%에
   도달할 때까지 흑인을 절반 이상 우선적으로 뽑기로 했다. 1974년에 13명의
   숙련기술 훈련생을 선발했는데, 그 중 7명이 흑인이었고 6명은 백인이었다. 이
   회사는 적극적 조치를 실행하기 이전에 숙련공 훈련생을 모집하는 데 있어서
   선발 기준을 선임권으로 정했다. 선임권은 특정 직종이나 그 공장에서 근속한
   연수에 따라 정해졌다. 선발 된 7명의 흑인보다 선임권이 높았지만 탈락한 백
   인 남성 중의 한 명인 Brien Weber는 이러한 프로그램이 민권법 제7편을 위반
   한다는 이유로 다른 탈락자와 함께 집단 소송(class action)을 냈다. Weber는 기
   업의 이러한 계획이 인종차별 금지를 규정하는 1964년의 민권법 제 703(a)조와
   제 703(d)의 위반이라고 주장했다. 또한 적극적 조치가 차별의 실제 희생자가
   아닌 흑인노동자에게 이익을 줄 가능성이 많으며 인종집단을 고용 기준으로
   삼는 것이 부당하다고 주장했다. 이에 대하여 카이저 사와 노조는 루이지애나
   지역에 고용차별이 만연해 있다는 사실은 사회적 차별이 구조적으로 존재하
   고 있음을 의미하며, 사기업은 그와 같은 차별의 폐해를 시정하기 위하여 자
   발적으로 적극적 조치 계획을 실시할 수 있다고 주장했다.
   　지방법원과 항소법원 모두가 원고 승소 판결을 내렸음에도 불구하고 대법원
   은 5:2의 판결로 원심을 파기하고 적극적 조치의 실시를 인정했다. Weber측은
   기업의 적극적 조치가 소수 집단을 대상으로 보상하는 형태여서 실제 피해자
   가 아닌 흑인에게도 혜택을 주며, 백인에게 인종차별적이라고 주장했다. 여기
   에 대해 법관들은 사회적 차별로 인해 엄연히 불균형이 존재하고 있고, 노사

AT&T사의 여성노동자들은 노조여성연대(CLUW)와 여성단체들로부터 지원을 받으면서 평등권 확보를 향한 활동을 진척시켰다. 노조여성연대(CLUW)가 1974년 3월에 시카고에서 회의를 열었을 때, 4명의 미국통신산업노조(CWA)의 여성 조합원이 전국연계위원회(National Coordination Committee: NCC) 위원으로 선출되었다.[20] 일부의 산별 노조에는 여성부(Women's Affairs Departments)가 신설되었고(Cook 1979) 여성 노동자의 조직적 위상이 마련되기 시작했다.

1975년에 AFL-CIO 산하에 여성발전위원회(Women-Advanced Committee: WAC)가 만들어졌다. 미국통신산업노조(CWA) 여성위원회의 포먼(Lela Forman)과 프리먼(Patsy Freeman)은 여성발전위원회(WAC)의 핵심 구성원이었다. 이 위원회는 여성이 노조에서 중요한 직책을 맡아야 한다고 보고, 적극적 조치를 지지하고 확대하려는 활동에 참여하겠다는 의사를 표명했다 (CWA 1975).

동시에 미국통신산업노조(CWA)의 여성 활동가들은 미국통신산업노조(CWA)내부에서 여성위원회를 만들어 노조와 기업의 성 차별적인

가 이를 인정하고 자발적으로 적극적 조치를 실행하는 경우 민권법 제7편을 제정한 취지와 목적에 위배되지 않는다고 판결하였다. 또한 법원은 인종별 불균형이 전통적으로 소수인종이 차별로 인해 배제된 결과라고 볼 수 있기 때문에 이 직종이 사회 구성원 모두에게 개방되도록 고용 기회가 적극 부여되어야 한다고 보았다.

이와 같은 적극적 조치 프로그램은 반대론자들이 주장하는 것처럼 백인 노동자들을 배제하고 있지 않았다. 절반 정도가 백인들로 충당이 되었고, 적극적 조치는 흑인 훈련공의 비율이 목표비율인 39%에 달하면 중지되는 잠정적인 조치였다. Weber 사건은 적극적 조치가 일정 비율을 정해 두는 할당제의 형태로 다수집단을 역차별한다는 논란을 불러 일으켰으며, 동시에 이 제도가 사회 구조적 차별을 교정하고 소수집단이 받은 피해를 어느 정도 보상해 주면서 한시적으로 실행되는 조치임을 알리는 계기를 마련했다.

20) CWA, Executive Board Report, 1974:79~80

관행을 문제 제기하였다. 예컨대 교환부의 자동화와 더불어 교환직이 없어지기 시작했고 여성 조합원의 수가 크게 줄면서, 축소된 일부 노조 지부들 간의 통폐합이 이루어지기 시작했다. 지부에서 활동하던 여성 노조 위원장의 수가 크게 줄었으나 노조 지도부는 별다른 대응을 하지 않았다. 1974년 총회에서 여성위원회를 설치하자는 안이 채택되었고 노조 내 의사 결정직에서 여성이 과소 대표되어 있는 현실이 안건으로 거론되었다.

미국통신산업노조(CWA) 여성위원회가 했던 첫 작업은 지부 단위에서 여성 간부가 몇 명이며 어떠한 활동을 하고 있는지에 관한 실태 조사였다. 여성 간부가 극소수일 뿐 아니라 지부 위원장간의 토론회에서 여성에게 발표할 기회가 거의 주어지지 않는다는 사실이 지적되었다. 여성위원회는 여성 특수과제를 제기할 수 있는 통로가 만들어져야 한다고 보고 여성 간부의 수를 늘릴 것을 요구했다(사례 12).

1979년 여성 토론회가 열렸고 많은 여성이 참석해서 노조의 평등권 지원을 적극 요구했다.21) 지부 단위에서 여성 간부가 세배 이상

---

21) 노조 내 여성참여와 대표성에 관한 논의는 미국산별노조 총연맹 단위에서 활발하게 논의되었다. 미국산별노조 총연맹의 위원장은 1973년 9월, 소수인종과 여성을 집행위원회의 위원에 포함시키는 안을 검토해서 보고서를 내도록 했다. 집행위원회는 1974년 2월에, 「여성조합원 구성에 관한 보고서」에 기초해서 다음의 성명서(statements)를 채택했다. 1)공석인 노조 간부직이 채워져야 할 때, 여성과 소수인종 조합원 후보를 우선적으로 고려한다. 2)집행위원회는 여성 특수과제를 해결하기 위해 부위원장(vice president) 밑에 행정보(administrative assistant)라는 새로운 직위를 만든다. 부위원장 행정보라는 직위가 공석인 경우 여성과 소수인종 조합원 후보를 우선적으로 고려한다. 3)집행위원회는 전국과 지역 단위에서 노조 내 모든 분파－여성, 남성, 소수인종－를 대표하도록 노력

증가하기 시작했고 노조의 정책 결정에 여성이 참여하는 비중이 늘어나기 시작했다. 노조의 남성 중심성을 비판하면서 여성들이 세력화를 시도한 것은 1974년에 미국통신산업노조(CWA)의 여성 간부인 콘로이(Catheryn Cornroy)가 노조를 상대로 주 법원에 제소하면서 가시화되었다. 미국통신산업노조(CWA)가 한 남성 노조원을 위스콘신주의 지역 노조 위원장으로 임명했을 때 콘로이(Cornroy)는 자신이 17년간 노조 간부로서 활동하면서 경력을 쌓아 왔음에도 불구하고 노조 위원장의 후보로 거론조차 되지 않은 데 대해 분노했다. 그러나 법원은 "남성이 여성과 동일한 경력을 갖고 있었고 위원장으로 임명될 만한 충분한 자격이 있다"는 이유로 원고 패소 판결을 내렸다. 법원의 판결이 다소 실망스러운 것이었지만 그럼에도 불구하고 소송을 제기한 여성노동자는 노조로부터 성차별을 하지 않겠다는 내용의 타협안(settlement)을 얻어냈다(O'farrell & Kornbluh 1996:255).[22]

(2) 노동조합 내부의 여성위원회 결성

이와 같은 여성의 적극적인 대응은 노조 간부직에서 여성이 크게 과소 대표되어 있다는 문제 인식을 불러 일으켰다. 1974년에 최초로 미국통신산업노조(CWA)는 본부 집행위원회의 위원 총 22명 중 1명

한다. 노조는 모든 조합원들에게 노조 활동에 충분히 참여할 기회를 갖는다는 사실을 분명하게 알린다.(CWA, *Executive Board Report*, 1974 78-9)

22) 노조의 성차별을 이유로 법원에 제소했던 케서린 콘로이는 소송을 제기한 이유를 말하면서 "노조에 해를 주려고 한 것이 아니라 노조를 민주적인 노조로 만들기 위한 노력이었다. 노조가 남성 중심적으로 운영되고 있었기 때문에 여성이 성차별을 제기하고 자신의 권리를 찾아야 한다고 생각했기 때문이다. 노조를 상대로 싸우거나 노조로부터 분리해서 나올 의사는 없었다"고 밝혔다.(O'farrell & Kornbluh, 1996:231~235)

을 여성으로 임명했다.[23) 또한 미국통신노조 내부에 여성위원회를 설치하고 1975년 국제 여성의 해를 지지한다는 성명서를 내었다. 여성위원회가 신설되고 노조 내의 여성 위상이 강화되면서, 여성들은 노조 내 정책 결정 과정에 참여하기를 요구했다. 여성의 세력화(empowerment)는 선진적인 의식을 가진 개별 여성 활동가로부터 조직화된 단위에 기초해 실천하는 형태로 나아갔다.

노조는 민주적인 공간이다. 선거를 통해 대표자를 선출할 수 있기 때문이다. 기술 변화로 전화교환직이 크게 줄면서 전화교환직이 중심이 되어 활동하는 노조 지부에 타격을 주었다. 일부 노조가 합병하면서 여성 노조지부 위원장의 수가 줄었다. 이 시기에 남성 위원장의 비율은 크게 높아졌다. 여성들은 1974년의 연차 총회에서 미국산별노조 내에 여성위원회를 설치할 것을 요구했고 그 안이 채택되었다(사례 12).

여성위원회를 중심으로 전화통신산업의 여성들은 노조 내 적극적 조치의 실행을 요구하면서 특히 노조 상근직 내 여성의 비율을 높일 것을 요구했다. 이 제도의 실행 영역이 노조 내부로 확대된 것이었다.

여성위원회가 주최한 제 4차 전국 여성 회의를 샌디에이고(Sandiego)에서 가졌다. 250여명의 여성들이 참석하러 왔고, 여성의 정치 참여를 위한 방안을 논의했다. 여성을 단지 선출하는 것보다 노동자와 일하는 여성을 위한 활동에 열의가 있는 사람들을 어떻게 선출할 것인가에 관한 주제가 관심을 끌었다. 여성위원회는 1년에 2번 회

---

23) CWA, *Executive Board*, 1974

의를 개최했는데 여성 특수 과제에 관한 논의를 비중 있게 다루었다. 전국 회의에서도 마찬가지였다. 여성 위원회는 8개 구역(districts)에서 활동하는 여성을 한 명씩 대표로 참석하도록 했다. 노조 상근자(staff)를 채용하거나 임명할 때, 여성을 우선적으로 뽑도록 하는 안을 노조 집행부에 제출하자는 의견이 나왔다. 그 안이 받아들여 졌고 특정 시기에는 남성 노조 상근자 보다 여성을 더 많이 임명하기도 했다(사례 12).

여성위원회를 중심으로 여성들은 노조 내에서 세력화할 수 있는 기반을 만들어 나갔다. 남성 중심적인 노조를 바꾸기 위한 여성 주체들의 움직임은 자신이 처한 현실에 대한 성찰과 관망을 통해 이루어진 것으로 '남녀평등'이라는 앎을 바탕으로 한 것이었다.

여성위원회는 노조 간부직 내 여성 비율의 확대와 여성 조합원의 정책적 요구를 주요 이슈로 정했다. 이듬해 1975년 워싱턴에서 모임을 가졌다. 당시에 나는 오클라호마 지부의 위원장이었고 조직 담당자로 회의에 참여했다. 우리가 했던 최초의 작업 중의 하나는 지부 단위에서의 간부 활동 조사였고 극소수의 여성들이 활동하기 쉽지 않다는 사실을 알았다. 노조 지부의 위원장 회의에서 발표하는 여성 위원장은 거의 없었다. 우리는 전국 여성컨퍼런스를 갖기로 결정하고 여성들이 말할 기회를 갖도록 했다. 그 때 이후로, 노조 지부에서 여성 간부의 수가 세배 이상 늘어났다(사례 12).[24]

24) 여성들은 항상 부끄러워했고 "나는 연단에 올라가서 말할 수 없다. 결의안을 쓸 줄 모르고 아는 것이 별로 없다"는 말을 종종 했다. 우리는 전국 여성 컨퍼런스를 1979년에 가졌고 500명 이상의 여성이 참석했다. 이 때 여성위원회는 여성들에게 대중 연설하는 방법과 문서 작성하는 방법을 가르쳤고 어떻게 지부를 운영하고 단체 협약을 할지를 가르쳤다. 여성들은 어떻게 토론회를 준비하고 기획할지를 여러 차례 모임을 갖는 가운데, 서로 정보를 교류하면서 배

미국통신산업노조(CWA)는 '국제 여성의 해'를 지지하고 나선 5개의 국제 노조 중의 하나로 알려지게 되었고 집행위원회는 여성노조 활동가를 유엔이 주최한 '75 멕시코 국제 여성회의'에 파견했다. 이어서 미국통신산업노조(CWA)의 위원장은 평등권 개정안에 관한 노조의 입장을 표명했다. "평등권은 미국통신산업노조(CWA)의 정책 요구안에서 최우선 순위로 올라와 있다. 노조는 평등을 방해하는 장애물을 제거하는 데 최선을 다할 것이다"라는 내용을 발표했다.25)

산별 노조 내부에서의 여성세력화는 노조의 남성 중심적인 운영에 대한 법적 도전, 여성주의에 기반한 여성단체와 여성노동단체와의 연대활동, 여성위원회의 조직, 적극적 조치 요구 등의 활동을 통해서 실천되었다. 이 때 여성들의 실천 전략은 노조 외부에서 별도의 조직을 만들기보다는 노조 내부에서 변화를 시도하는 데 두어졌다. AT&T사 여성들의 이러한 활동은 노조가 여성 친화적인 정책을 표방하도록 압력을 행사했으며 여성대표성의 확대, 여성이 정책 결정과정에 참여하도록 하면서 작업장 내 개별 여성간의 유대를 강화하는 한편, 적극적 조치를 제도화하는 주요한 사회 세력으로 위치하게 되었다.

왔다(사례 12).

25) 1973년 1월에 CWA 집행위원회는 차별금지에 관한 노조의 입장을 분명하게 밝히는 프로그램을 세웠다. 평등 위원회(Committee on Equity)가 신설되었고 차별금지를 위한 몇 가지 안을 채택했다. 1)모든 노조운영은 가능한 한 많은 정책 단위로부터 자문을 받아야 한다 2)단체협약에 기업과 노조가 종업원의 인종, 피부색, 종교, 성, 연령, 민족 등을 이유로 어떠한 형태의 차별도 하지 않도록 하는 '차별금지' 조항을 포함시킨다. 3)고용 차별과 관련한 사안에 대해 노조가 관여해서 조정하고 해결한다. 4)평등권을 이행하기 위해 모든 지역 단위에서 '평등 위원회'를 설치한다(CWA, *Executive Board Report*, 1974 78~9).

3. 여성의 의식향상과 적극적 조치의 유지

프리만(Freeman)은 여성노동자들이 작업장 밖 사회운동과 연계를 가질 뿐 아니라 여성운동과 상호 연계를 갖고 남녀평등의 이념을 받아들일 경우 정책 내용과 방향에 결정적인 영향력을 행사한 것으로 설명하고 있다(Freeman 1987). 사례기업에서 적극적 조치의 실행은 여성의 평등의식을 높였고 결과적 평등을 경험한 여성들은 법적 대응과 여성간의 새로운 연대망을 형성하면서 적극적 조치를 유지하는 세력이었다.

1) 법적 소송을 통한 남녀 고용평등의 실천

적극적 조치가 실행되면서 고용차별에 대한 여성들의 의식은 간접차별을 포함한 것으로 차별적인 구조와 관행을 시정하려는 실천 전략이 활발해졌다. 1960년대에 민권법 제7편에 의거해서 사례기업을 상대로 법적 소송을 제기했던 윅스 사건 이후에 일부 관리직 여성들은 승진과 직업훈련 등에서 이루어지는 남성 중심의 평가기준과 가치 판단에 의해 비가시적인 성차별이 행해진다는 이유로 법적 소송을 제기하면서 남녀 고용평등을 실현하기 위한 실천 활동을 벌여나갔다. 특히 적극적 조치의 실행을 경험하면서 사례기업의 여성들은 고용 평등의 개념을 새롭게 인식하게 되었고 여성이 특정 직종에서 과소 대표되어 있거나 승진 대상에게 누락되는 일이 차별적이고 불합리한 고용 관행으로 보여지게 되었다. 더욱이 기업이 적극적 조치의 실행을 의식하면서 관리직 여성의 비율을 높이기 위한 편법으로 여성을 라인(line) 관리직보다는 스텝(staff)직에 배치하는 경향을 보이자[26] 중간 관리직 여성들은 법적 소송을 제기하면서 기업의 성 차별적인 고용관행을 변화시키고자 했다.

(1) 간접적인 승진차별과 Moley사건

중간 관리자로 3급 관리직에 고용되어 있었던 몰리(Ann Moley)는 자신이 4급으로 승진할 수 있었음에도 불구하고 자의적이고 남성 중심적인 평가 체계에 의해 승진하지 못했다는 이유로 법원에 제소했다.[27] 몰리(Morley)는 48세로 지역 전화사인 뉴 잉글랜드사(New England Telephone Company)에 1955년 고등학교를 졸업한 후 바로 입사해서 회계 부서의 사무직으로 일했다. 소송을 제기한 몰리(Moley)측은 기업의 평가 체계가 자의적이고 남성 중심적이라고 비판했다. 평가서가 단 한 명의 남성 감독자의 주관적 판단에 의해 작성되었기 때문이다. 여러 감독자가 종업원의 PEP양식에 서명했지만 업무 수행과 잠재적 능력에 관한 내용은 종업원의 직속 상관에 의해 판단되었다. 감독자의 재량을 제어할 만한 기업의 가이드 라인이 없던 것으로 나타났다.

기업이 업무평가의 '공정성'을 강조했지만 AT&T사의 경우에는

---

26) 라인직은 업무 수행의 범위가 넓으면서 승진 가능성이 높았다. 반면에 스텝직은 특정 업무에서 관리자의 역할을 하도록 하는 한편, 승진 사다리는 짧았다. 여성은 특정 단일 분야에서 제한된 경력만을 쌓을 수밖에 없었다. 관리직에서의 간접차별은 정영애(1996), 박기남(1998) 논문에서 구체적으로 설명되고 있다.

27) Ann P. Morley v. New England Telephone Company, Civil Action No. 82~1051~Z.

존 리빙스턴(John Livingston)의 주장이 적용되고 있었다. 그는 현대의 업적주의 안에서 이루어지는 선별 과정이 아담 스미스(Adam Smith)의 '보이지 않는 손'에 의해서 행해지기보다는 채용이나 승진을 원하는 지원자에게 문화적 기준을 적용하는 인사 관계자나 행정 관료에 의해 만들어진다고 보았다(Matheson et al 1994). 기업 측은 '최상의 자격을 가진 자'를 승진시킨다는 원칙을 지키고 있다고 주장했지만 실제로 승진 대상 직종이 발표되기도 전에 일부 남성은 승진 대상자 명단에 올라 있었다. 몰리(Moley)는 이러한 승진 평가 방식이 성 차별적이라고 보았고 기업이 구체적인 가이드라인을 제시하지 않음으로써 그 상황이 악화되었다고 비난했다. 몰리가 1981년에 승진차별 등을 이유로 소송을 제기했을 때에는 소송하는 것 자체가 기업에게 위협적이었다. 기업이 성차별을 이유로 법적 소송에 관여하게 될 경우 설령 승소한다고 해도 사건이 종료되기까지 평균 6~7년 이상의 기간이 소요되기 때문에 그에 따른 경제적 부담 뿐 아니라 기업 이미지에 손상을 입기 때문이다. 특히 '여성을 차별하는 기업'이라는 담론이 확산되면 그에 따르는 비난은 기업의 도덕성에 흠을 내고 판매량에 부정적인 영향을 미치기 때문에 기업으로서는 경제적 손실이 큰 것으로 나타나 있다(Bergmann 1996). 몰리(Moley) 사건이 진행되면서 9명의 여성이 3급 이상의 직급으로 승진했다. 여성의 법적 소송은 그 자체만으로 문제 해결의 효과를 갖고 있었다.

고용상의 성차별을 이유로 한 관리직 여성의 법적 소송은 적극적 조치가 실행되면서 중간급으로 승진한 여성들이 많아졌다. 그러나 더 이상의 승진이 이루어지지 않았다. 남성 중심의 평가 잣대와 인사 관행에 의한 비가시적인 간접차별에 의한 결과였다.[28] 몰리

(Moley)는 중간 관리직 여성에 대한 승진 차별과 남성 상사가 자신에게 용모 등을 이유로 성적 학대(sexual harassment)를 가한 데 대해 법적 소송을 제기했고 원고 승소 판결을 받았다. 법원은 남자 상사가 한 업무 수행 평가가 자의적이고 여성에게 보복을 가한 불법적인 것이었다고 판결했다.

자격기준이 고위직으로 갈수록 더 주관적이기 때문에 법원에서 고위직 여성의 소송이 하위직 여성의 소송보다 패소하는 경우가 많았던(Hartmann 1996:93) 관례를 뒤집은 것이었다. 법원의 판결 내용은 첫째, 몰리(Moley)가 같은 직급에 있는 남성이 승진했던 시점인 1978년을 법원은 성차별로 인해 승진하지 못했던 시기라고 보았다. 그 때부터 판결일인 1987년 8월까지 4급 관리직에서 받을 수 있는 임금과 3급 관리직에서 일하면서 받았던 월급의 차액을 소급배상(back pay)해서 기업이 지급하도록 했다. 둘째, 몰리(Moley)가 승진 가능한 직종 중 현재 공석으로 있는 4급직으로 승진되도록 명령했다. 셋째, 현재 4급직으로 승진이 가능하지 않을 경우 4급 관리직으로

---

28) 미국은 1991년에 민권법 제7편을 개정하면서 간접차별에 대한 법적 제재를 강화했다. 1990년대에 클린턴 정부가 들어서면서 사회 운동단체의 정치적 활동에 힘을 입어 부분적으로 고용평등정책이 강화되었다. 이 법은 적용 범위를 미국 내 거주하는 시민 뿐 아니라 외국 지사에서 근무하는 미국 시민권자로 확대했고, 고용주의 간접적인 고용차별에 대한 정부의 감시 기능을 강화하면서 유리천장위원회(GCC: glass ceiling commission)를 설치하였다. 유리천장은 여성과 소수 인종의 승진을 방해하는 비가시적인 차별을 지칭한 것이다. 민권법 제7편의 법적 강화는 미국 캘리포니아주에서 적극적 조치가 주법으로 폐지되고 연방 의회에서 적극적 조치 반대론이 제기되면서 이 제도가 도전 받는 상황과 대조적이다. 여성단체가 연대모임을 결성해서 적극적 조치를 지지하고 나서고 더욱이 정부가 1997년 대기업을 대상으로 비가시적인 고용차별을 주제로 본격적인 조사에 들어가면서 특히 유리천장 위원회의 활동이 부각되고 있다.

승진할 때까지 재판 일을 기준으로 배상금을 지급하도록 했다. 넷째, 원고가 차별로 인해 정신적인 피해를 받았다는 이유로 보전 배상금(compensatory damages)으로 5천 달러를 받도록 했다.

(2) 관리직 여성의 집단 소송(class action)

자본과의 권력관계에서 대립적 관계를 보이지 않았던 관리직 여성들도 적극적 조치가 실행된 이후 평등주의에 대한 인식이 높아지면서 법적 소송을 통해 집단적 차원에서 저항하는 대응 양태를 나타내었다. 법원의 동의명령을 실행해야 했던 기간이 끝난 1979년에 4명의 관리직 여성이[29] AT&T사의 일부인 남부 전화사(Southern Bell Telephone and Telegraph Company)를 상대로 법원에 집단 소송을 낸 것이다. 제소 이유는 중간급 이상의 관리직 내 여성의 과소 대표성이었다. 여성들이 상위직으로 갈수록 수적으로 적어지는 통계적 불균형이 여성에 대한 차별의 결과라고 보았기 때문이다. 여성들은 기업이 행하는 매년의 업무 평가제도가 차별적으로 운영되면서 임금과 승진에서 여성이 불리한 위치에 있을 수밖에 없도록 만들었다고 비난했다. 기업 측은 '불평등 처우' 개념에 기초해 볼 때, 여성들이 주장하는 '유형과 관행(pattern and practice)' 차별은 사실과 다르다고 주장했다. 이에 맞서 원고 측은 '불평등 효과' 개념에 의하면, 유형과 관행 차별은 차별의 형태가 성 중립적이라고 해도 불균형적으로 불리한 영향(adverse impact)을 미칠 경우 성 차별적이라고 보았다. 여성들은 불평등 효과에 의거해서 관리직 내 여성의 과소 대표성이

---

29) Marguerite Statsny et al., Appelle, v. Southern Bell Telephone and Telegraph Company, Appellant, 1980., Nos. 78~1361, 78~1362.

성차별에 해당된다는 주장을 폈고 집단 소송을 하게 된 이유라고 밝혔다.

여기에서 법원은 린던 존슨(Lyndon Johnson)대통령이 밝혔던 이 제도의 목적을 상기시키는 판결을 내렸다(Badgett 1995:25). 그는 인권 운동의 중심지인 미국 하워드(Howard) 대학에서 한 연설을 통해서 평등은 권리나 이론이 아니며 '사실과 결과'임을 강조했다 (Johnson 1995). 적극적 조치는 고용차별과 평등에 대한 사고와 발상의 전환을 요구하는 정책인 것이다.

이 사건은 적극적 조치가 AT&T사에서 실행된 이후 고용차별이 직접 차별로부터 간접 차별로 확대되었음을 의미하며, 여성들의 평등의식이 향상되었음을 부분적으로 보여주었다. 여성은 법적 소송을 통해 불평등 효과에 기초한 조건의 평등, 결과의 평등을 실현하고자 시도했으며 새로운 여성 연대의 형성에 의해서 적극적 조치를 유지하고자 했다.

2) 새로운 여성 연대의 형성

법적 평등이 사회 전반에 적용될 보편적 원칙 및 방향을 제시하는 데 비해 사회 문화적 평등은 현장에서 개인의 행위 안에서 남녀 평등이 어떻게 인식되어야 하는가를 다루고 있는 것으로서 법적 평등과는 달리 미리 규정될 수 없는 개념이었다(조주현 1996). 사회세력이 경합하는 자리에서 평등 개념이 형성되고 따라서 행위가 자리한 맥락과 상황 안에서 인식되어야 하는 복합적인 것이었다. 더욱이 가부장적 권력의 순환성과 저항의 끈질김이 강한 생명력을 갖는 현실 사회에서(Walby 1990; Ramazanoglu 1989) 여성을 집단적이고 효과적으로 세력화할 수 있는 적극적 조치의 유지 과정은 단선적으로 진행되기 어려우며, 여성 주체의 문화적 실천 행위에 의해 가능한 것이었다.

숙련 직종에서 일하는 여성들이 남성들의 여성에 대한 배타적인 태도와 성적 학대, 소비자로부터 있을 수 있는 성폭력의 위협에도 불구하고 적극적 조치의 실행이 가능했던 주요한 요인은 여성들의 경제적 필요와 평등주의 실천, 여성간의 연대, 작업장 밖 여성단체와의 연대 활동 등에서 찾아질 수 있다.

이혼율의 증가로 인한 여성 가장의 증가, 남성임금의 하락 등은 여성의 취업 요구를 높였고(Hartmann 1996:77~80) 적극적 조치를 통한 고용 창출은 여성의 생존권과 직결되면서 남성의 저항에 대한 여성의 실천력을 높였다. 적극적 조치의 실행은 남녀 고용평등을 실현하기 위한 제도적 장치일 뿐 아니라 사회적 변화에 따른 여성의 경제적 자립과 생존권을 보장하는 제도적 방안이었다.[30] 특히 AT&T사의 숙련직은 임금 수준이 높고 승진 가능성이 높기 때문에 이 직종에서 일하는 여성들은 편모이면서 가족의 가장으로서 가족의 생계를 책임지는 경우가 많았다.

> 세금을 포함해서 주급 911불을 받고 있다. 전화사의 비 관리직 보수 중 최고의 임금을 받고 있다고 알고 있다. 남편하고 이혼한 지 오래되었고 두 아이를 키우면서 사는데, 내가 이 일을 하지 않았으면 생활에 크게 쪼들렸을 것이다. 숙련직에서 일하는 많은 여성은 나와

---

30) 사례 16과의 면접내용임(1998. 5. 14).

비슷한 처지에 있다고 알고 있다. 나는 벨(Bell)사에 있는 여성들은 자신들이 원하는 직업에 지원할 수 있으며 여성들도 그 일을 할 만 한 능력이 있다고 생각한다. 이전에 여성이 사다리를 타고 전신주에 올라가고 전화선을 점검하고 수리하며, 맨홀로 들어가는 일을 하지 않았고 할 수 없다고 생각했었다. 나의 할머니와 아버지 모두가 전 화통신사에서 평생을 보내셨다. 아버지는 가설공이었는데, 내가 가 설공이 되고 싶다고 했을 때 여자 가설공은 들어 본 적이 없다고 했다. 여자들은 교환원의 일을 했고 남성들이 밖에 나가 일을 했다. 나는 어려서 여성이 사다리를 들어 올려 전봇대에 기대어 타고 올 라가는 것을 한 번도 본적도 없다. 그렇지만 이제 그 말은 옛날 이 야기이다(사례 4).

남성들로부터의 성적 위협 뿐 아니라 배제가 행해지는 경우 여성 들은 한 작업장내 남성 직종에서 여성들이 여럿 일하는 상황에서 유대를 통해서 지지를 했던 반면, 여성이 혼자인 경우에는 타 지역 에 있는 여성과 연계를 가지면서 대응했다.

남자들만 있는 속에서 혼자 일을 해야만 했다. 회사에서 하는 직 업훈련을 받았지만 막상 일을 해 보니 모르는 게 많았다. 남자 동료 한테 물었더니 불친절하기만 했다. 언젠가는 한 남자 동료가 내게 화 난 얼굴로 "네가 우리 형제들의 일자리를 빼앗았다."고 말하자, 옆에 있던 나이 많은 남성이 한마디 거들었다. 여자의 일터는 가정에 있다 고 말하고는 낄낄대고 웃었다. 따돌림당하면서 가장 힘든 것은 같이 일하면서 배우는 건데, 잘 가르쳐 주지 않는 것이었다. 궁리 끝에 보 스톤(Boston)에 나와 같은 일을 하는 여자가 있다는 말을 듣고 전화 를 걸어서 묻곤 했다 (사례 1).

여성들간의 유대와 연계를 통해서 자신감을 얻고, 성 차별적인 관행을 구조적으로 사고하게 되었다. 적극적 조치의 목적과 이 제도의 실행을 통해서 추구하고자 하는 성별 직종 분리의 변화는 여성 주체들이 이것을 적극적으로 받아들이는 과정에서 실천될 수 있었다.

> 적극적 조치는 백인 남성이 전유하던 영역에 대한 도전이다. 과거에 백인 남성들은 어렵지 않게 채용되고 승진되었다. 백인이고 남성이었기 때문이다. 누구도 자기 영역을 침범받고 싶어하지 않으며 도전받기를 원하지 않는다. 적극적 조치가 실행되면서 남성만의 고유한 영역은 무너지기 시작했다. 남성들은 간혹 역차별을 말하고 있다. 그러나 어떠한 역차별도 없다. 성별 직종 분리에 대한 도전이 시작되었을 뿐이다(사례 13).

숙련직에서 일하는 여성들이 남성들로부터의 저항에 부딪히면서 배제 당할 때 대응했던 주요 전략이 여성간의 연대와 연결망의 강화였던 반면, 관리직 여성들은 개별적인 지원, 멘터링(mentoring) 제도 등을 통해 중간 관리직으로의 진출을 막아 온 장치를 줄여나가고 여성을 지원하는 통로를 넓혀 갔다.

적극적 조치가 실행되면서 여성에게 승진 기회가 많아지자 AT&T사에서 일하는 여성들의 태도가 달라지기 시작했다. 사내 직업훈련을 통해서 숙련 수준을 높이려는 여성이 많아지면서 지역 전화통신사인 나이넥스(NYNEX)사의 경우는 비 관리직 여성을 대상으로 지역에 소재한 대학과 연계해서 2년간의 정규 교육프로그램을 개설하고 수료한 경우에는 자격증을 취득해서 전문직으로 이동할 수 있도록 했다. 이것은 기술직 여성의 수를 늘리기 위한 지원제도를 체계화한 것이었다. 직업훈련의 강화와 함께 관리직의 문이 여성에게 서서히 개방되기 시작했다.31)

관리직 여성을 대상으로 한 교육 프로그램으로는 '기업 지도자' 관리직 연계 계획이 있는데 상층 관리직으로 승진할 수 있는 통로가 되고 있다. 이것이 남녀 모두에게 개방되면서 관리직 여성들이 여기에 적극적으로 참여하고 있다(BNA 1995). 기업은 상층 관리직 내 소수집단의 비율을 높이기 위한 교육 프로그램을 두고 있는데, 지도자연속프로그램(LCP: Leadership Continuity Program)은 지도자가 될 잠재성을 가진 관리자의 개발을 촉진하기 위한 것이며, 최고 경영층 교육 프로그램(Executive Education Program)은 AT&T사의 고위 관리자와 중간 관리자를 양성하기 위해 외부 교육기관에서 이루어지는 교육 비용을 기업이 부담하는 것이다. 최고 교육프로그램의 후보자들은 대부분이 지도자연속프로그램에 참여하는데, 이전에 받은 사내 직업훈련, 경력 등을 고려해서 선발했다. 고위 관리직을 위한 교육 프로그램은 기업 내부적으로 40여 개 대학에 위탁하는 방식으로 행해졌고 교육 기간은 1주에서 2개월 반으로(BNA 1995) 정해졌

---

31) 관리직 내 여성들의 상층 이동은 은행업의 경우 법적 강제에 의한 결과이기도 했지만 관리직의 직종 인플레이션과 함께 진행된 하향화와 기업환경에 의한 요구에서 비롯된 것이었다. 상원 은행위원회(Senate Banking Commitee)가 개최한 1977년의 청문회에 의하면, '직위의 인플레이션'이 특히 은행업에서 심했고, 이것이 관리직 내 여성의 대표성을 실제보다 과장되게 부풀려 왔다. 정부와 여성단체들에 의한 적극적 조치 이행의 압력이 관리직 내 여성의 비율을 높이는데 기여했다고 하더라도, 다른 한편에서 관리직의 전반적인 직종 하향화가 나타나고 있어 여성들의 노동시장 내 지위가 크게 높아졌다고 평가하기 어렵다는 지적이 있다(Bird 1991:160).

다.

또한 관리직 여성을 중심으로 한 멘터링(mentoring) 제도의 활성화는 여성의 상위직으로의 진출을 돕는 고용환경을 제도화하였다. 멘터링 제도는 경력을 쌓고 승진하고자 하는 직원이 자신이 희망하는 분야에서 일하는 상사와 연계를 가지면서 상담하고 조언을 받도록 하는 제도이다. 고위직으로 갈수록 여성의 수가 적고 다양한 역할 모델이 제시되어 있지 않은 상황에서 멘터링제를 기업이 공식화시켜 실행하는 경우 여성에게 상당한 도움을 주는 것으로 평가받고 있다. 미국 동부지역에 위치한 지역 전화사인 NYNEX사는 여성의 요구에 의해 기업이 그 방식을 집단화시켰다. 멘터링을 일대 일의 관계에서 행해지는 것으로 제한하지 않고 집단제로 운영하면서 12명의 조언자(mentor)와 피 조언자(mentee)가 모여 필요한 정보를 얻고 조언을 주고받도록 했다. 이와 같은 멘터링 모임(mentoring circle)은 고위직 여성이 수적으로 적어 남성 조언자와 여성 피 조언자가 만날 경우 생길 수 있는 불필요한 소문을 줄이고, 조언자의 수가 피 조언자의 수보다 적은 경우에 조언자의 시간을 최대한 활용할 수 있다고 보고 있다(BNA 1995).

적극적 조치를 실행한 이후 전문직 내 여성의 비중이 높아졌으며, 고위 관리직으로의 여성 진출이 활발해 지면서 여성들 간의 연계 조직이 생겼다. 미국의 한 지역전화사인 벨 아틀랜틱(Bell Atlantic)의 경우 관리직 여성들은 관리직 여성의 조직인 벨 아틀랜틱 여성회(Association of Bell Atlantic Women)를 만들었다.[32]

---

32) 전화통신산업은 미국의 다른 기업과 마찬가지로 기업간의 합병이 활발하다. 기업분할 되면서 지역전화사가 22개에서 7개로 통합된 이후에 최근 1998년에

1980년대 중반에 관리직 여성의 수가 눈에 띨 정도로 많아지면서, 여성회를 만들어 정보를 교환하고 여성들끼리 독려해 주는 프로그램을 만들기 시작했다. 일부 여성들은 이 제도의 혜택을 받았다고 보고 있다. 여성들이 스스로 실력을 키우고 업적을 쌓는 일이 우선적으로 필요하지만 남성 중심의 사회에서 적극적 조치와 같은 제도가 없다면, 아무리 실력이 좋아도 승진할 수 없다고 생각한다(사례 10).

뿐만 아니라 관리직 여성은 남성 중심의 작업장에서 비가시적인 차별을33) 폐지하기 위해서 여성간의 조직적 연계망을 형성할 뿐 아니라 다른 한편에서 정부 기구를 적극 활용하려는 태도를 갖고 있다.34)

내가 차별 받고 있다고 생각할 때, 남자 상사에게 가서 말하기가

는 나이넥스(NYNEX)사를 벨아틀랜틱(Bell Atlantic)사가 흡수 통합했다.

33) 여성 최고위 관리자인 전화 교환부의 부사장직(vice president)은 직급에 비해 임금 수준이 낮아 연 10만 달러이다. 실제로 미국 사기업의 고위 관리자를 대상으로 한 조사에 의하면, 남녀간의 임금격차가 매우 큰 것으로 나타나 있다. 고위 관리직 여성에게 낮은 임금을 지급하도록 하는 현재의 관행은 AT&T사가 적극적 조치를 실행하면서 성 차별적인 관행을 상당 부분 폐지했음에도 불구하고 여전히 차별적 관행이 존재하고 있음을 의미한다.

34) 미국은 1990년대에 클린턴 정부가 들어서면서 사회 운동단체의 정치적 활동에 힘을 입어 1991년에 민권법 제7편을 개정했다. 이 법은 적용 범위를 미국 내 거주하는 시민 뿐 아니라 외국 지사에서 근무하는 미국 시민권자로 확대했고, 고용주의 간접적인 고용차별에 대한 정부의 감시 기능을 강화했다. 유리천장위원회(GCC: Glass Ceiling Commission)가 신설되었다. 유리천장은 여성과 소수 인종의 승진을 방해하는 비가시적인 차별을 지칭하는데, 민권법 제7편의 법적 강화는 미국 캘리포니아주에서 적극적 조치가 주법으로 폐지되고 연방 의회에서 적극적 조치 반대론이 제기되면서 이 제도가 도전받는 상황과 대조적이다. 여성단체가 연대모임을 결성해서 적극적 조치를 지지하고 나서고 더욱이 정부가 1997년 대기업으로 대상으로 비가시적인 고용차별을 주제로 본격적인 조사에 들어가면서 유리천장위원회의 활동이 부각되고 있다.

어렵다. 그들은 여성이 받은 차별을 쉽게 납득하려고 하지 않는다. 남성 우위의 문화에 젖어 있기 때문이다. 내가 어떻게 나를 차별한 백인 남성과 유사한 문화적 환경을 가진 사람에게 찾아가서 도와 달라고 말할 수 있겠는가? 내가 받은 성차별을 대수롭지 않게 여긴다. 남자 상사들은 열린 마음으로 우리를 대한다고 말한다. 그러나 그 말을 전적으로 믿을 수 없다. 하지만 여성 상사가 있거나 동료 여성이 많은 경우 사정은 달라진다. 어려움을 토로하고 함께 의논하고 찾아가서 말하기가 어렵지 않다. 사정이 여의치 않을 경우 여성들은 고용기회평등위원회(EEOC)에 찾아가서 상담할 거라고 생각하고 있다(사례 9).

적극적 조치를 실행하면서 여성들은 간접차별과 결과의 평등 개념을 체득하게 되었고, 자신의 법적 권리를 실천하면서 이 제도를 유지하는 주요한 사회 세력으로 위치하게 되었다. 특히 여성의 과소대표성, 통계적 불균형 등의 적극적 조치를 실행하는 개념적 도구는 여성들의 실천 활동을 통해서 제도화되는 것으로 나타났다.

대졸 출신 사원이 모여 있는 부서인데, 이 부서에는 단 한 명의 여성도 없다. 여성들이 그 부서로 이동하고 싶어한다는 말을 들었다. 여성을 배제하는 기업의 관행 때문에 이 부서에서 일하는 여성들이 없다고 보고 일부 여성들이 고용기회평등위원회(EEOC)에 고발한 것으로 알고 있다(사례 15).

고용평등정책이 확산되는 가운데 직업훈련과 승진기회가 여성에게 적극적으로 주어지면서 여성들은 '노력하면 승진할 수 있다'는 자신감을 갖게 되었고 고임 직종으로 진출하기 위한 준비를 해 나갔다. 남녀 고용평등이 현실감 있게 여성들에게 받아들여지면서 여성 집단의 사기를 높이는 데 기여한 것이다. 적극적 조치 이행의 결과가 주는 긍정적인 면은 관리직 여성에게서 두드러졌는데, 중간급 이상의 관리직으로 승진한 여성들은 하급 관리직 여성의 역할 모델이 되었다.

1960년대 말에 AT&T사에 입사했다. 적극적 조치가 실행되면서 여성관리자가 상위직으로 승진하도록 장려하는 분위기였다. 대학을 졸업하고 말단 관리직에서 일하고 있었는데, 대졸 출신의 여성들이 승진하면서 내게 희망을 주었다. 내 상사는 여자였다. 나는 대학원에 진학해서 공부를 계속하고 싶었고 경력에도 도움이 된다고 생각했다. 그 상사와 상담했을 때 나를 독려해 주고 도와주었다. 수업을 듣기 위해 남보다 조금 일찍 퇴근해야 했고 내 나름대로 승진을 준비해야 했다. 나는 여자 상사로부터 많은 도움을 받았고 석사 학위를 받을 수 있었다(사례 9).

적극적 조치의 실행이 활성화되었던 1970년대에 관리직으로 입사해서 부사장직까지 승진한 한 지역 전화사의 여성 간부는 적극적 조치의 실행이 여성의 승진을 지원하는 통로를 제도화하는 데 결정적인 역할을 했다고 평가한다.

고등학교 교사를 하다가 그만 두고 지내다가 AT&T사가 적극적 조치 모델을 개발하면서 대졸 출신의 여성을 적극적으로 채용한다는 광고를 보고 지원했다. 기업이 멘터링(mentoring) 제도를 만들었고 경력 개발에 관심 있는 여성으로 하여금 승진을 준비할 수 있도록 도왔다. 나의 승진은 남보다 빠른 편이었고 부사장직으로까지 오를 수 있었다 (사례 11).

사례기업에서 적극적 조치의 실행은 실제로 여성이 숙련직과 고위 관리직에서 일할 수 있도록 문을 개방함으로써 성별 직무 분리를 완화하는 역할을 했다. 또한 적극적 조치 실행의 효과는 기업의 외부 환경이 경쟁체제로 바뀌면서 고용상태가 크게 악화되는 시기에 여성을 포함한 소수집단에게 고용 불안정의 충격을 상대적으로 완화시키는 역할을 했다. 뿐만 아니라 연방정부와 계약을 맺은 기업의 경우 적극적 조치를 시행해야 하는 제도적 규제와 적극적 조치의 제도화는 여성으로 하여금 고위직으로의 진출을 방해하는 문화적 차별을 약화시키는 역할을 했다. 여성은 상위직 여성을 접하면서 심리적으로 승진 기대를 높였고 승진하는 데 필요한 경력과 자격 등 정보를 구할 수 있었다. 적극적 조치의 실행은 여성에게 새로운 직종에 취업할 수 있도록 문을 열어 주면서 다양한 역할 모델을 제시하는 기반을 제공하는 한편 여성의 직업 세계를 확대하는 계기로 작용했다.

제5장 결 론

이 글은 적극적 조치가 사기업에서 도입되는 과정을 살펴보면서 사회세력에 의해 이 제도가 어떻게 수용되고 유지되는지를 파악하는 데 연구목적을 두고 있다. 적극적 조치는 성 차별적인 고용 관행을 시정함으로써 실질적인 남녀평등을 실현하기 위한 제도로, 적극적 조치가 전제하고 추구하는 것은 결과의 평등이다. 또한 여성이 남성과 동등한 조건에서 취업할 수 있도록 조건의 평등을 마련하는 것이며 형식적인 평등보다는 실질적인 평등을 위한 것이다. 미국은 고용평등정책을 시행하면서 '차별금지'로부터 출발했는데 고용차별이 불평등 처우로부터 발생한 직접차별 뿐 아니라 불평등 효과로 인한 간접차별에 의해 유지된다는 사실을 인식하면서 구조화된 차별을 시정하기 위한 제도적 방안으로 적극적 조치를 도입해서 실행해 왔다.

이러한 적극적 조치의 도입은 성별 노동력의 구성과 여성의 고용

환경을 변화시키는 데 중점이 두어졌으며, 이 제도의 실행방법은 성차별의 벽을 허물기 위해 여성이 남성 중심 직종과 상위 직급에 우선적으로 고용될 수 있도록 목표비율을 정하고 구체적인 실행계획서를 작성해서 이행하는 것이다. 그런데 이와 같은 방법이 남성에 대한 역차별이며 능력에 기초한 기업의 인사관행을 무너뜨리고 자율성을 침해한다는 비판을 야기시켰다. 특히 시장 경쟁의 논리에 기초해 조직을 운영해 온 사기업은 평등 논리의 수용을 부담스러워하며, 이해관계를 달리하는 사회세력이 공존하는 장이어서 적극적 조치를 도입하고 실행하는 데 어려움이 크다고 볼 수 있다.

이 글은 여성보호, 동일임금제 등의 사안에 비해 매우 논쟁적이고 기업 뿐 아니라 남성들로부터 역차별적이라는 이유로 반발을 불러일으키는 적극적 조치가 사기업에서 어떻게 도입되었는지 그 과정을 살펴보면서 사회세력에 의해 이 제도가 수용되고 유지되는 요인을 파악하는 데 연구 목적을 두었다. 적극적 조치에 관한 기존 논의는 법·제도 차원의 분석으로 이 제도가 도입되는 정치적인 현실의 장을 상정하고 있지 못하거나 법과 제도, 국가만을 이 제도의 중요한 변수인 것으로 분석하고 있다. 또한 행위자들간의 이해관계의 대립이 첨예한 정책적 사안에 대해 국가가 어떠한 요인에 의해 여성 친화적일 수 있는지에 관해 설명하고 있지 못하다. 이 논문은 이러한 문제인식으로부터 출발해서 적극적 조치가 사기업에서 도입되는 과정을 살펴보면서 어떻게 수용되고 유지되는지를 파악하고자 하였다.

연구의 결과 첫째, 적극적 조치가 여성 친화적인 제도로 확대되는 과정에서는 평등을 여성주의의 목표로 표방한 여성단체들의 출현과 여성운동의 세력화가 이 제도를 남녀 고용평등을 실현하기 위한 내용으로 변화시킨 요인이었다.

평등 개념을 활동 목표에 두는 여성단체들의 정치활동은 적극적 조치를 포함한 고용평등정책을 실행하는 주요 정부기구로 하여금 권한을 확대하도록 했다. 인권단체와 연대하면서 고용평등운동에 참여한 여성단체들은 법 개정을 통해서 실행기구의 법적 권한을 높이고 의회 활동, 법적 소송 등을 통해서 성 차별적인 기업과 남성 중심적인 언론과 노동조합 등에 의해 실천되는 가부장적 권력에 대항한 것으로 나타났다. 미국의 여성운동이 활성화되었던 1970년대 초에 적극적 조치는 여성을 위한 제도로 위상을 갖게 되고 직접적인 성 차별 뿐 아니라 간접차별을 폐지하는 방향으로 운영되었다.

사례기업에서 적극적 조치가 도입되는 과정을 살펴 본 바에 의하면, 사회세력간의 갈등이 존재하는 가운데 여성의 법적 대응과 여성단체의 지원, 여성운동의 세력화가 고용차별의 의미를 규정 지우고 결과적 평등 개념이 작업장에서 실천되도록 영향력을 행사한 요인이었다. 먼저 결과적 평등 개념을 수용한 정부기구는 사례기업에 존재하는 성 차별적인 고용관행을 차별로 규정하고 적극적 조치 프로그램의 모델을 개발하는 데 근거 자료로 활용했다. 정부기구가 밝힌 사례기업의 성 차별적인 고용 형태는 모집, 채용, 승진, 직업훈련 등에 걸쳐 구조화되어 있었고 그 결과로 여성은 저임금 단순 직종에 편중되어 있었다. 작업장내 성별 직무 분리가 극심해서 그로 인한 성별 임금격차가 큰 것으로 나타났다. 여성에 대한 고용차별이 개별적인 것이기보다는 집단화되고 구조화된 것으로 밝혀지면서, 모집, 채용, 승진, 직업훈련은 여성으로 하여금 고임의 남성직종과 고위 관리직으로의 진출을 방해하는 차별의 기제였고 그와 같은 차별의 결과는 뚜렷한 성별 직무 분리를 초래한 것으로 나타났다.

기업이 여성보호 등을 이유로 소위 남성 중심 직종에 여성을 고용하지 않거나 차별한 사실을 부인하는 과정에서 정부기구의 조사와 청문회를 통한 고용차별의 공론화, 여성단체와 인권단체간의 연대, 여성운동의 전문가 집단과의 결합 등은 고용차별을 가시화시키면서 사례기업이 적극적 조치 프로그램 모델을 개발하고 도입하는 데 결정적인 역할을 한 것으로 나타났다.

둘째, 사례기업이 적극적 조치 모델을 실행하는 초기 단계에서는 기업과 개별 남성, 노동조합으로부터의 저항이 매우 컸던 것으로 나타났다. 기업은 적극적 조치의 도입이 능력을 위주로 한 기업의 인사 관행을 무너뜨려 생산성을 저하한다는 이유로 거부감을 보였으며 남성은 적극적 조치가 실행되는 과정에서 고용 할당제와 유사한 제도가 남성에게 역차별적이라는 이유로 반발하고 나섰다. 노동조합은 적극적 조치가 단체협약에서 보장하는 노동자의 선임권을 위반한다는 이유로 반대하면서 법적 소송을 제기하였다.

그러나 법원이 동의명령에 의해 정부와 기업이 합의한 적극적 조치를 실행하도록 하고, 고용기회평등위원회(EEOC)·노동부·법무부 등 관련 정부기구가 연계해서 모니터링 하면서 실제로 이 제도가 실행되는지의 여부를 감독하고 나서자 사례기업은 목표 비율을 달성하려는 활동을 활발하게 벌였다. 더욱이 남성 중심의 노조가 적극적 조치에 대해 강하게 반발하고 개별 남성들이 역차별을 이유로 제소했음에도 불구하고 사례기업은 법원으로부터 적극적 조치 모델을 실행하도록 동의 명령을 받은 6년 동안 충실하게 이 제도를 실행했다.

사기업 공간에서 행해진 적극적 조치는 제한된 일자리를 두고 경쟁을 벌이는 생존권을 둘러싼 각축의 장에서 출발한 것이었다. 그러나 법적 변화로 인한 실행기구의 권한 강화, 간접차별의 개념을 수용한 국가 권력의 개입은 여성에게 가해지는 차별의 형태가 우연적이고 개별적이기보다는 구조화되고 체계적인 것임을 가시화시키는 한편, 기업이 적극적 조치를 수용하는 요인으로 작용했다. 이와 같이 적극적 조치는 여성의 이해, 자본의 이해, 남성의 이해, 노동조합의 계급정치가 상호 대립하고 충돌하는 장에서 실행되었고 이 과정에서 법원의 의지와 정부기구의 권한강화와 모니터링으로 실천된 국가 권력의 개입은 이 제도에 반대하는 가부장적 권력의 힘을 약화시키면서 사례기업에서 적극적 조치가 실행되도록 한 것으로 나타났다.

셋째, 사례기업에서 적극적 조치가 수용되는 과정에서는 사회세력이 평등개념을 경험하면서 창출한 의도된 결과와 의도되지 않은 결과에 의해 이 제도가 유지되는 것으로 밝혀졌다. 적극적 조치가 의도했던 결과로 나타난 성별 직무분리의 완화와 고용의 확보는 이 제도가 의도하지 않았던 결과인 기업의 성 평등적인 인사제도, 노동조합의 적극적 조치 도입, 여성의 간접차별, 새로운 여성연대의 형성 등과 함께 적극적 조치가 사례기업에서 수용되도록 영향을 미친 요인인 것으로 파악되었다.

적극적 조치 실행의 결과로 나타나는 성별 직무분리의 완화는 행위자에 의해 수용되면서 노동력 구성의 변화를 가져 왔고 기업의 기술변화와 구조조정이 여성에게 미친 감원의 충격을 상쇄시켰다.

실제로 아날로그에서 디지털 방식으로의 전환은 여성중심 직종인 전화교환원의 급격한 감소를 초래했으며 여성집단의 대량 해고를 유도했다. 더욱이 자동화와 컴퓨터를 통한 노동통제의 방식은 하급 관리직의 수를 감소시켰고 여기에 편중되어 있는 관리직 여성의 고용을 위협하는 요인이 되었다. 이와 같은 기업 환경의 변화에도 불구하고 적극적 조치의 실행에 따른 노동력 구성의 변화는 기업의 구조조정이 여성 고용에 미친 부정적인 효과를 상쇄시키면서 여성의 고용 안정성을 확보하는 요인이 되었다.

적극적 조치가 실행되면서 나타난 '의도되지 않은 결과'는 기업이 초기에 보였던 반발을 줄이면서 이 제도를 수용하게 하는 요인이 되었다.[35) 남성 중심 업종에서 요구되었던 업무와 무관한 자격 요건은 폐지되었고, 직무 요건은 체계화된 직무 분석과 직무평가서에 기초해서 합리적인 절차를 통해 구성되면서 기업의 효율성을 높였다.

무엇보다 적극적 조치의 실행은 성별 직무 분리가 차별적인 고용 관행의 지표이자 결과이며 위법적(illegal)이라는 사실을 행위 주체들이 새롭게 인식하면서 남녀 모두에게 자신의 적성과 능력에 맞는

---

35) 적극적 조치가 기업의 생산성을 높이고 사회 구성원의 통합력을 높이는 등의 효과를 가져다 준 것으로 평가되면서 1997년 월 스트리트 저널의 전면 광고를 통해서 미국의 주요 대기업들은 적극적 조치를 실행하면서 고용 차별을 없애기 위한 혁신적인 방법이 필요하다고 밝혔다. 광고 내용은 "적극적 조치가 국가의 경제성장 뿐 아니라 정치적 사회적 안정을 유지하는 데 필요하다"는 것이었다(LCCR 1997). 기업협회(Business Roundtable)와 전국제조업자협회(National Association of Manufacturer)는 적극적 조치를 지지한다고 발표하면서 이 제도가 좋은 경영 도구라고 밝혔다. 조사와 상담을 통해 수집된 자료에 의하면 다수의 고용주들은 적극적 조치로 인해 생산성이 낮아지지 않으며 오히려 생산성을 향상시킨다고 보고 있다.

고용기회가 어떻게 제도적으로 마련되어야 하는지를 보여주었다. 전체적으로 적극적 조치는 차별적인 고용관행과 구조를 변화시키려는 체계적인 정책적 시도로 여성으로 하여금 남성 중심 영역에 진출하도록 길을 열어 줌으로써 사회 통합을 유도하고 여성이 저임금 하위직에서 일하면서 겪게되는 빈곤의 문제를 해소하는 데 도움을 주는 제도인 것으로 밝혀졌다. 또한 이 제도는 실행과정에서 여성이 구조화된 비가시적 차별을 인식하면서 법적 소송을 제기하게 함으로써 평등 개념을 실천하고 실제로 남녀가 평등한 위치에서 노동할 수 있다는 사실을 보여 주었다.

결론적으로 기술변화, 시장경쟁의 심화 등으로 인한 기업의 구조조정은 고용평등에 역행하는 환경을 만드는 조건이 되었으나 국가 권력의 개입과 제도 개선, 노조 내부의 여성 세력화, 간접차별에 도전하는 여성들의 법적 대응, 여성간의 연대활동을 통한 실천 전략 등에 의해 사례기업은 적극적 조치를 수용하고 유지시킨 것으로 나타났다. 그 과정에서 여성은 다양한 직종의 역할 모델을 실천하면서 성적 편견을 줄이고 새로운 직업 세계를 여는 주체인 것으로 나타났다.36)

---

36) 30여 년간의 정책적 노력을 통해서 미국 여성들은 남성 중심 직종(비전통적인 직종)에서 일하는 여성이 전체 취업 여성의 6.6%를 차지하고 있으며 이 직종에 취업한 여성의 보수가 여성 중심 직종(전통적 직종)에서 일하는 여성보다 20-30% 이상의 수입을 벌고 있는 것으로 나타나 있다.(National Women's Law Center 1997). 법과 제도가 여성에게 취업의 기회를 활짝 열어 두도록 변화시키고, 여성의 조직적 힘이 그 법과 제도를 현실에서 작동하도록 움직였을 때, 여성들의 태도도 달라졌다. 남성중심 영역인 법대와 의대에 여학생들이 많아지기 시작했다. 1970년에 의대 내 여학생의 비율이 불과 8%였는데 1990년에는 34%로 증가했다(DOL 1996).

적극적 조치는 여성보호, 동일임금제 등의 여성고용 정책에 관한 사안과 달리 기업 뿐 아니라 남성들로부터 반발을 불러일으키고 있어 이 제도와 관련된 행위주체들의 대응을 분석하지 않을 경우 정책 내용 전반에 관한 충분한 답을 얻기가 어렵다고 본다. "적극적 조치가 남성에게 역차별이다." "적극적 조치가 기업의 생산성을 저하시키고 능력주의를 침해한다." 등은 적극적 조치가 실행되면서 지속적으로 제기되었던 논제로 여기에서는 반대 논거에 대한 대항 담론을 형성하면서 행위주체들이 어떻게 움직이는가가 이 제도를 도입하고 유지하는 데 관건이 된다고 본다.

따라서 이 논문은 적극적 조치의 개념형성과 도입과정에 사회세력이 어떻게 개입하고 기업 수준에서 행위 주체들이 어떠한 방식으로 평등 개념을 경험하면서 이 제도를 유지하는지를 파악하고자 했다. 또한 적극적 조치를 성 정치의 맥락에서 이해하면서 자본과 가부장적 권력이 국가와 여성과의 관계에서 어떻게 작동하는지를 보여 줌으로써 법 제도, 국가를 포함한 행위자의 영향력을 부분적으로 파악해 온 기존 논의의 한계를 보완하고자 했다. 이것은 정책 분석에서 성별화된 권력관계의 문제를 제기하여 분석의 영역을 넓혔다는 점에서 연구의의가 있다.

적극적 조치가 도입되고 유지되는 사회적 요인을 밝히고자 시도한 것은 한국 사회에 시사하는 바가 크다. 한국과 미국은 역사적 배경과 경제·정치적 상황이 다르지만 성 차별적인 사회라는 점에서 공통적이다. 적극적 조치가 가부장적 사회에 도입되면서 어떠한 정치 세력으로부터 도전받으며 남녀 고용평등이 어떠한 과정을 거쳐 실현되는지를 분석하는 작업은 한국 사회에서 적극적 조치를 어떻게 운용할 것인지 그 방향을 모색하는 데 도움을 줄 수 있다고 본다. 또한 사례기업에서 보여지는 적극적 조치의 목적과 운영방식, 의의에 관한 논의는 우리나라에서 주요 이슈로 등장하고 있는 고용할당제 요구와 관련해서 시사점을 제공해 줄 것이다. 특히 고용차별을 적극 시정하기 위한 제도로 적극적 조치를 이해하기보다는 여성을 '우대'하는 조치로 해석하는 시각이 잘못되었다는 사실을 보여주는 자료가 될 수 있다.

이 글은 다민족 국가인 미국의 적극적 조치를 연구하면서 성별화된 권력관계의 문제를 제기하고자 했기 때문에 인종과 민족의 변수를 연구 대상에 포함시키지 않았다. 연구대상을 사기업으로 한정했다는 점에서 이 제도가 실행되는 전체 경향을 설명하는 데 부족함이 있다고 보지만 적극적 조치에 관한 연구를 현실 사회의 맥락에 위치 지움으로써 법의 운용과 현실간의 괴리를 좁히고 한국 사회에 시사하는 바를 찾고자 했다는 점에서 연구 의의가 있다. 적극적 조치가 사기업에서 도입되고 유지되는 과정에 관한 연구를 통해서 얻어진 결과를 토대로 몇 가지 정책적 제언을 하고자 한다.

첫째, 적극적 조치가 실질적인 평등을 실현하기 위한 제도로 활성화되기 위해서는 실행기구의 법적 권한이 강화되어야 하며 사기업에 경제적 인센티브를 주는 등 정부 차원의 다양한 정책이 개발되어야 한다. 「남녀차별금지및구제에관한법률」에 의하면 적극적 조치를 명시하고 있고, 그 적용대상은 공공부문, 사기업, 교육기관 등으로 되어 있다. 이 법은 이행기구로 여성부를 두고, 조사권과 시정권고, 고발권을 부여했다. 그러나 실제로 집행할 인원과 예산 부족으로 고용차별의 문제를 집중적으로 다루고 있지 못하다.[37]

미국의 경우 고용평등을 시행하기 위해 별도의 기구를 두고 있는
데 정부가 피해 여성을 대신해서 원고로 나서거나, 법적 소송에 따
르는 지원 활동을 폭넓게 벌이고 있다. 고용기회평등위원회(EEOC)
가 매년 여성을 포함한 소수집단에게 가해지는 고용차별을 이유로
법원에 제소한 건수는 500건 이상이다(Bergmann 1997). 성차별을 받
은 여성 개인이 고용주를 상대로 제소한다는 것은 현실적으로 많은
어려움이 뒤따른다. 법적 소송에 따른 비용 부담, 고용주로부터의
압력 뿐 아니라 법적 소송이 장기화되면서 생계를 위해 취업해야
하는 상황에서 피해 여성이 법적 소송을 지속하기 어렵다. 기업을
상대로 직접 조사하고 고용차별의 피해자를 위해 법적 소송을 지원
하는 업무가 정부기구에 두어져야 하며 구조화된 차별을 시정하기
위한 정책적 노력이 확대되어야 한다. 이를테면 정부가 간접차별을
시정하기 위해 성별 직무 분리를 세부적으로 파악할 수 있는 통계
자료를 발간하고 고용주를 대상으로 지침서를 발간하는 한편, 고용
평등정책에 관한 적극적인 홍보를 통해 고용평등의 개념과 실천 기
준이 사회 성원들에게 인식되고 공유되도록 해야 한다.

둘째, 사기업은 공공부문에 비해 외부 환경의 변화에 민감하며
시장 경쟁의 논리를 추구한다. 따라서 성 차별적인 고용차별을 적극
시정한다는 이유로 여성을 우선 채용하거나 승진하도록 하는 적극
적 조치가 능력과 성과 위주의 인사 원칙을 무시하면서 기업의 경

---

37)「남녀차별금지및구제에관한법률」은 1999년 1월 6일 국회 본회의의 의결로 통
   과되었으며 7월 1일부터 시행되었다. 시행기구인 여성특별위원회에 1999년 7
   월부터 2000년도 6월까지 고용차별을 이유로 접수된 사건의 수를 보면 108건
   으로 이 기구에 접수된 총 291건 중 33%를 차지하고 있다(「남녀차별사항 월별
   접수현황」 여성특별위원회 자료).

쟁력을 약화시킨다고 인식하는 경향이 있다. 그러나 이 논문에서 알 수 있는 대로 적극적 조치의 도입은 기업이 성 편견적이지 않은 인사 평가체계를 도입하도록 유도하면서 능력 있는 인적 자원을 개발하는 계기를 마련한다. 기업간의 경쟁이 일국 차원에서 전 세계로 확대되는 시기에 기업은 창의적이고 시장변화에 빠르게 대처할 수 있는 유연한 노동력을 선호하고 있다(Dessler 1996). 미국이 적극적 조치를 기업수준에서 다양한 노동력 구성(diversity)의 의미로 해석하고 이 제도를 적극 수용하는 이유가 여기에 있다.[38] 미국의 경우 연방정부와 계약을 맺은 기업이거나 하청업체의 수는 1995년 현재 15만개로 이들 기업이 고용한 인원의 규모는 2천 8백만 명으로 사기업에 고용된 미국 전체 인원의 1/4 이다(Bergmann 1996 32). 미국의 일부 대기업은[39] 자발적으로 적극적 조치를 도입함으로써 성 평등적인 기업이라는 이미지를 얻게 되면서 소비자로부터 좋은 평가를 받고 있다. 가부장적 성 편견에 의해 개인의 잠재성이 사장될 수 있

---

[38] 미국에서 적극적 조치가 도입될 당시에 사기업은 반발했다. 그러나 법적 강제에 의해 적극적 조치가 제도화되어 가자 상당수의 기업은 이 제도가 '좋은 경영 도구'로(Shaeffer 1980:307), 기업 경영에 필요하다는 이유로 지지하였다. 레이건 행정부가 역차별을 초래한다는 이유로 적극적 조치를 폐지하려고 하자 270개 이상의 기업이 회원으로 가입한 고용평등자문협의채(Equal Opportunity Advisory Council)과 전국제조업자협회(National Association of Manufacturer)는 고 용주를 대신해서 적극적 조치의 폐지를 반대하였다(Bergmann 1996).

[39] 적극적 조치는 소기업보다는 대기업의 경우 이 제도를 도입하기가 좋은 환경이라는 평가를 받아 왔다. 일부 대기업은 적극적 조치를 포함한 고용평등제도가 기업으로 하여금 낡은 노동력 활용정책과 고충 (grievance) 절차를 근대화시켰다고 평가하고 있다. 반면에 소기업은 재정적인 기반이 안정적이지 않아 관료화된 절차와 정부의 개입을 크게 부담스러워 하기 때문에 새로운 방식으로 여성을 고용하고 훈련시키려는 시도를 보다 더 기피하는 것으로 나타났다(Meehan 1985:95).

으며 성별 직무분리의 변화는 여성 뿐 아니라 남성에게 새로운 직업 세계를 열어 주는 계기가 될 수 있다. 기업은 업종과 지역의 특성을 고려해서 여성의 고용확대를 위한 적절한 목표비율의 설정과 이행에 관심을 기울일 필요가 있다. 일차적으로 정부와 계약을 맺은 사기업을 대상으로 적극적 조치가 시범적으로 시행되어야 하며 정부는 기업의 경제적 이해를 매개로 이 제도의 준수 여부를 감독하는 기능을 수행하는 것이 필요하다.

셋째, 가부장적 자본주의 사회에서 적극적 조치를 도입하고 실행하는 과정은 자본과 노동, 여성과 남성의 이해가 상호 충돌하는 각축장이다. 작업장은 일할 기회를 넓히고 고용평등을 실현하고자 하는 여성의 이해와 남성 중심의 고용 관행과 기득권을 유지하고자 하는 남성의 이해가 갈등하는 장이다. 또한 여성을 값싼 노동력으로 활용함으로써 이윤을 최대화하는 자본의 이해와 고용권과 노동권, 단결권을 보장받고자 하는 노동의 이해가 공존하는 곳이다. 사회 세력이 자신의 이해를 관철하고자 하는 장에서 결과적 평등의 실현은 조직과 연계에 기반한 여성의 세력화에 의해 가능하며 이것은 연령, 민족, 신체적 장애 등을 이유로 차별 받는 집단의 문제를 해결하고자 노력하는 사회단체와의 연대 활동을 통해서 현실화될 수 있다. 여성운동 내부의 입장 차이와 인권단체간의 견해 차이가 연대를 통한 세력화를 어렵게 하는 요인이 될 수 있으나 이것은 사안(agenda)을 중심으로 한 통합주의 실천활동을 통해 극복되어야 한다. 이 제도가 표방하는 목표는 결과적 평등의 실현이지만 궁극적인 목적은 성별화된 사회 구조를 여성이 인식하고 변화시키는 데 있으며 그 과정에서 다양한 층위에서 행해지는 여성운동은 행위자들로 하여금 그러한 평등 개념을 수용하도록 압력을 행사하고 유지시키는 사회 세력이 될 수 있다. 현실적으로 성 차별적인 고용 관행에 대응하는 여성들의 개별적인 법적 소송 뿐 아니라 집단적인 법적 소송은 기업의 차별적인 고용 관행을 바꾸는 데 결정적인 역할을 하며 평등권에 대한 사회적 공감대를 얻는 담론을 개발하고 확산시키는 데 중요하다.[40] 법적으로 고용주의 차별적인 고용 관행에 대한 경제적 처벌 기준을 높이는 한편, 여성의 법적 소송을 지원하는 기금마련과 지원체계가 여성단체에 마련되어야 한다.

---

40) 미국에서 적극적 조치가 여성을 위한 제도로 실행되는 데 결정적으로 기여했던 전국여성회(NOW)의 초대 회장 프리단(Friedan)은 여성운동의 성과를 다음과 같이 평가했다(Friedan & O'farrell 1997:4).

"여성운동 이전에 모든 분야에서 여성의 삶은 남성에 의해 규정되었다. 그러나 여성들이 사회활동을 하기 시작하고 새로운 분야에 진출하면서 패러다임이 변화하기 시작했다. 여성은 개인으로서 여성의 삶을 말했고, 남녀평등을 요구하기 시작했다. 비로소 민주주의의 실천이 여성에게 적용된 것이다. 여성운동이 취했던 첫 번째 행동은 민권법 제7편의 통과를 적극 지지하는 것이었다. 당시에 EEOC의 위원들은 성차별 폐지를 주장하는 우리의 시위를 농담 섞인 말로 넘기면서 대수롭지 않게 여겼다. 그러나 우리가 기업을 상대로 집단소송을 냈을 때, 남성들은 웃음을 그쳤다. 기업은 크게 놀랐다. 기업은 성차별한 데 대한 대가를 치뤄야 했고 신문사는 보수가 좋은 직종을 여성에게 열어두는 광고를 실었다. **여성들의 조직화된 힘이 법을 빌어 성별 분리 광고를 금지하도록 했을 때, 세상은 여성에게 참으로 넓은 곳이었다**"

참고문헌

▌ 국내 문헌

김경희(2000), "고용평등과 적극적 조치", 『노동과 페미니즘』, 이대출판부.
김선욱·김명숙(1994), 『여성 일정 비율 할당제 도입에 관한 연구』, 한국
　　여성개발원.
김선욱(1995), "실질적 평등고용을 촉진하기 위한 적극적 조치", 『사무직
　　여성』, 서울: 여성민우회.
김엘림(1999), 『외국의 고용평등제도의 비교·분석』, 노동부.
김영환(1991), 『적극적 평등 실현 조치에 관한 연구』, 박사 학위논문, 영남
　　대학교 법학과.
김영희(1997), 『할당제의 합헌성에 관한 연구』, 한국여성개발원.
김은실(1996), "시민사회와 여성운동", 학술단체협의회 발표문, 미간행.
김현정(2000), 『여성운동과 국가의 관계에 관한 연구』 석사학위논문, 이화
　　여자대학교 여성학과.
대통령자문정책기획위원회(1995), "여성 고용 할당제 어떻게 할 것인가",
　　토론회자료집, 미간행.
박기남(1999), 『여성의 사회적 관계망과 성별 직무 분리에 관한 연구』 박
　　사 학위논문, 연세대학교 사회학과.

윤후정·신인령(1989), 『법 여성학』, 이화여자대학교 출판부.

이숙진(2000), 『글로벌 자본의 현지화와 지역여성의 정치』, 박사학위논문, 이화여자대학교 여성학과.

이영자(1999), "여성학의 최근추이 및 대안적 패러다임 찾기", 『진보적 여성운동의 전망과 대안 찾기』, 한국여성단체연합, 미간행.

이향순·김경희(1996), 『여성고용 확대와 고용평등을 위한 적극적 조치: 시험적 모델의 모색』, 한국노동연구원.

이향순(1997), 『미국의 고용평등제도에 관한 연구-적극적 조치를 중심으로-』한국노동연구원.

장필화(1996), "아시아의 가부장제와 공사영역 연구의 의미", 『여성학 논집』제 13집, 이화여자대학교 한국여성연구원.

정금나(1999), 『고용에서의 성차별판단기준에 관한 비판적 연구』석사학위 논문, 이화여자대학교 여성학과.

정영애(1997), 『'생산 중심적' 조직내의 성별관계 : 공식부문 경력 여성을 중심으로』, 박사학위논문, 이화여자대학교 여성학과.

조순경·조은(1994), "노동시장에서 성불평등의 실태와 극복방안: 공공부문과 대기업을 중심으로", 『여성과 일』, 전국여성회의, 한국여성개발원 (UNDP공동사업).

조순경(1994), "고용과 평등의 딜레마?", 『한국여성학』, 제 10집. 한국여성학회.

───(1999), 『여성해고의 실태와 정책과제』, 대통령직속 여성특별위원회.

조 은(1996), 『절반의 경험, 절반의 목소리』, 미래미디어.

조정아(1993), 『대졸 사무직 여성의 노동과 좌절』, 석사학위논문, 이화여자대학교 여성학과.

조주현(1995), "여성주의에서 본 평등문제: 대안적 다름의 정치학", 한국여성학회 제 12차 추계학술대회 자료집, 미간행.

조형·이재경(1989), "국가에 대한 여성학적 접근", 『여성학논집』, 제 6집, 이화여대 한국여성연구원, pp.9~26.

조형 엮음(1996), 『양성평등과 한국의 법체계』, 이화여자대학교 출판부.

─── (1999), "사회변동과정에서의 여성정책의 위상과 의미", 한국여성학회 월례학술발표 요약문, 미간행.

▌ 외국문헌

Altman, Ellen and Patricia Promis(1994), "Affirmative Action: Opportunity or Obstacle", *College & Research Libraries*, Jan.: 11~24.

Bacchi, Carrol Lee(1996), *The Politics of Affirmative Action*. Sage Publications.

Balser, Jack(1989), *Sisterhood and Solidarity, Feminism and Labor in Modern Times*, Boston: South End Press.

Batt, Rosemary(1993). *Work Reorganization and Labor Relations in Telecommunications Services*: A Case Study of Bell South Corporation, Working Paper, Unpublished.

Batt,Rosemary & Jeffrey Keefe(1996), "Human Resource and Employment Practices in Telecommunications Services, 1980~1996", unpublished.

Benokraitis, Nijole V., and Joe R. Feagin(1978) *Affirmative Action and Equal Opportunity: Action, Inaction, Reaction,*. Boulder, Colorado, Westview Press.

Bergmann, Barbara(1996), *In Defense of Affirmative Action*. New York: Basic Books.

Bird, Chole E.(1991), "High Financed, Small Change: Women's Increased Representation in Bank Management", unpublished.

Blackstone, William T. (1977), "Reverse Discrimination and Compensatory Justice", in *Social Justice and Preferential Treatment: Women and Racial Minorities in Education and Business*, pp. 52~83.

Blum, Linda M.(1991), *Between Feminism and Labor: the Significance of the Comparable Worth Movement*, Berkeley and Los Angeles, CA: University of California Press.

Bolick, Clint(1996), *The Affirmative Action Fraud*, Cato Institute, Washington D.C.

Boyle, Barbara M. (1973), "Equal Opportunity for Women Is Smart Business", *Harvard Business Review*, May June.

Brooks, Thomas(1977), *The Communications Workers of America*, New York: Mason/Charter.

Brown, Charles and Shirley J. Wilcher(1987), "Sex-Based Employment Quotas in Sweden", in Clair Brown and Joseph A. Pechman eds., *Gender in the Workplace.*

Budget, M.V.Lee and Andrew F. Brimmer(1995, "The Economic Cost of Affirmative Action", In *Economic Perspectives on Affirmative Action*, edited by Margaret C. Slims.Joint Center for Political and Economic Studies, Washington, D.C.

Catalyst(1994), *Cracking the Glass Ceiling: Strategies for Success*, Catalyst, New York.

Callender(1979), *The Development of the Sex Discrimination Act, 1971 ~75.*

Chacko, T.I.(1982), "Women and Equal Employment Opportunity: Some Unintended Effects", *Journal of Applied Psychology* 67, 119~123.

Citizens Commission on Civil Rights(1984), *Affirmative Action to Open the Doors of Job Opportunity*, unpublished.

Clayton, Susan D. and Faye J. Crosby(1992), *Justice, Gender, and Affirmative Action*, Ann Arbor: The University of Michigan Press.

Cobble, D.S.(1990), "Rethinking Troubled Relations Between Women and Unions: Craft Unionism and Female Activism", *Feminist Studies*, Vol.16 No.3.

Cobble, Sue ed. (1993), *Women and Unions*, ILR Press. New York.

Cockburn, C. (1983), Brothers: Male Dominance and Technological Change, London: Pluto Press.

Cook Alice H. and Val R. Lorwin(1992), *The Most Difficult Revolution: Women and Unions*, Cornell University Press, Ithaca and London.

Coyle, Angela and Jane Skinner eds(1988), *Women and Work: Positive Action for Change*, Basingstoke: Macmillan Education.

Crosby, Faye J.(1994), "Understanding Affirmative Action", *Basic and Applied Social Psychology*, 15(1&2) 13～41.

Davis, Katarina(1989), "Labor Union Sisters: Changing From Within", In Rosalind M.Schwartz and Judith Richlin-Klonsky eds., Institute of Industrial Relations Publications Center, University of California, Los Angeles.

De Cenzo, David A. and Stephen P. Robbins1994), *Human Resource Management*, New York: John Wiley & Sons.

Dessler, Gary(1997), *Human Resource Management*, 7th Ed. Prentice-Hall, Inc. A Simon & Schuster Company.

Detlefson, Robert R.(1993), "Affirmative Action and Business Deregulation: On the Reagan Administration's Failure to Revise Executive Order No. 11246", *Policy Studies Journal 21*, 3: 556～564.

Edward, Anderson Geroge(1989), *The Effect of Affirmative Action Programs on Female Employment and Earning*, Ph.D. diss., University of California, Los Angeles.

Edwards, John(1994), "Group Rights v. Individual Rights: The Case of Race-Conscious Policies", *Journal of Social Policy* 23, 1: 55～70.

Eichner, Maxine N.(1994), "Getting Women Work That Isn't Women's Work: Challenging Gender Biases in the Workplace Under Title VII", In *Equal Employment Opportunity Labor Market Discrimination and Public Policy*, Edited by Paul Burstein, Aldine de Gruyter New York.

Eisenberg, Susan(1998), *We'll Call You If We Need You,* Cornell University Press.

Eveline, Joan(1994), "Normalization, Leading Ladies, and Free Men", *Women's Studies International Forum* 17, iss. 2-3: 159～167.

Farber, Daniel A(1994), "The Outmoded Debate Over Affirmative Action" *California Law Review* 82, 4. University of California Press. pp.893~934.

Fee, Teresa Marie. *Enforcement of Title VII by the EEOC: A Critical Assessment of the Federal Government's Effects at Elimination Sex Discrimination in Employment.* Ph.D.diss. Univ. of California Riverside.

Freeman, Jo(1975), *The Politics of Women's Liberation*, David Mckay Company, INC, New York.

―――― (1990), "From Protection to Equal Opportunity: The Revolution in Womem's Legal Status", In *Women, Politics and Change*, edited by Louise Tilly and Patricia Gurin, New York: Russell Sage.

Freeman, Richard B., and Jonathan S. Leonard(1985), "Union Maids: Unions and the Female Workforce." National Bureau of Economic Research, Working Paper. Cambridge, Mass., June.

Frye, Jocelyn C.(1996), "Affirmative Action: Understanding the Past and Present" In *The American Women*, Edited by Cynthia Costello and Barbara Kivimae Krimgold New York: W.W. Norton & Company.

Fullinwilder, Robert K. and Claudia Mills(1991), The Moral Foundations of *Civil Rights*, Rowman & Littlefield.

Gelb, Joyce(1987), "Social Movement 'Success': A Comparative Analysis of Feminism in the United States and the United Kingdom." In *The Women's Movement of the United States and Western Europe*, edited by M.F. Katzenstein and C. M. Mueller. Philadelphia: Temple University Press.

Goldman, Alan H.(1979), *Justice and Reverse Discrimination.* Princeton,NJ: Princeton University Press.

Gostin, Larry ed.(1988), *Civil Liberties in Conflicts*, New York: Routledge.

Greene, Kathanne W.(1989), *Affirmative Action and Principles of Justice*,

New York: Greenwood Press.

Günter, Schmid, & Renate Whitezel eds.(1984), *Sex Discrimination and Equal Opportunity*, New York: St. Martin's Press.

Harding, S.(1991), *Whose Knowledge? Thinking From Women's Lives*. Ithaca: Cornell, University Press.

Hartmann, Heidi(1996), "Who Has Benefited from Affirmative Action in Employment?", In *The Affirmative Action Debate*, Edited by George E. Curry Ed., Addison-Wesley Publishing Company, Inc.

Heins, Marjorie(1987), *Cutting the Mustard: Affirmative Action and the Nature of Excellence*, Boston: Faber and Faber.

Hendricks, Wallace(1995), *Labor Negotiations with Regional Monopolis: The Telecommunication Industry*, University of Illinois, unpublished.

Hernes, Maria(1987), "Welfare State and Woman Power", 앤 쏘우스틱 사 쑨 편저, 여성과 복지국가, 한국여성개발원.

Hill. Douglas M.(1987), *"An Affirmative Action Equal Opportunity Employer: An Assessment of How the Term Is Perceived And Implemented By Search Committees at Two Public Universities"* Ph.D. diss., Univ. of Maryland.

Hinshaw, John(1994), *Dialectic of Division*, Ph.D. diss., Carnegie-Mellon University.

Hirsch, B.T. and D.A. Macpherson(1993), "Union Membership and Coverage Files From the Current Population Survey", *Industrial and Labor Relations Review*, vol.46, no.3, April: 574~577.

Jaggar, Alison M.(1994), "Sexual Difference and Sexual Equality." In *Living With Contradictions*, Edited by Alison M. Jaggar. Westview Press.

Joanne, Espinos Dulla.(1991), *The Firm Revised*, Ph.D. diss., University of California, Santa Barbara.

Johnson, Lyndon B.(1996), "To Fulfill These Rights", In *The Affirmative Action Debate*, Edited by George E. Curry Ed., Addison-Wesley

Publishing Company, Inc.

Jones, Augustus J.(1991), *Affirmative Talk, Affirmative Action*. New York: Praeger Publishers.

Kanter, Rosabeth Moss(1977), *Men and Women of the Corporation,*
New York: Basic Books.

Keefe, Jeffrey(1989), "Measuring Wage Dispersion:An Application of Entropy Measure to Analyze the Former Bell System's Pay Structure", *Preceedings of the 41st Annual Meeting of the Industrial Relations Research Association,* Madison, WE: IRRA Series.

Kellough, J. Edward(1989), *Federal Equal Employment Policy and Numerical Goals and Timetables: An Impact Assessment.* New York: Praeger Publishers.

Kluegel, J.R. and E.R. Smith(1983), "Affirmative Action Attitudes: Effects of Self Interest, Racial Effect, and Stratification Beliefs on Whites' Views", *Social Forces* 61, 797~894.

Konrad, Alison and Frank Linnehan(1995), "Formalized HRM Structures: Coordination Equal Employment Opportunity or Concealing Organizational Practices." *Academy of Management Journal*, 38(3): 797~820.

Konrad, Alison M.& Linnehan(1995), "Formalized HRM Structures", *Academy of Management Journal*, Vol. 38.

Leadership Conference on Civil Rights, *Materials on Affirmative Action*, unpublished.

Leonard, Jonathan S.(1985a), "What Promises are Worth: The Impact of Affirmative Action Goals", *Journal of Human Resources*, Vol.20, No.1.

———— (1985b), "The Effect fo Unions in the Employment on Blacks, Hispanics, and Women", *Industrial and Labor Relations Review*, Vol.39.No.1

Lewis, G.B(1994), "Women, Occupation, and Federal-Agencies", *Public*

Administration Review 54, 3: 271～76.

Littleton, Christine A.(1987), "Reconstructing Sexual Equality", reprinted in Bartlett, Katharine T. & Rosanne Kennedy.eds. 1991. *Feminist Legal Theory: Reading in Law and Gender*, Westview Press.

――――(1989), "Due To Forces Beyond Our Control: The Failure of Equal Employment Opportunity Law", In *Management Women and the New Facts of Life*, Edited by Rosalind M. Schwartz.

Macdonald, Melissa Ann(1993), *Labor Pains: Sex Discrimination and the Implementation of Title VII, 1964 ～1980*, Ph.D. diss. Univ. of California, Santa Barbara.

MacKinnon, C.A(1989), *Toward Feminist Theory of the State*. Harvard University Press.

Maschke, Karen Joann(1986), *Federal Courts and Women Workers*, Ph.D. diss. Johns Hopkins University.

Matheson, Mimberly, Alan Echnberg, Donald M. Taylor, Darlene Rivers and Ivy Chow(1994), "Women's Attitues Toward Affirmative Action: Putting Action in Context", *Journal of Applied Social Psychology* 24: 2075～2096.

Meehan, Elisabeth(1985), *Women's Rights at Work: Campaigns and Policy in British and the United States*, New York: St. Martin's.

Meehan, Elisabeth & Selma Sevenhuijsen(1991), "Problems in Principles and Policies", In *Equality Politics and Gender*, Edited by Elisabeth Meehan & Selma Sevenhuijsen, Sage Publications.

Mazur, Amy G.(1995), *Symbolic Reform at Work in Fifth Republic France*. *Univ. of* Pittsburgh Press, Pittsburgh and London.

Milkman, R.(1987), *Gender at Work*, Univ. of Illinois Press.

Moskowitz, Milton(1996), "Best Companies For Working Mothers." *Working Mother*. October 1996, USA.

National Foundation for Women Business Owners(1995), *Research Highlights*, unpublished.

National Women's Law Center(1997), *Affirmative Action and What It Means For Women*, pamphlet.

Northrup, Herbert R. & John A.Larson(1979), *The Impact of the AT&T-EEO Consent Decree*, Univ. of Pennsylvania Press.

O'farrell, Brigid and Sharon L. Harlon(1982), "Craftworkers and Clerks: The Effects of Male Coworker Hostility on Women's Satisfaction with Non-Traditional Blue Collar Jobs", *Social Problems* 29(February) 252-264.

O'farrell, Brigid(1988), "Women in Blue-Collar Occupations: Traditional and Non-Traditional", In *Women Working: Theories and Facts in Perspective*, edited by A. Stromberg and S. Harkess. Palo Alto, Calif.: Mayfield.

O'ferrell, Brigid and Joyce L.Kornbluch(1996), Rocking the Boat, Rutgers University Press. New Jersey.

O'Neill, William L.(1972), ed., *Women at Work*, New York: New York Times Book.

Player, Mack A., Elaine W. Shoben and Lisa L. Liberwitz(1995), *Employment Discrimination Law*, Second Edition, West Publishings Co.

Peterson, Randall S.(1994), "The Role of Values in Predicting Fairness Judgments and Support of Affirmative Action", *Journal of Social Issues* 50, 4: 95~115.

Ramazanoglu, Caroline(1989), *Feminism and the Contradiction of Oppression*. Routledge.

Roberts, Lance W.(1982), "Understanding Affirmative Action", in W.E. Block and M.A. Walker, eds., *Discrimination, Affirmative Action, and Equal Opportunity: An Economic and Social Perspective*, The Fraser Institute.

Rose, David L.(1994), "Twenty−Five Years Later: Where Do we Stand on

Equal Employment Opportunity Law Enforcement?", In *Equal Employment Opportunity Labor Market Discrimination and Public Policy*, Edited by Paul Burstein. Aldine de Gruyter New York.

Rosenfeld, Michel(1991), *Affirmative Action and Justice*, New Haven: Yale University Press.

Ruggie, Mary(1984), *The State and Working Women*, Princeton, NJ: Princeton University Press.

Scanlan, James P.(1992), "The Curious Case of Affirmative Action for Women", *Society* 29, 2: 36-41.

Sokoloff, Natalie J.(1980), *Between Money and Love: The Dialectics of Women's Home and Market Work*, 이효재 역(1990), 『여성노동시장 이론』, 이화여자대학교 출판부.

Skocpol, Theda & Gretchen Ritter(1991), "Gender and The Origins of Modern Social Policies in Britain and The United States", *Studies in American Political Development* Vol 5. No.1: pp.1-94.

Spalter-Roth and Heidi Hartmann(1992), "*Women in Telecommunication: Exception to the Rule of Low Pay for Women's Work*", unpublished.

Summers, Russel J.(1995), "Attitudes Toward Different Methods of Affirmative Action", *Journal of Applied Social Psychology* 25, 12: 1090~1104.

The Bureau of National Affairs(1995), *Good for Business*, Washigton, D.C.

The United States Commission on Civil Rights(1971), "Employment Discrimination and Title VII of The Civil Rights Act of 1964", *Havard Law Review*. Vol. 84: 1109~1316.

Theodore V. Purcell(1979), "Management and Affirmative Action in The Late Seventies", in Tenopyr, Mary L.& Shelon Sedeck. eds., *Issued in Selection, Testing, and the Law.*

Turner, K.B(1996), *An Empirical Analysis of American Law Enforcement Officers*

Toward Affirmative Action, Ph.D. diss., University of Nebraska.

Turner, Ronald(1990), *The Past and Future of Affirmative Action: A Guide and Analysis for Human Resource Professionals and Corporate Counsel*, Westport, CT: Quorum Books.

United Nations(1995), *From Nairobi to Beijing*, United Nations, New York.

U.S. Department of Labor(1990), *Milestones:The Women's Bureau Celebrates 70 Years of Women's Labor History*, U.S.Department of Labor,Womne's Bureau.

U.S. Department of Labor(1996), *Good for Business: Making Full use of the Nation's Human Capital*, The Bureau of National Affairs, Inc., Washington, D.C.

U.S. Department of Labor, Women's Bureau(1993,1994), Handbook, *Women Workers: Trends & Issues.*

U.S. Department of Labor, Women's Bureau(1996), *The Working Women Count Honor Roll Report.*

U.S. Department of Labor(1998), *Office of Federal Contract Compliance Programs Budget For Fiscal Years 1980 Through 1998*, unpublished.

U.S. Department of Labor(1998), *Office of Federal Contract Compliance Programs Quick Facts.*

U.S. Department of Labor Employment Standard Administration(1990), *Twenty-five Years of Service*, Office of Federal Contract Compliance Programs.

U.S. Equal Employment Opportunity Commission(1972), *A Unique Competence: A Study of Equal Employment Opportunity in the Bell System.* Washington D.C.: Government Printing Office.

U.S. Equal Employment Opportunity Commission(1974), *Affirmative Action and Equal Employment: A Guidebook of Employers*, Vol.1. Washington D.C.: Government Printing Office.

U.S. Equal Employment Opportunity Commission(1994), *Annual Report on the Employment of Minorities, Women and People with Disabilities in the Federal Government,,* Washington D.C.: Government Printing Office.

U.S. Equal Employment Opportunity Commission(1994), *Annual Report on the Employment of Minorities, Women and People with Disabilities in the Federal Government.* Washington D.C.

Uri, Noel D. and J. Wilson Mixon, Jr.(1992), "Effects of U.S. Equal Employment Opportunity and Affirmative Action Programs on Women's Employment Stability", *Quality and Quantity* 26: 113~126.

Uri, Noel D.& J.Wolson Mixon(1991), "Effects of U.S. Affirmative Action Programs on Women's Employment", *Journal of Policy Modeling* 13(3): 367~382.

Valerie A. Personick(1987), "Industry Output and Employment Through the End of the Century", United States Department of Labor, Bureau of Labor Statistics, *Monthly Labor Review.* Vol. 110, No. 9, September.

Vallas, Steven Peter(1993), *Power in the Workplace,* State Univ. of New York.

Vogel, Lisa(1995), "Debating Difference: Feminism, Pregnancy, and the Workplace", In *Women in Struggle,* Univ. of Illinois Press, Urban and Chicago.

Walby, Sylvia(1990), *Theorizing Patriarchy,* Basil Blackwell Inc. 유희정 역(1996), 『가부장제 이론』, 이화여자대학교 출판부.

Wallace, Phillis A. ed.(1982), *Women in the Workplace,* Boston: Auburn House.

Wallace,Phillis A. ed.(1976), *Equal Employment Opportunity and the AT&T Case,* Cambridge, Mass.: MIT Press.

Wasserstrom, Richard(1980), *Philosophy and Social Issues: Five Studies,* Notre Dame: University of Notre Dame Press.

Weisman, Dennis L.(1994), "Why Employer Discretion May Lead To More

Effective Affirmative Action Policies." *Journal of Policy Analysis and Management* 13,

William, Brimlow Robert(1991), *A Justification of Preferential Treatment*, Ph.D. diss., University of Rocher.

Women's Legal Defense Fund(1997), *Affirmative Action At Work*, unpublished.

Xerox Company(1996), *Diversity at Xerox*, unpublished.

Yoder, Janice D.(1991), "Rethinking Tokenism: Looking Beyond Numbers", *Gender & Society*, Vol.5. No.2, June: 178～192.

Young, Iris(1990), *Justice and Politics of Difference*, Prinston Univ. Press.

▌판례 및 기타 자료

Ann P. Morley v. New England Telephone Company, Civil Action No.82-1051-Z.

Marguerite Statsny et al., Appelle, v. Southern Bell Telephone and Telegraph Company, Appellant, 1980., Nos. 78～1361, 78～1362.

Regents of the University of California v. Bakke. 438 U.S. 265.1989.

United Steelworkers of America v. Weber.443 U.S. 193(1979).

Johnson v. Transportation Agency, Santa Clara County.480 U.S.616.1987.

§1607.1, 29 CFR Ch. XIV, 1991

§1604.2, 29 CFR Ch. XIV, 1991.

AT&T. 1991. AT&T *Personnel Guide.*

———. 1972～1996. *Annual Report.* microfish.

Communication Workers of America. *Executive Board Report.* 1970-1991.

———. 1970～1991. *Proceedings.*

———, 1998. *Agreement By and Between Certain Business Units and divisions of AT&T Corp.*

Mathews. 1995. "Reevaluating Affirmative Action." *Washington Post*. July. 4.

U.S. DOL, Office of Federal Contract Compliance Programs. 1990. *Today*.

————. 1996. *Facts and Cases Involving Equal Employment Opportunities for Women*. pamphlet.

————. 1996. *Federal Register*. May. 1.

————. 1973~1997. *Annual Report*. microfish.

U.S. Equal Employment Opportunity Commission. 1968~1994. *Annual Report*.

고용기회평등위원회(EEOC)와 노동부 연방계약준수국(OFCCP)의 조직과 활동

1. 고용기회평등위원회(EEOC)의 조직과 활동

1) EEOC의 조직 구성

고용기회평등위원회(EEOC)의 전체 인원은 1994년 현재 2,841명이며 여성 비율이 지속적으로 증가해서 65.5%나 된다. <표12>에 의하면, EEOC의 여성 공무원 비율이 미국 연방정부 전체 평균 비율인 41.5%보다 높게 나타나 있다.

〈표 12〉 미국 여성공무원 및 EEOC 여성 비율의 변화

(단위: 천명)

연 도 구 분	1985	1987	1989	1991	1993	1994
전 체 (%)	2,678,998 (37.41)	2,719,035 (38.67)	2,773,865 (39.80)	2,765,951 (40.63)	2,643,391 (41.21)	2,630,755 (41.46)
EEOC (%)	3,076 (60.03)	2,781 (61.09)	2,669 (63.62)	2,717 (64.92)	2,805 (65.35)	2,841 (65.54)

자료: EEOC(1994), *Annual Report on the Employment of Minorities, Women and People with Disabilities in the Federal Government*, U.S.A.

EEOC는 독립적인 정부기구로 주요 업무는 행정적 구제와 사법적 구제 활동으로 조직 구성에서 부서별 직원의 배치상태를 통해서 알 수 있다. 전체 직원은 1998년 현재 2,613명 중 중앙에 628명, 지방에 1,985명으로 24%가 중앙 부서에 배치되어 있다. EEOC의 전체 조직은 중앙과 지방사무소로 구분되어 있으며 중앙부서에는 위원장, 부위원장, 3인의 위원을 포함해서 11개의 사무국으로 구성되어 있으며 25개의 지방사무소가 있다. 5인의 위원 중 3명 이상이 동일한 정당 출신이어서는 안되며 위원들은 상원의 승인을 얻어 대통령이 임명하도록 되어 있으며 임기는 5년이다. 총괄법무국장 (General Counsel)은 임기가 4년이며 상원의 동의를 얻어 대통령이 임명한다.

먼저 중앙 사무소의 조직 구성을 살펴보면 <표 13>에서 알 수 있는 대로 위원장실에 9명, 부위원장실에 6명, EEOC 위원실에 각각 6명이 배치되어 있다. 위원들은 EEOC의 정책을 개발하고 승인하며 다수 표결에 의해 사안을 처리하고 결정한다. 고발 사건 중 제소를 신청한 사건을 승인하며, 위원장은 EEOC의 조직 개정을 검토하고 개발하는데 책임이 있으며 조직 개정 사항에 대해 최종 승인을 한다. 부위원장은 위원장이 부재중인 경우 위원장의 임무를 대행한다.

EEOC의 각 부서별 임무를 보면, 행정비서관은 위원장과, 부위원장, 위원을 보좌하는 임무를 수행하며 관련 서류를 검토하고 EEOC 각 국의 활동을 조정하고 모니터하며, 국장들 간의 연계를 갖도록 역할을 한다. 행정 비서관실(Executive Secretary)에는 8명, 교류 및 법무국에(Office of Communication and Legislative Affairs) 22명, 평등기회국(Office of Equal Opportunity)에 13명, 연방운영국(Office of Federal Operation)에 114명, 총괄법무국(Office of General Counsel)에 104명, 총괄 검열국(Office of General Inspector)에 11명, 법률고문국 (Office of Legal Counsel)에는 51명, 재정국(Office of Financial and Resource Management)에 79명, 인사국(Office of Human Resources)에 51명, 정보 및 자료관리국(Office of Information Resources Management)에 52명, 현장 지원국(Office of Field Programs)에 51명, 연구·정보·기 획국에 44명이 활동하고 있다. 지방사무소는 전국 적으로 25개소가 있는데1), 지역별로 최소 28명에서 최고 116명까지 공무원이 배치되어 있다.

---

1) 1994년에는 50개소였는데 이후에 25개소로 통폐합되었음.

<표 13> EEOC의 부서별 인원-중앙부서 (1998)

부　　서	위원장실	부위원장실	위원실	행정비서관	교류및법무국
인원(명)	9	6	6	8	22
부　　서	평등기회국	연방운영국	총괄법무국	총괄검열국	법률고문국
인원(명)	13	114	104	11	51
부　　서	재정국	인사국	정보및자료 관리국	현장지원국	연구·정보· 기획국
인원(명)	79	51	52	51	44

자료: EEOC 내부자료, 1998

　총괄법무국은 전체 직원의 수가 104명으로 직원의 배치가 집중되어 있는 국이다. 총괄법무국은 1964년 민권법이 제정될 당시 소송권한을 받지 못하고 민권법 제7편 소송에서 법정 후견인(amicus curiae) 자격을 갖고 있다가 1972년 법 개정과 함께 법적 권한이 강화되면서 확대된 국이다. 연방정부 운영국은 연방정부의 고용평등 프로그램을 포함한 관련 법령을 시행하며 EEOC 직원을 위한 지침서를 낸다. 운영국은 연방정부 기구 내에서 접수된 고충 사건을 공정하게 해결하며 사건의 검토와 항소 절차에 책임이 있다. EEOC 행정 재판관의 업무 수행을 향상시키기 위한 프로그램을 만들며, 연방 청문회를 현장의 행정 재판관들이 처리하는 활동을 지원한다. 여기에는 특별 지원 담당관, 항소 검토 프로그램과, 연방정부 프로그램과가 있으며 각 과에는 항소계, 검토계, 실행/통제계, 적극적 고용계, 고충처리계 등이 있다.

　법률 고문국은 EEOC의 위원장과 위원에게 법률 자문과 조언을 제공하는 임무를 갖고 있으며 EEOC의 결정, 규제, 법령(statement) 등을 개발한다. 법률 자문국에는 재무 법률자문 및 법률지원 프로그램 담당과, 자문 및 소송계, 항소계, 민권법 제7편, 연령차별 및 동일 임금법 담당계, 장애인법 담당계 등이 있다.

연구 및 정보 기획국은 EEOC가 본연의 임무와 목적을 수행하도록 연구하고, 관련 정보를 수집하고 분석한다. EEOC 직원과 담당관 간의 협력, 효율성을 높이기 위한 노력을 지원하며 업무 수행 측정, 작업환경, 작업과정과 업무조정 등을 통해 EEOC의 대외 신뢰도를 높이며 EEOC 직원과 일반 대중에게 자료와 정보 등을 제공한다. 이 국에는 프로그램 연구과, 프로그램 기획과, 자료 조사과, 분석과, 운영 통제과, 정보제공과 등이 있다.

교류 및 법무국은 국민대중, 언론매체를 상대로 활동한다. EEOC 외부와의 교류, 중앙부서와 지방 사무소간의 내부 교류가 원활하게 이루어지도록 하는 책임을 갖는다. 교류와 법무국에는 법률담당관, 교류담당관 등이 있다.

평등 기회국은 EEOC 내부의 고용평등 프로그램의 시행과 개발, 평가 등을 주요 업무로 한다. 또한 고용주, 직원, 연방정부의 고용평등 프로그램 관련자에게 기술적인 지원과 자문, 고용평등 관련 업무를 지원한다. 평등기회국은 운영지원팀, 고용평등 조사 및 실행팀, 고용평등프로그램 개발팀 등으로 구성되어 있다.

총괄 검열국은 EEOC 운영에 일반 대중이 관심을 갖도록 유도하고, 감사, (audit), 조사, 검열 등의 책임을 갖는다. EEOC 활동의 효율성을 높이기 위한 정책을 제안함으로써 프로그램 운영상의 낭비를 없애고 사전에 방지하는 활동을 한다. 총괄 검열국에는 총괄 검열

자문과, 총괄 재무 검열과, 감사과, 조사 및 검열과 등이 있다.

인사국은 직원의 모집, 능력개발, 우수 인력 유치 등을 위한 활동이 주요 임무이며 인적 자원 운영, 직원의 능력 개발을 촉진시킨다. 여기에는 인사운영팀, 협력, 정책, 인력수행팀, 훈련 및 직원 능력 개발팀 등이 있다.

재정국의 임무는 연방정부 기금의 사용을 관리하고 감사(audit)하는 것이다. EEOC의 예산을 관리하고 계약, 구매 등을 조정한다. 운영지원과 정부 예산 편성 프로그램을 기획하고 개발하며 조정한다. 재정 및 자료관리국은 재정운영과, 예산과, 구매과, 자원관리과 등으로 구성되어 있다.

정보 및 자료관리국은 EEOC의 운영프로그램을 기획하고 개발하며 실행하는 데 책임이 있다. EEOC의 운영 정보체계를 지원하기 위해 정보교류 구조를 기획, 개발, 운영한다.

현장지원국은 고용차별의 실행과 소송을 담당한다. 또한 목표가 정해진 체계적인 조사와 해결을 통해서 소수집단의 고용기회를 증가시키는 것을 임무로 정하고 있다.

2) EEOC의 업무와 활동

EEOC는 행정적·사법적 구제, 교육과 기술적 지원을 통해서 고용평등을 향상시키는 것을 임무로 두고 있다. 이 기구에 법적 권한을 부여한 법은 민권법 제7편, 연령차별금지법[2], 동일 임금법, 장애

---

[2] 연방정부의 연령차별금지법은 40세 이상을 적용대상으로 하고 있다. 그러나 일부 주에서는 17세 이상의 연령을 가진 자에 대한 차별을 금지하고 있어 모집

인법, 재활인법 제 501조 등이다(EEOC 1994:1). EEOC의 활동은 행정적·사법적 실행, 교육·홍보 및 가이드라인 제시, 통계조사 및 출판 등으로 구분해 볼 수 있다.

(1) 행정적 실행

고용차별을 받은 개인은 행정 구제를 신청함으로써 구제 절차를 개시한다. EEOC는 차별이 발생했다고 믿을 만한 합리적인 이유(reasonable cause)가 있는지의 여부를 판단하기 위해 모든 구제사건을 조사해야 한다. EEOC가 합리적인 이유를 적발했을 경우, 고발 당사자와 피고발자(respondent)간의 자발적인 해결이 이루어지도록 조정해야 한다. 조정에 실패할 경우, EEOC는 연방 법원에 소송을 제기한다. EEOC가 사건을 처리했을 경우, 고발자에게 '소송권 통지서'를 내어, 고발자가 법원에 제소를 할 수 있도록 한다.

EEOC의 조사권과 제소권은 개별 소송 뿐 아니라 집단 소송(class action)을 포괄하고 있으며 피해 보상 방식 또한 과거서부터 누적되어 있다고 보고 소급 배상의 형태를 띠고 있다. EEOC는 고용차별을 받았다는 내용의 신고를 받은 경우, 조사에 들어가면서 이러한 차별이 그 직종에서 일하는 노동자 집단에게 가해졌을 것으로 보고, 조사 결과 차별 사실이 인정될 경우, 해당자 모두에게 고용주가 배상하도록 하고 있다. 더욱이 고용차별이 특정 집단에게 가해졌을 경우, EEOC의 소송 활동은 보다 강하게 실행되는 것으로 나타나 있

광고에서 '성숙한 자(mature)'로 자격을 제한할 경우 10대의 지원자가 응시하지 못하거나 지원을 아예 포기하는 경우가 있을 수 있어 이러한 광고가 불법적일 수 있다고 본다(Desseler 1997:51).

다. EEOC의 구제절차는 민간부문과 연방정부 부문 각각으로 이원화되어 있다.

가. 민간 부문

민간부문에서 EEOC가 고용평등정책을 실행하는 법적 근거는 민권법 제7편, 연령차별금지법, 장애인차별금지법, 동일 임금법 등에 있으며 시정 절차는 다음과 같다.

① EEOC는 사용주가 채용, 배치, 승진, 훈련, 임금, 해고, 부가급여, 고용계약과 고용 조건 등에서 차별하는 것을 금지한다.
② 차별받은 종업원, 신청자는 차별이 발생한 지 180일 이내(주, 지방 정부의 공정고용실행위원회가 없는 지역)이거나 300일 이내(공정고용실행위원회의 관할 지역)에 EEOC에 시정을 신청한다.
③ EEOC에 접수된 시정 신청을 FEPC(공정고용실행위원회)로 이월하거나 EEOC가 직접 처리한다[3].
④ 위법적인 고용행위로 인해 차별을 받은 노동자, 노동조합의 조합원, EEOC의 위원, 해당 고용차별 관계인 등이 시정을 신청하며 우편이나 전화 접수가 가능하다.
⑤ 신청인은 고용주, 노동조합, 직업소개기관 등을 상대로 EEOC에 시정신청을 할 수 있으며, 시정신청이 접수된 지 10일 이내에 피신청인(respondent)에게 통고한다.

---

3) EEOC가 시정신청을 받은 경우, 정해진 기간 이내에 주정부 또는 지방정부기구에 이월시킨다. 만족스러운 시정이 이루어지지 않을 경우 해결을 위해 EEOC로 다시 넘겨진다(Dessler, 1997:51).

⑥ 신청인과 그의 증인들을 면접한다.

⑦ 피신청인에게 정보 요구서를 발송한다(현장 면접을 포함한다)

⑧ 피신청인이 제출한 서류를 분석하고 피신청인의 증인을 면접한다.

⑨ EEOC는 결정하기 이전에 면접한다

⑩ 결정문(letter of determination)을 내는데 여기에서 두 가지의 다른 경로가 있다.

㉮ 합리적인 이유가 없는 경우에 EEOC는 더 이상 개입하지 않으며 신청인은 법원에 제소할 권리를 갖는다. EEOC가 시정신청을 제소하지 않기로 결정하는 경우 신청인에게 소송할 권리를 알리는 통지서를 발행한다. EEOC에 사건이 접수된 날로부터 180일이 종결된 이후에 발행 가능하다.

㉯ 합리적인 이유가 있다고 EEOC가 결정한 경우, EEOC는 조정을 통해서 그 사건을 처리하며 성공적으로 조정이 이루어지면 종결하고, 조정이 이루어지지 않은 경우 EEOC 또는 신청인이 법원에 제소할 권리를 갖는다.

법무부는 민권법 제7편과 장애인법을 주·지방정부가 위반했다고 소송할 수 있는 유일한 연방정부기구이다. EEOC는 연령차별금지법과 동일 임금법을 위반했을 경우 주정부와 지방정부를 포함해서 모든 고용주들을 소송할 수 있다. 민간부문에서 EEOC에 접수된 고용차별 유형을 분류해 보면 1994년 현재 인종차별이 전체 고발사건 중 34.8%, 성차별이 28.4%, 연령차별이 21.5%, 장애인 차별이 20.7%, 민족 차별이 8.1%로 성차별이 인종차별에 이어 2번째로 많다(EEOC 1994).

나. 연방정부 부문

연방정부 부문에서의 고용평등정책은 사기업부문과 달리 행정명
령 제11478호에4) 의해 적극적 조치의 실시를 포함하고 있으며, 행
정적 실행절차와 법적 절차가 다르게 구성되어 있다. EEOC의 법적
권한은 민권법 제7편의 제717조(1964), 재활인법의 제501조(1973), 연
령차별금지법(1967), 행정명령 제11478호, 제12106호 등이다. 관련법
실행의 책임은 EEOC 연방운영국(OFO: Office of Federal Operations)
에 있으며, 연방운영국은 연방정부 기구와 부서가 고용평등 관련 법
령을 준수하고 EEOC가 인정하는 적극적인 고용 정책을 개발하고
실행하도록 하고 있다.5)

연방정부에서 행정적 구제신청을 처리하는 절차를 보면,

① 연방정부로부터 차별받은 직원이나 채용 응시자는 해당 정부기
   구의 고용평등 담당자와 상담하며, 차별 행위가 발생한 지 45일
   이내에 구제신청을 하고 상담 신청은 30일 이내에 한다.

---

4) 행정명령 제11478호는 연방정부기관이 고용차별을 금지하고 적극적 조치를 실
   시하도록 했다(Executive Order No.,11478, 1969).
5) 연방정부의 적극적 고용활동의 실행과정은 다음과 같다.
    ① 모든 연방정부기구들은 적극적인 고용정책 실행보고서를 EEOC에 제출
       한다.
    ② 장·단기 계획을 세우는데 장기 계획서에는 연방정부 기구의 고용정책
       실행을 위한 목표와 활동, 절차, 기대효과 등에 관한 개요를 포함하며 단기
       계획서에는 매년 노동력 변화추이에 관한 통계적인 분석을 포함한다.
    ③ 목표가 달성된 조처와 달성되지 않은 조처를 구분하고, 당초 계획을 수
       정한 조정안을 제출한다.

② 해당 정부기구는 구제 신청을 채택하거나 기각할 수 있으며, 기
각하지 않을 경우 180일 이내에 완결되고 공정한 조사에 들어가
야 한다.

③ 고발의 내용이 능력체계보호위원회(Merit System Protection
Board)에 항소할 수 있는(appealable)사항이 아닌 경우, 조사 이후
에 구제신청자(complaint)는 EEOC의 행정재판관(administrative
judge)으로부터 청문회 개최 또는 해당 정부기구로부터 최종 결
정을 요청할 수 있다.

④ 행정 재판관은 청문회 개최 요구사항을 처리하며 180일 이내에
적절한 구제를 명령한다.

⑤ 정부기구가 시정신청자(complaint)에게 최종 결정을 내린 이후에
시정신청자는 EEOC에 그 결정을 항소할 권리를 가지며 연방 지
방법원에 제소할 권리를 갖는다. 구제 신청자가 EEOC에 항소할
경우, 항소결정이 EEOC로부터 내려진 이후에 구제신청자는 연
방 지방 법원에 제소할 수 있다.6)

(2) 사법적 실행

조정(concilliation)이 이루어지지 않을 경우 EEOC는 법원의 판결을
받도록 한다. 미국 연방법원의 소송체계는 지방법원(District Court),
항소법원(Circuit Court), 대법원(Supreme Court)으로 구성되어 있는데,

---

6) 연방정부 부문에서 EEOC의 행정적 실행 활동을 보면, 1994년 현재 진행 중인
소송건수가 7,141건, 해결된 소송건은 5,678건, 미해결 건수는 4,363건으로 전
년도에 비해 증가하는 추세이다. 변호사 1인이 1년간 해결할 건수를 보면, 1인
당 146건으로 전년도의 140건보다 많으며 1988년도의 125건보다 크게 증가해
서 EEOC 변호사의 업무가 많아지고 있음을 보여주고 있다(EEOC 1994).

EEOC는 당사자간의 조정이 이루어지지 않을 경우, 일차적으로 지방법원에 제소하게 된다(Maschke, 1986:83)

1994년 EEOC가 법원에 제소한 사건 중 성차별 관련 사건은 남성 직종에서 여성을 채용하지 않음으로써 발생하는 채용 상의 성차별이 주요한 부문을 차지했다. 총 425건이 접수된 가운데 469건이 해결되었다. EEOC의 총괄 법무국(general counsel)은 소송을 통해서 손해 배상금으로 3천 9백5십만 달러를 받도록 했다. 그 중 민권법 제7편 관련 사건은 2천 3백만 달러, 연령차별금지법은 1천 5백만 달러, 장애인차별금지법은 4십만 달러, 복합사건은 4십만 달러, 동일 임금법은 4만5천 달러로 민권법 제7편과 관련한 사건으로 배상받은 금액이 전체의 58.3%로 가장 많음을 알 수 있다(EEOC 1994).

소송유형별, 법령별로 소송사건을 보면 1994년 현재 민권법 제7편의 경우 개별 소송이 189건, 집단 소송이 46건인데 비해, 연령차별금지법은 전체 소송사건 74건 중 집단소송이 21건, 개별 소송 53건으로 집단 소송이[7] 상대적으로 많은 편이다(EEOC 1994).

(3) 교육 홍보와 가이드라인 제시

EEOC의 교육과 기술적 지원 활동은 고용평등정책의 홍보와 상담, 교육, 출판 등을 주요 사업으로 하고 있는데, 1996년 EEOC의 활동평가 내용을 보면 상세하게 기술되어 있다. 전문가를 초청, 특별회의를 여는 것, EEOC의 활동을 알리기 위해 위원들이 언론기관과

---

7) 집단소송(class action)은 한 집단이나 비슷한 상황에 처한 개인들 편에서 변호되거나 고용 차별의 유형이나 관행이 1인 이상에게 영향을 미친다고 주장되는 소송의 범주를 말한다(EEOC 1994:21).

100차례의 면접을 한 것, 일부 지역에서 비가시적 차별, 인종과 장애인 차별금지를 위한 청문회와 집중 토론을 개최한 것 등이다. 기술적 지원과 관련해서 EEOC는 기술지원프로그램세미나(TAPS)를 열어 고용평등정책 시행 관련자 1만 2천명을 교육했다고 보고하고 있다. EEOC의 직원이 1천 3백 건의 대중 연설을 해서 EEOC의 사업과 활동을 홍보하고, 기술적 지원(technical assistance)을 위해 수천 건의 상담을 했다고 보고하고 있다. 50만 건에 달하는 상담 활동의 내용을 자료로 해서 그 내용을 출판했으며, 이러한 사업은 고용차별을 예방하기 위한 활동으로 사용주를 상대로 무엇이 차별하지 않는 고용관행이 될 것인지를 교육하고 홍보하는 활동의 일부라고 밝히고 있다.

EEOC의 차별 예방을 위한 활동 중 지속적이면서 제재 효과가 크다고 알려져 있는 사업 중의 하나가 가이드라인의 제시이다. EEOC가 내 놓은 민권법 제7편의 이행을 위한 가이드라인은 종업원 선발 절차(1968), 임신차별금지(1972), 성적 학대금지(1981), 적극적 조치, 출신국 차별금지 등에 관해 정해져 있다(EEOC, 1989). 가이드라인은 EEOC가 쟁점이 되는 고용차별 사안을 다루면서 논란의 여지를 줄이기 위해 내기도 하는데, 대표적인 예가 임신차별금지와 성적 학대 금지에 관한 가이드라인이다. 전자는 여성 노동자 길버트(Gilbert)가 임신한 여성에게 병가 및 장애 휴가를 일체 줄 수 없다는 기업에 맞서 이것이 민권법 제7편의 성차별금지 조항에 위배된다는 이유로 EEOC에 고발하면서 발생한 사건이다. 다수의 여성단체들이 법원 고문(amicus curiae)으로 지원하면서 대법원까지 간 이 사건은 원고 승소로 판결이 났고 1978년 임신 차별금지법을 만드는 계기가 되었다.

이 과정에서 EEOC는 이 법이 만들어지기 이전에 가이드라인을 내어 임신으로 인한 제반 불이익을[8] 명백한 고용상의 성차별로 정해 두었다.

성희롱에 관한 가이드라인은 카터 대통령으로부터 임명된 EEOC의 여성 위원장이 재직할 당시 만들어졌다. 성희롱이 성 차별적인지가 불분명하다고 여겨졌던 시기에 EEOC는 이것이 고용차별의 한 형태임을 밝혔고 고용주가 성희롱을 예방하기 위해 적극적인 조처를 취하도록 해야 한다는 내용을 포함시켰다[9]. 가이드라인은 의사규제(quasi-regulations)의 성격을 갖고 있으면서(Hartmann 1994) 고용주들이 차별금지를 하지 않도록 세부 사항을 정해 두고 있어 고용차별을 예방하는 효과가 있을 뿐 아니라 법원의 해석과 판결에 중요한 자료로 활용되고 있다.

(4) 통계조사와 출판

EEOC의 활동 중 주목할 만한 것은 통계자료의 수집과 출판이다.

---

8) 길버트 사건이 이전까지 미국의 여성들은 임신이 신체적 장애가 아니라는 이유로 임신기간 동안 또는 출산 이후에 일반 노동자가 받을 수 있는 병가나 장애 휴가비용, 부가급여 등을 전혀 받지 못했을 뿐 아니라 선임권의 일부로 인정받지 못함으로써 많은 불이익을 받았다. 미국의 선임권은 승진, 기업내 전직, 지역 이동, 직업 훈련 뿐 아니라 휴가일 지정, 휴가기간, 해고 등을 정하는데 기준이 되고 있어 출산 휴가가 선임권에 포함되지 않을 경우 여성들이 받는 피해는 컸다.

9) 그 가이드라인은 다음 해인 1981년에 레이건 정부가 들어서면서 임명된 정치적 입장이 보수적인 남성 위원장, 토마스(Clarence Thomas)로부터 취소되어야 한다는 공격을 받고, 미국상원의회 청문회에서는 이 가이드라인이 반 기업적(antibusiness)인지의 여부를 검토해야 한다는 지적이 나왔지만 폐지되지 않았다(Bravo & Cassedy,1992:29).

통계자료는 미국 소수집단의 고용 상태를 파악하는 기초 자료이며 고용주의 차별적인 고용관행이 결과적으로 나타나는 지표가 되어 왔다. EEOC는 종업원 150인 이상의 기업과 학교, 공공기관 등이 소수집단의 현재 고용 분포를 알기 위한 간단한 통계 보고서를 반드시 제출하도록 하고 있다. 이 보고서는 이이오-1 양식(EEO-1 form)으로 알려져 왔는데, 1972년의 법 개정으로 조사 대상의 범위가 넓어져 기관별로 명칭을 달리해서 자료를 수집하고 있다. 통계 보고서는 사기업(EEO-1), 노동조합(EEO-3), 주·지방 정부(EEO-4), 초·중등학교(EEO-5), 대학교(EEO-6)별로 접수되어 통계자료를 내고 있다. 양식별로 EEOC가 보고서를 내는 시기와 자료 수집 대상은 다음과 같다. EEO-1 보고서는 1)100인 이상의 종업원을 고용하거나 2)50인 이상의 종업원을 고용하면서 ㄱ)연방정부와 5만불 이상의 계약을 맺거나 1차 하청을 맺는 경우 ㄴ)연방정부 기금을 일정 금액 비축해 두는 경우 등이다. EEO-3는 격년으로 발행하는데 100명 이상의 회원을 가진 종업원 추천제(referal)를 둔 노동조합을 대상으로 한다. EEO-4는 격년 발행인데 100인 이상의 종업원이 있는 주정부와 지방정부 등이 해당된다. EEO-5는 격년 발행이며 100인 이상의 종업원을 둔 초등 중등학교 기관을 대상으로 한다. EEO-6는 15인 이상이 고용 된 고등교육기관을 대상으로 하며 격년으로 발행한다. 각각의 고 용통계 보고서가 발간된 시기는 EEO-1가 1966년에, EEO-3가 1967 년에 EEO-4가 1973년에, EEO-5와 EEO-6가 1975년 등으로 민간부 문, 정부부문에 이어 교육기관 순으로 발행되었음을 알 수 있다 (EEOC, 1995).

EEOC가 매년 발행하는 통계자료는 사기업을 대상으로 한 사기업의 소수인종, 여성의 고용현황(「Job Patterns For Minorities and Women in Private Industry」), 연방정부를 대상으로 한 연방정부의 소수인종, 여성, 장애인 고용에 관한 연례보고서(「Annual Report on the Employment of Minorities, Women and People with Disabilities in th Federal Government」)등이다. 이 통계자료는 소수집단의 과소 활용(under-utilization)이 어느 정도를 판단하고 불평등 효과 개념을 통해서 차별적 고용관행이 있는지의 여부를 판단하는 기초 자료로 활용되고 있다. 또한 소수집단의 고용 확대와 고용지위가 어느 정도 향상되었는지를 파악하기 위한 평가 자료로 활용되고 있다.

이이오-1 통계양식의 내용을 보면, 기업의 노동력을 직종별 성별 인종별로 구분하고 있다. 직종은 9개의 대분류 직종으로 관리 행정직, 전문직, 기술직, 판매직, 사무직, 숙련직, 기능직(반숙련직), 노동직(미숙련직), 서비스직 등이며 직종내에서 성별, 인종별 고용인원을 기재하도록 하고 있다. 인종은 백인계, 흑인계, 아시아계, 남미계, 미국 원주민계 등으로 구분되어 있다. 그런데 직종 분류가 대 분류에 기초해서 소수집단의 지위 향상을 판단할 수 있는 자세한 정보를 제공하지 못하고 있다는 비판이 제기되고 있다. 또한 고용주가 직종 명칭을 바꾸어 전문 관리직 내 소수집단의 비율을 높이는 등 편법이 행해지고 있다는 지적이 나오고 있다. 예컨대 사용주는 미국 정부의 고용평등을 포함한 적극적 조치의 시행을 의식해서 가급적이면 전문직이나 관리직에 소수집단의 비율을 높게 보이려고 하는데, 이 때 비서직을 경영 보조직으로 직명을 바꾸고 관리직에 포함시켜 관리직 내 여성비율을 높이는 것으로 알려져 있다.

3) 노동부 연방계약준수국(OFCCP)의 조직과 활동

(1) OFCCP의 조직 구성

OFCCP(연방계약준수국)는 노동부 공정고용기준국(Fair Employment Standard Administration) 산하에 있으며, 연방정부와 5만불 이상의 계약을 맺고, 50인 이상을 고용한 고용주에게 적극적 조치 계획서를 정부에 제출하도록 하고, 준수하는지의 여부를 모니터링하는 업무를 담당하고 있다. OFCCP의 전체 직원은 1998년 현재 788명으로 중앙 사무소에 68명, 10개의 지방사무소에 720명이 배치되어 있으며, 예산 규모는 EEOC의 1/3 수준이다(OFCCP 1998). 10개의 지방 사무소는 미국 전역에 걸쳐 있는데, 지방 사무소장에 의해 운영되면서 중앙 사무소가 만든 정책과 절차를 실행하는 데 책임이 있다.10)

OFCCP의 중앙사무소는 세 개의 과로 구성되어 있다. 총괄과(office of the director), 정책·기획 및 프로그램 개발과(division of policy, planning and program development) 프로그램 운영과(division of programs operation) 등이다. 두 과가 OFCCP사무소에 보고하도록 되어 있으며 OFCCP 전반의 목표를 달성하는 데 책임이 있다(OFCCP 1990; 1994). 중앙사무소의 조직은 <그림 2>와 같다.

지방사무소에서 근무하는 공무원은 10개의 지방 사무소에 분할 배치되어 있는데 1990년 현재 10개 지역에 배치된 인원은 지역별로 차이가 있다. 많게는 122명으로부터 적게는 21명의 직원을 배치하고 있다(표 14 참고).

---

10) OFCCP. 1990. *Today.*

① 총괄과는 정책을 정하고 프로그램 운영의 방향을 제시한다. 운영지원 담당관과 함께 세워진 프로그램의 목표와 명령(mandate)을 달성하는데 요구되는 지원을 제공한다.

② 정책·기획 및 프로그램개발과는 정책, 규제, 절차 등의 개발을 지원한다. 또한 새로운 정책과 절차를 EEOC와 법무부 등과 연계하며 연방정부 계약이행 매뉴얼을 만들고 운영한다. 이 과는 OFCCP 공무원을 대상으로 훈련학교를 운영하며, 경영정보체계를 운영하고 새로운 마이크로컴퓨터 기술의 통합을 지도한다. 또한 예산과 운영 계획을 개발하며 분기별로 보고서를 검토하고 분석하여 OFCCP의 임무와 목적에 대한 전반적인 실행을 평가한다. 이 과에는 (1)정책 및 규제계(branch of policy and regulations)가 있으며 여기에는 정책 담당(policy section)과 규제 및 절차담당(regulation and procedures section)이 있다. 또한 (2)기획 및 프로그램 개발계(branch of planning and program development)에는 기획담당 (planning section)과 프로그램 및 정보개발담당(program and information development section)이 있다.

③ 프로그램 운영과는 정책과 프로그램을 일관되고 지속적으로 실행하는 것을 임무로 하고 있다. 이 과에는 세 개의 계가 있는데 동부지역 계, 중부지역 계, 서부지역 계 등 지역별로 구분되어 있다. 프로그램 운영과는 지방 사무소에서 모든 프로그램 운영의 심사(review) 절차를 담당한다.

이 과는 규정을 위반하지 않았다고 결정지어진 사건에 관한 행정적인 검토를 위해 포럼을 연다. 또한 지방 사무소(district office)에서 밝혀진 정황(findings)에 대해 불만을 갖는 고발자들은 재고 해줄 것을 요청할 수 있다.

〈그림 2〉노동부 OFCCP의 중앙 사무소 조직

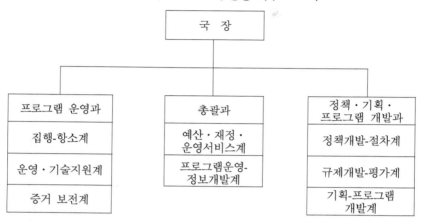

〈표 14〉노동부 OFCCP의 지방사무소별 인원

(단위: 명)

지 역	보스톤	뉴욕	필라델피아	아틀랜타	시카고	-
인원(명)	39	78	71	119	122	-
지 역	달라스	캔사스시티	덴 버	샌프란시스코	시애틀	계
인원(명)	94	37	21	93	33	707

자료: Department of Labor(1990), Office of Federal Contract Compliance Programs, *Twenty-Five Years of Service*, U.S. DOL, Washington D.C.

OFCCP의 고용인원은 정부의 고용평등정책의 실천의지에 따라 직원 수와 예산에서 변화를 나타냈다. OFCCP의 공무원 수는 카터 행정부 당시에 크게 증가한 반면, 레이건 정부가 들어서면서 직원 수와 예산 모두에서 감소를 보였다. 1978년, 카터 행정부는 고용평등 관련 업무를 분산시켰던 전략을 바꾸어서 행정명령 제11246호의 실행을 노동부에 통합시켰다. 통합되었던 시기에 OFCCP의 인원은 1,700명이었고 대부분이 10개의 지방 사무소(regional offices)와 40개 이상의 구역 사무소(district office)에 배치된 상태였다(Anderson,. 1996:299). 이후에 OFCCP의 고용인원은 레이건 행정부 당시에 크게 줄었고 이후에도 지속적으로 감소해서 1998년 현재 788명이다. (표 15참고)

<표 15> 노동부 OFCCP의 고용인원 변화

(단위: 년, 명)

연 도	1980	1982	1984	1986	1988	1990	1992	1994	1996	1998
인원(명)	1,482	1,008	979	935	970	969	856	829	788	788

자료: 1) U.S. Department of Labor(1998), *Office of Federal Contract Compliance Programs Budget For Fiscal Years 1980 Through 1998*, Unpublished.
2) 1998년 수치는 U.S. Department of Labor(1998), *Office of Federal Contract Compliance Programs Quick Facts*, Unpublished.

(2) OFCCP의 업무와 활동

OFCCP의 현장 담당관(field staff)은 행정명령의 이행을 검토하면서 규제적 관행, 운영 절차를 담당하고 중앙사무소는 노동부 법무국(Office of Solicitor), 정책국과 협력하면서 연방정부와 계약을 맺은 기관을 상대로 모니터링해 왔다. 또한 OFCCP는 노동부 내 다른 조직과 연계해서 활동을 벌여 왔다. 특히 노동부의 여성국, 법무국의 지방사무소, 직업훈련국(Bureau of Apprenticeship and Training), 고용과 훈련국(Employment and Training Administration) 등 노동부 산하의 기관들과 긴밀한 연계를 갖고 있다.

첫째, 합동심사위원회(Joint Review Committee)의 운영이다. 여기에서 정책·기획·프로그램 개발과와 프로그램운영과 모두는 중앙·지방 법무관과 OFCCP간의 연계활동을 통해서 정책이 공정하게 실행되도록 중앙 부서의 임무를 시행하고 있다. 합동심사위원회는 복잡한 실행 조처를 신속하고 효과적으로 처리하도록 활용한다. OFCCP에서 정책과 법적 노력이 담당 직원과 긴밀한 관계를 갖도록 하고 있다.

둘째, 관리지원스탭(Management Support Staff)을 두면서 행정적인 문제와 OFCCP 운영의 문제를 지원한다.

셋째, 지방사무소는 조정 합의서를 승인하고 공식적인 실행 활동을 주도하고, 지역 내 모든 계약 이행 활동을 감독하면서 기술적 지침과 운영 지침을 제공하는 등의 활동에 책임을 둔다. 지방 사무소는 일차적으로 법무국의 지방 사무소와 접촉하며 다른 연방정부, 주와 지방 정부 기구들과 관계하는 데 있어서 중앙 사무소를 대표한다. 또한 지방사무소는 구역 사무소(district and area office)를 감독하고 모니터하는 데 책임을 둔다. 구역 사무소는 기본적인 프로그램을 계획하고 실행하는 데 책임을 둔다. 이러한 활동은 이행 검토의 실행, 차별 고발을 받고 조사하며, 기술적 지원을 제공하고 계약자의 위반을 확인하며, 계약자와 연방정부, 주·지방정부 기구들이 접촉하도록 하고 있다. 일부 지역은 지역에 기반을 두고 동일한 기능을 수행하는 구역사무소(area office)를 두고 있다.

EEOC와 마찬가지로 OFCCP의 적극적 조치 실행은 1980년대 들어

퇴조하는 변화를 겪었다. 레이건 행정부는 연방정부와 계약을 맺은 사기업이 적극적 조치를 의무적으로 시행하도록 규정해 두는 행정 명령을 철회하려는 시도를 했다. 사회운동계의 반발과 함께 일부 사기업의 반대에 부딪혀서 폐지안을 철회시켰지만 이 시기에 많은 변화가 있었다. 첫째, 연방정부와 계약 금액이 25만 달러 이상으로 상향조정되었다. 적극적 조치를 의무적으로 시행해야 하는 대상의 범위를 줄이기 위한 것이었다. 둘째, 목표비율의 설정과 실행계획서는 권고 사항으로 완화되었다(Rose 1994:50). 이러한 사회적 상황에서 OFCCP는 활동을 지속했지만 형식적인 데 머물렀고, 연방정부와 계약을 맺은 기관에서 소수집단이 과소 활용되었다고 적발된 사례는 극히 드물었다. 레이건 행정부 하에서 OFCCP의 업무 수행은 카터 행정부와 비교해서 형편없었다. 계약 금지 건수는 1977년과 1980년 사이에 13건인데 비해 1981년과 1985년에는 4건에 불과했다. 소급 배상을 받는 인원의 수도 크게 줄었다. 1980년 4,336명에서 1986년에 499명으로 1/9 이상 감소했다. 계약자가 계약을 위반한 이후 OFCCP가 나서서 조정을 통해 합의하도록 한 건수가 1980년 49건에서 1985년 33건으로 줄어들었다(Anderson 1996:300).

그럼에도 불구하고 OFCCP의 감독 활동은 효과가 있는 것으로 평가되었다. 정부 조사에 의하면 연방정부와 계약을 맺은 기업에서 여성들의 고용 비율이 높아진 것으로 나타나 있다. 즉 연방정부와 계약을 맺은 기업에서 여성의 고용비율은 15.2% 증가한 반면, 그렇지 않은 기업에서는 단지 2.2%에 불과했다는 것이었다. 또한 중간급 이상의 관리직에서도 여성의 수가 계약 기업의 경우 보다 더 많았다는 것이다.

조지 부시 행정부가 들어섰던 1989년과 1992년 사이에는 이 기구의 활동이 활발해 졌으며, 1990년 여성인 엘리자베스 돌(Elizabeth Dole)이 노동부 장관으로 임명되면서부터 기업의 상위직에서 소수집단 비율이 적다는 사실이 사회문제로 부각되었다. 노동부는 소위 유리천장 폐지(glass ceiling initiative) 사업을 대대적으로 벌이기 시작했다. 당시의 노동부 산하 OFCCP의 국장인 도밍궤즈 (Cari Dominguez)는 미국 대기업을 대상으로 모집과 채용, 승진 등 고용관행 전반에 관해 조사했고 노동부 장관으로부터 강력한 후원을 받았다. 그러나 고위직에서의 채용과 승진 과정, 선발 결정 과정에 대해 기업이 정보를 제공하기를 꺼려할 뿐 아니라 주관적인 기준에 의해 이루어지기 때문에 유리천장으로 표현되는 간접차별의 근본적인 폐지가 단시간에 이루어지기 어렵다는 지적이 제기되었다. 주요 타겟 집단은 연방정부와 계약을 맺은 기업이 되었다.11) 1991년에 개정된 민권법은 차별을 입증하기가 점점 더 어려워진다는 최근의 대법원 판결에 부응한 것으로, 법은 의도적 차별의 희생자를 위해 연방 정부법 하에서 보상적 배상(compensatory damages)과 징벌적 배상(punitive damage)을 강화하였다. 개정 이전에는 이러한 구제가 인종과 피부색 등을 이유로 차별 받은 경우에만 적용되었었다. 그러나 징벌적 배상이 적용될 만큼 고용주로부터의 차별이 고의적인 경우, 고용 차별을 받은 누구도 배심원 평결 (jury trial)을 요구할 수 있도록 했다.

1993년에 클린턴 정부가 들어서면서 새롭게 OFCCP의 실행을 추진하는 안이 채택되었다. OFCCP가 정한 주요 목표는 1)최악의 위반

---

11) 여성국은 교육하고 정보를 제공하며 고용주들이 여성을 위해 최대한의 경력 기회를 증진시키도록 지원했다(DOL Women's Bureau 1993:215~217).

자(offender)를 중점 감독 대상으로 정하는 것 2)분명하게 드러나는 비 실행 영역에 타켓을 두는 것 3)제재 조치를 강화하는 것 4)분쟁을 조속하고 효율적으로 해결하는 것 등이었다. OFCCP의 차별 소송 미해결 건수가 줄어들었고 사기업 고용주에 대한 정부의 강한 처벌이 있었다. 예컨대 호니웰사(Honeywell Corporation)의 경우는 소급배상과 벌금(penalty)으로 1,200명의 여성에게 1천 6백만 달러를 지불해야 했다. 남성만으로 구성된 직종에 여성을 고용하지 않은 것이 성 차별적인 고용관행으로 판단되었기 때문이다.

최근에 클린턴 정부는 고용차별을 이유로 7명의 계약자들로부터 계약을 금지시켰으며, OFCCP는 서류 작업을 줄이고 실행 절차를 간소화시키고 OFCCP 직원의 훈련을 확대하는 등의 OFCCP 규제 조항을 개정하고 있다. 이러한 노력은 계약자에 대한 기술적 지원에 대한 강조와 차별을 줄이는 한편, 모범적인 기업을 장려하는 활동과 결부되어 있다(Anderson 1996:300). OFCCP 자체 평가는 적극적 조치 프로그램으로 인해 여성이 관리직으로 크게 진출했다고 보고 있다. 1970년에 관리직 내 여성 비율은 단지 10%이었으나 1993년에 29% 증가한 것으로 나타나 있다.

최근에 미국의 적극적 조치는 전반적으로 법적 강제에 의한 적극적 조치의 이행을 약화시키는 한편 고용주가 자발적으로 이 제도를 시행하도록 유도하고 있다.12) OFCCP가 최근에 정의한 적극적 조치

---

12) 노동부 발표에 의하면, 적극적 조치 계획은 자격을 갖춘 소수 집단이 기업의 모든 직급에서 고용되는 것을 보장하기 위해 종업원을 모집하고 평가하고 채용하고 훈련시키고 승진시키는 데 고용주가 준수해야 하는 절차와 체계를 구체적으로 담고 있다. 계약자는 인적 자원체계를 운영하는 데 있어서 계획을 이행하기 위해 '선의의 노력'을 하도록 기대된다. 실행 절차를 지시하는 규제

는 자격을 갖춘 개인을 끌어들이고 유지하기 위한 진취적인 모집과 멘터링, 훈련과 가족 친화적인 프로그램을 의미한다(OFCCP 1998). 이러한 노력은 연방정부와 계약을 맺은 기관에 대한 기술적 지원을 강화함으로써 고용 차별을 사전에 예방하는 한편, 모범적으로 적극적 조치를 포함한 고용평등정책을 시행하는 기업에게 노동부 장관상을 수여하면서 이 제도를 활성화하는 방향과 흐름을 같이하고 있다.

들은 채용 할당제, 인종이나 성적 우대, 적극적 조치 계획을 이행하는 데 있어서 수적으로 정하는 요건 등을 금지하고 있다(Anderson 1996:298).

찾아보기

◈ 저자 약력

김경희 kh99kim@hanmail.net
이화여자대학교 여성학과에서 박사학위를 받았으며,
여성부에서 일하다가 현재 국회도서관 입법정보연구관(여성
담당)으로 근무하고 있다.
이화여대 · 경희대 · 성균관대 등에서 여성학 · 여성노동 · 여
성정책을 강의하였다.
저서로 『여성고용 확대와 고용평등을 위한 적극적 조치 :시
험적 모델의 모색』(공저)이 있으며,
주요 논문으로는 「남녀 고용평등과 적극적 조치의 정치」,
「산업구조조정과 여성고용불안정」 등이 있다.

양성평등과 적극적 조치

김경희 지음／1판 1쇄 인쇄 2004년 7월 31일／1판 1쇄 발행 2004월 8월
10일／발행처 · 푸른사상사／발행인 · 한봉숙／등록번호 제2-2876호／
등록일자 1999. 8. 7／주소 · 서울특별시 중구 을지로3가 296-10 장양
빌딩 202호 우편번호 100-847／전화 · 마케팅부 02)2268-8706, 편집부
02)2268-8707, 팩시밀리 02)2268-8708／저작권자 2004 김경희／이 책의
저작권은 저자에게 있습니다／저자와의 협의에 의해 인지는 생략합니다
／이메일 prun21c@yahoo.co.kr ／ prun21c@hanmail.net／홈페이지 http://
www.prun21c.com ／ 편집 · 송경란 심효정 장현석／기획 · 마케팅 · 김두천
한신규 지순이

ISBN 89-5640-237-6 03330
값 15,000원